戊戌变法运动透视

龚郭清／著

北京师范大学出版集团
安徽大学出版社

图书在版编目(CIP)数据

戊戌变法运动透视/龚郭清著. —合肥：安徽大学出版社，2015.5
ISBN 978-7-5664-0934-8

I. ①戊… II. ①龚… III. ①戊戌变法—研究 IV. ①K256.507

中国版本图书馆 CIP 数据核字(2015)第 113060 号

戊戌变法运动透视

龚郭清 著

出版发行：	北京师范大学出版集团 安徽大学出版社 (安徽省合肥市肥西路 3 号 邮编 230039) www.bnupg.com.cn www.ahupress.com.cn
印　　刷：	合肥市裕同印刷包装有限公司
经　　销：	全国新华书店
开　　本：	152mm×228mm
印　　张：	17.75
字　　数：	222 千字
版　　次：	2015 年 5 月第 1 版
印　　次：	2015 年 5 月第 1 次印刷
定　　价：	35.00 元

ISBN 978-7-5664-0934-8

策划编辑：王先斌　姜　萍		装帧设计：张同龙　李　军	
责任编辑：王先斌		美术编辑：李　军	
责任校对：程中业		责任印制：陈　如	

版权所有　　侵权必究

反盗版、侵权举报电话：0551－65106311
外埠邮购电话：0551－65107716
本书如有印装质量问题，请与印制管理部联系调换。
印制管理部电话：0551－65106311

前　言

就时间范围而言,"戊戌变法史",狭义上指1898年6月11日(光绪二十四年四月二十三日)光绪帝颁布《明定国是诏》,宣布变法,至9月21日(八月初六)慈禧太后宣布"训政",共103天的这段时间的历史,史称"百日维新";广义上指中日甲午战争(1894～1895)失败,变法维新社会思潮兴起,至戊戌政变的这段时间的历史,又称"戊戌维新运动"。学者们称这一时段为"戊戌变法时期"或"戊戌维新时期"。

在中国传统观念上,"法"的含义,可指法令、法律,亦即一个国家政策、法律、条例、决定、命令的总称;又可指一般人类生活实践中的方法、方式。就法令、法律的含义而言,可引申出更一般的法制、政治制度之义;就方法、方式的含义而言,可引申出人类的一般生活方式之义。因此,所谓"变法",既可指政治制度上的变革,又可指一般社会生活方式上的重大变革。无论在价值追求上还是在实践履行上,"戊戌变法史",从内涵上说,既是一场千古未有的政治改造运动(以君主立宪政体代替君主专制政体),也是一场自觉的一般生活方式或社会风俗改良、革新运动(以近代生活方式取代传统生活方式)。政治制度改革是戊戌变法的重点或焦点,文化(民智、民德、民力、民俗等)改良是戊戌变法的基本或基础。

所以,本书讨论的"戊戌变法"内容,将以政治制度改革为重点,兼顾社会文化改良。这既反映当时历史运动的实际情况,也是笔者研究重点和知识结构的反映。

戊戌变法运动,历来是海内外许多学者关注的重要课题。不过,从总体上看,海内外史学界对其有关研究也存在某些明显不足。学者们在发掘资料的基础上,潜心研究,在各个方面不断有所突破,学术创新成果迭出,但还缺乏一种系统整合和深刻阐述,以使有关研究结论能够既说明19世纪末中国社会政治生活实际又面向21世纪人类社会政治生活问题,立足于能够既不脱离具体社会历史环境又具有普遍人性或人类生命理想情怀,能够融合民族主义、人道主义及生态主义的某种基本理论立场。

笔者所采取的基本理论立场为一种"内涵自由价值尺度的现代化史观"。这是一种以现代化(现代性形成过程,建立一个富强的近现代民族国家)为历史尺度、以人的自由(人的自由全面发展,获得一种良好的健康充足人生)为终极价值的基本立场。内涵自由价值尺度的现代化史观,既强调人类历史生活的差异性(时代性,追求民族富强的近现代主题),又强调人类历史生活的共同性(基本人性,追求人性圆满的普遍理想)。[①]

内涵自由价值尺度的现代化史观,在超越"现代化"这一特定社会历史阶段的"普遍"意义上,可表述为"人文史观"——以人(人性、人生)为本、以文(文化、文明)为体的历史观,既力求复原、尊重每一代人的丰富欲求思想、完整生命体验、完全生命过程,又合理关注作为人类生活载体的"文化"或"文明"的古今演化、历史进步。

虽不能至,然心向往之。

[①] 关于"内涵自由价值尺度的现代化史观",可参阅龚郭清:《追求民族富强和人性圆满——戊戌变法时期梁启超政治思想透视》导言,西北大学出版社2003年版。

目　录

第一章　戊戌变法的社会历史背景 …………………〔001〕
　一、中国传统社会遗产 ………………………………〔001〕
　二、近代西方的冲击 …………………………………〔015〕
　三、早期适应瞭望 ……………………………………〔026〕

第二章　戊戌变法的思想构建 ………………………〔043〕
　一、康有为的变法思想体系 …………………………〔043〕
　二、谭嗣同、严复、梁启超的变法思想 ……………〔074〕

第三章　社会维新运动 ………………………………〔114〕
　一、公车上书运动 ……………………………………〔114〕
　二、创立"学会" ………………………………………〔118〕
　三、创办维新报刊 ……………………………………〔134〕
　四、创建新式学堂 ……………………………………〔143〕
　五、努力构建近代政体的社会基础 …………………〔154〕

第四章　光绪帝更张图强与湖南维新运动 ……… 〔159〕

一、光绪帝更张图强的失败（甲午战后至1896年初）……
……………………………………………………………〔159〕

二、湖南维新运动 …………………………………… 〔172〕

第五章　百日维新和戊戌政变 ……………………… 〔204〕

一、百日维新 ………………………………………… 〔204〕

二、戊戌政变 ………………………………………… 〔239〕

三、戊戌变法失败原因探析 ………………………… 〔261〕

结束语　戊戌变法的意义 …………………………… 〔271〕

后　记 ………………………………………………… 〔277〕

第一章 戊戌变法的社会历史背景

19世纪初清王朝占统治地位的中国社会组织和政治制度,既是中国近代化①思想和实践在19世纪后半期逐步产生和发展的基本环境,又是19世纪末中国近代化思想和实践的改革对象。

一、中国传统社会遗产

1. 广袤的土地

显然,任何单一因素(无论是地理因素,还是非地理因素)都不足以解释中国文明的特色。但是,长期以来,海内外学者都承认中国人民与土地之间存在相当密切的关系。

清代在很长时期,疆域广大,包括十八行省②,满族人祖居地满洲(山海关外的中国东北地区),蒙古,新疆,西藏。清朝在其鼎盛期,疆域囊括了从北至外兴安岭、南临南沙群岛、东到库页岛(萨哈林岛)和鄂霍次克海、西达中亚巴尔喀什湖北岸、西

---

① "近代化",指中国近代史阶段中的现代化过程,即"早期现代化"。在本著中,"近代化"与"现代化"有时会混用。
② 河北、河南、山东、山西、陕西、江苏、江西、甘肃、安徽、浙江、湖北、湖南、四川、福建、广东、广西、贵州、云南。

北包括唐努乌梁海地区的广袤地区,所辖陆地总面积达1300多万平方公里。这个大帝国的一半地区是山地,通常耕作地面积约占陆地总面积的10%。约占90%的中国人栖息在大约12%的土地上。① 中国人口密集分布在四大地区:华北平原、西部群山环绕的四川平原、从武汉到上海的长江中下游地区(包括湖南稻乡)、珠江三角洲地区。

在漫长的历史进程中,难以逾越的地理障碍,阻碍着中华文明同其他发达文明进行直接交流。这种地域上的孤独性,无疑有助于中华文明的统一和延续,同时也培育了一种深厚的文明独特感和优越感。中国东临波涛汹涌的太平洋,南界云蒸雾腾、几乎无法穿越的热带丛林,西南方耸立着青藏高原和喜马拉雅山,西面和北面分布着辽阔的沙漠或草原(只有采用艰苦的游牧生活方式,人们才能在这里生活)。令人深思的是,中国的近邻,要么是公开竭力仿效中华文明的定居民族(如朝鲜人、越南人、日本人等),要么是对中国不时造成军事入侵但从未形成文化挑战的游牧民族。中国在饱经创伤的19世纪之前,访问中国的外来者,包括欧洲人在内,通常屈从于中国朝贡体系(tributary system)的礼仪,并常常采纳中国服饰和习俗。无怪乎中国经常自视甚高,把自己想象成"中央王国"等。

在传统中国,存在两大巨大的地理反差。

其一,存在于长城以南、具有发达农业的十八行省和生产力较低但具有重要战略意义的被统称为"亚洲腹地"(Inner Asia)的边疆地区(包括满洲、蒙古、新疆、西藏等)之间。

清代在绝大部分时期,统治者并未尝试使亚洲腹地与十八行省一体化。事实上,他们力图使满洲作为满族的保留地,并

---

① 何孝荣:《清史十五讲》,凤凰出版社2010年版,第1~2页。又参 Richard J. Smith, *China's Cultural Heritage: The Ch'ing Dynasty*, 1644—1912 (Boulder, Colorado: Westview Press, 1983), p. 11. 又参赵云田主编:《中国社会通史(清前期卷)》,山西教育出版社1996版,第18页。

使蒙古、新疆、西藏保留相当的文化和行政自主空间,往往采取"用其教不易其俗,齐其政不易其宜"①的政策。虽然这三个地区中的每一地区都由清朝军队守卫、由将军监视、由北京的理藩院管理,但清政府给当地的部落精英保留了相当程度的政治权威,允许这些地区原有的很大部分政府机构保留下来。

其二,存在于十八行省的北部地区与南部地区之间。

十八行省的南北分界线是逐渐过渡的。许多地理特征是相互交叠,或在地区过渡中渐次出现的。然而,北纬33°(基本上以东边的淮河、西边的秦岭为标志)是区别南北的基本分界线。

有西方学者曾用图表形式表示中国南北地区的各自特征:

北方	南方
降雨量:有限,无规律	降雨量:充沛,较稳定
经常发生洪涝、干旱灾害	全年水量充足
土壤:非淋溶的、石灰质的	土壤:淋溶的、非石灰质的
作物生长期:4～6个月	作物生长期:9～12个月
庄稼:每年1～2熟;较低产量;饥荒常见	庄稼:每年2～3熟;较高产量;丰足
主要农作物:高粱、黍、小麦和豆类	主要农作物:水稻
劳作牲畜:驴、骡	劳作牲畜:水牛
带炕的泥墙住房	竹编墙的茅顶住房
城市街道:宽广	城市街道:狭窄
缺少良港的平滑海岸线;渔业资源短缺	拥有许多良港的曲折海岸线;渔业发达
通过陆路对外交流	通过海路对外交流
人类栖息历史悠久;中国文化的核心地区	居民主要来自唐代之后的移民
种族构成比较单一	种族集团繁杂
国语	多种方言

资料来源:Richard J. Smith, *China's Cultural Heritage: The Ch'ing Dynasty*, 1644—1912(Boulder, Colorado: Westview Press, 1983), pp. 14～15.

---

① 《清文献通考》卷二九二,清文渊阁《四库全书》本。

上引表格，对中国南北地区差异的说明无疑是不充分的，但至少说明中国南北地区差异众多、巨大。上述的不同有助于解释南北之间的其他差异。例如，建立在广泛的合作性水利工程基础上的多产的、劳力集约型的南方水稻经济，其所形成的社会需要至少可以部分解释中国南方强大的宗族体系。同时，南方更大程度上的政治不稳定，不仅源于远离政治权力中心这一简单事实，而且源于南方独特的经济、社会环境所造成的特殊的种族及其他紧张关系。

2. 众多的人口

中国古代的人口再生产在世界范围占有突出地位。公元元年，世界人口估计为2.3亿，中国接近6000万，占25.9%；公元1100年，世界人口为3.6亿，中国为4600万，占15.3%；公元1200年，世界人口为3.48亿，中国为7600万，占22.1%；公元1400年，世界人口为3.73亿，中国人口为6700万，占17.9%。①

与前朝相比，清朝社会秩序在较长时期内基本稳定，农业生产有很大发展。②清朝对赋役制度进行了改革，对户籍制度进行了整顿，清代是中国人口剧增的时期。据《东华录》记载，1651年（顺治八年）全国丁男之数是1000余万。其时，户籍以一户一丁计。若按户各5人推算，加上由于种种原因而隐瞒的人口，实际数字大约为6000万。③估计康熙五十一年（1712）全国人口在1亿以上。乾隆六年（1741）统计有人口1.4341亿，至乾隆六十年（1795）有人口2.9696亿，54年间净增人口

---

① 行龙：《人口问题与近代社会》，人民出版社1992年版，第25页。
② 特别值得指出的是，原产于美洲的玉米和番薯在明清时期得到了比较广泛的种植，使一些山地和丘陵地得到开发，耕地面积扩大，粮食产量增加。
③ 陈旭麓：《近代中国社会的新陈代谢》，上海人民出版社1992年版，第44页。赵云田主编：《中国社会通史（清前期卷）》第38页：清初人口约9000万。[美]徐中约：《中国近代史》上册，香港中文大学出版社2001年版，第447页：1650年人口是1.5亿。

1.5355亿,年均增加284万人。1840年,全国人口为4.13亿人。①

这种人口剧增,使清朝面临前朝所没有的困难,对中国社会产生了广泛而深远的影响。

首先,是人口激增导致人均生产水平下降、生活资料短缺,人们生活更加贫困。

乾隆帝曾经忧心忡忡地谈及人口问题:"朕察上年各省奏报民数,较之康熙年间,计增十余倍。承平日久,生齿日繁,盖藏自不能如前充裕。且庐舍所占田土,亦不啻倍蓰。生之者寡,食之者众,朕甚忧之。"②人口的高速增长直接导致生活资料的极大消耗。乾隆年间,粮食短缺已成为全国性问题,即使产米之区的江苏、安徽、浙江、江西、湖北、湖南六省亦出现粮食不敷的现象。

乾嘉时期的学者洪吉亮(1746～1809)深感于人口增长过快的压力,写下《意言》,指出"治平"时代的一大矛盾:户口在百年间可增至数十倍,而衣、食、住等物质资料所增有限,以致"田与屋之数常处其不足,而户与口之数常处其有余"。为此,他提出"君相调济之法"(朝廷实施促进农业生产、减赋税、禁浮靡、抑兼并、赈灾民等善政)与"天地调济之法"("水旱疾役"等自然灾害),企图以此抑制人口暴增趋势。③

粮价上涨,仓储枯竭,政府倡导勤俭节约,以及其他许多表示物资紧张的征候,在清朝的中叶是史不绝书的。

其次,是移民问题。

中国农民有安土重迁的传统,但在饥饿的驱使下,他们也常常背井离乡。这种事情历代都有,但清代尤其显著。乾隆以后,日多一日的人口挤在自然经济的空间里谋食,本不宽裕的

---

① 戴逸:《乾隆帝及其时代》,中国人民大学出版社1992年版,第319～330页。
② 赵尔巽等:《清史稿》第十三册,中华书局1977年版,第3485页。
③ 刘德权点校:《洪亮吉集》第一册,中华书局2001年版,第14～15页。

谋食之路因之而日趋狭窄。这种矛盾推动着最贫苦的人走向新的空间去寻找生活资料。乾隆三十七年(1772)民户编审制度被废除,国家对农业人口流动的控制也随之松懈。于是,出现了自发的移民现象。

当时,一般说来,直隶、山东、河南、河北、山西、陕西等省的流民多向内蒙古和东北地区迁移;湖北、湖南、广东、四川等南方省份的流民多向云南、贵州、广西等西南少数民族地区迁移,广东、福建等东南沿海省份的流民也有的向台湾迁移;还有许多流民迁入各省边远山区。① 这是国内移民。在这些移民定居的地方,交通可能极不发达,政府对其统治无力。在新开发的生活艰难的地区,因贫困、没有法制会爆发像白莲教之类的起义运动,这又反过来使吏治败坏,使清朝政府的威望遭到损害。

同时又有海外移民。据谢清高口述、杨炳南记录的《海录》(1820)一书,②暹罗、新加坡、槟榔屿(槟城)、马来亚都有中国移民定居。移民所操之业大体是淘金、贩货、酿酒、种胡椒、开赌场、贩卖鸦片。据说,华人移民在"槟榔土"一地即不下万人,在"噶喇叭"则有数万人。还有一个叫樊守义的人,曾于1707年到达非洲。那时,大概还没有到欧美的人。19世纪中叶以后,海外移民的人数更多,地域更广,于是而有近代华侨史。

再次,是会党问题。

由于人口过多,一部分人就不得不游离于社会生产之外,成为游民或者近似游民。洪亮吉谈乾隆时期的人口问题,指出当时"户口既十倍于前,则游手好闲者更数十倍于前"。③ 龚自珍(1792~1841)也曾指出:"自乾隆末年以来,官吏士民,狼艰

---

① 赵云田主编:《中国社会通史(清前期卷)》,山西教育出版社1996年版,第51~53页。
② 《海录》一书记载了早期海外移民的不甚确切的数字。其所载地名比较准确,曾是林则徐了解世界的一本重要书籍。
③ 刘德权点校:《洪亮吉集》第一册,中华书局2001年版,第16页。

狈蹶,不士、不农、不工、不商之人,十将五六。"① 这些游民或半游民是会党势力的主要来源。会党崇尚忠义,虽说按儒学本意,忠与义分别对应于"五伦"(君臣、父子、夫妇、兄弟、朋友)中的君与友二伦,但在会党文化中,忠不过是义的修饰词,它们强调的都是"出门靠朋友"的互济互助。在一个民以食为天的社会里,互济互助首先表现为经济上的有饭同吃。这一点对生计无着的游民有很大的吸引力。乾隆年间,御史柴潮生说:"四川一省,人稀地广。近年以来,四方流民入川觅食。始则力田就佃,无异土民。后则累百盈千,浸成游手。其中有桀黠强悍者,俨然为流民渠帅,土语号为啯噜者,又各联声势,相互应援。"② 越来越多的人把参加会党当作谋食的手段,结果是会党势力无处不在,形形色色,大大小小,而又相互呼应,成为近代中国宗族与行会之外的第三社会组织。

最后,是刺激商业发展。

人口的增加绝不只是一种灾难。它意味着消费人口的巨大增长,因而促进了国内市场经济的发展,促进了商业的发展,提高了商人的地位。

3. 传统社会政治秩序

"以精耕细作的农业、严密组织的家庭生活和官僚化的行政机构为其特征"的中国文明,"赋予整个国家从南到北、自西徂东以一种内在的共性"。③ 这是美国著名历史学家费正清对传统中国社会文化特性的一种概括。

"其政体是一个由皇室统治的王朝;经济基本上是自给自足的小农经济;社会以士绅阶层为核心;支配性的意识形态是

---

① 《龚自珍全集》,上海人民出版社1975年版,第106页。
② 《录副奏折》,乾隆九年十一月六日御史柴潮生奏。转引自陈旭麓:《近代中国社会的新陈代谢》,上海人民出版社1992年版,第47页。
③ [美]费正清、刘广京编:《剑桥中国晚清史(1800~1911)》上卷,中国社会科学院历史研究所编译室译,中国社会科学出版社1985年版,第10页。

儒家学说。"① 这是美籍华裔历史学家徐中约对中国传统文明主要特征的一种概括。

也许在居统治地位的上层分子的意识中,这种共性比一个社会学家在实际中所发现的共性还要大。然而,各地区的差异和地方风俗习惯的各种形式至今还没有得到足够的研究,因为把中国广大的国土作为一个整体来研究,历来都是如此,今天依然。

在传统中国,在小块土地上花大量人力并以人畜粪尿为肥料,使稠密的人口与土地的精耕细作相互依存,彼此缺一不可。在中国,节省劳力的创造发明一直被视为异端。

在大河泛滥的平原上生活始终是艰辛的,人们依靠自然甚于依靠自己的主动性:"生死由命,富贵在天。"中国农民必须富有耐性,听任天气摆布,依靠天赐的阳光和雨露,无法逃避世代不绝的旱、涝、饥、疫等天灾。

这种命运同生活在地形多样化土地上的欧洲人的命运成了鲜明对比。从前生活在地中海区域或欧洲大陆的西方人,绝不离开水源太远,他们靠着主动精神,总可以靠渔猎来弥补农业的不足。在西方人的经济生活中,航海通商自古以来占据重要地位。为了便利通商而进行的探索和发明,是西方人与自然作斗争的典型手段,他们绝不是听天由命、无所作为。

对人与自然关系的不同看法,是东西方两种文明显著差异之一。② 从中,我们也可体会到传统文化的坚韧性,看到近代社会政治变革的极其艰难。

中国自秦以后,两千余年以来的政体,是一种君主专制政体——"天下之事无小大皆决于上","别黑白而定一尊"。③

纵观中国历史,自秦至清,君主专制权力具有绝对化倾向。

---

① [美]徐中约:《中国近代史》上册,香港中文大学出版社2001年版,第4页。
② [美]费正清:《美国与中国》,世界知识出版社1999年版,第13~14页。
③ 司马迁:《史记·秦始皇本纪》。

清代的统治策略，一切以集权、防范、压制为尚。君权之隆、君威之盛，超过任何朝代。汉、唐君臣之间，尚略有对等体制；宋、明朝仪虽渐森严，臣僚仍可立而陈奏；清则改为三跪九叩。明代百官、布衣皆得上书，清则除部院堂官（尚书、侍郎）、科道官及督、抚等外，概不得专折言事。同时，厚满薄汉，在官制中处处表现出来。①

清政府的主要机关，在中央有内阁和军机处，中央政府的实权最初在内阁，到了雍正时代则移于军机处。其下有吏、户、礼、兵、刑、工六部，还有一个行使监察权的都察院；在地方各省设督抚。

清代内阁，与现代君主立宪国的所谓内阁完全不同。内阁的阁员称某殿（如保和、文华、武英等）或某阁（如文渊、东阁、体仁等）大学士，满汉各二人乃至六人不定。其下又有协办大学士、内阁学士等。大学士的职权，在清初除接受各处章奏，上于皇帝，替皇帝撰谕旨，并批答奏牍外，还参与重要机务。

到了雍正时代，因为屡次用兵，才产生了军机处（全称"办理军机事务处"，乾隆以后才统一称谓，原有军需房、军机房、办理军需处、军需处、办理军务处等称呼②）。军机处本是专管军机秘密事情的，后来因为作军机大臣的人就是作内阁大学士的人（如乾隆时之鄂尔泰），内阁大学士的权就被军机大臣吸收了。乾隆中叶以后，内阁大学士只不过是赏给有功大臣的一种特别荣贵的头衔罢了，其职掌，除了谕旨奏牍的收发，别无所事。

军机大臣没有一定的员额，少则三四人，多则七八人，随皇帝的意旨，于皇族、内阁大学士或各部尚书、侍郎中选任，属差遣官，故称军机处行走或军机大臣上行走，私下习呼"大军机"，

---

① 郭廷以：《近代中国史纲》，中国社会科学出版社1999年版，第10页。
② 赵志强：《清代中央决策机制研究》，科学出版社2007年版，第288、316～317页。

也有尊之为"枢臣",初进者加"学习"二字,称职后才奉旨实授。军机处的职权,凡政务的裁决、官吏的任免黜陟、用兵时的军事方略,无不参与。但是有两点最宜注意:其一,无论内阁、军机处,都没有一个独高的首长;首长就是皇帝。① 其二,无论内阁大学士或军机大臣,都没有向各部或各省督抚直接发命令的权力;向各部或各省督抚直接发命令的只有皇帝(就是上谕或谕旨)。

清朝中央日常行政机构主要有吏、户、礼、兵、刑、工六部。在清代,六部的尚书和侍郎,都是复职。尚书一满一汉,侍郎有左、右之分,亦各一满一汉,统称为"堂官"。对于重要的各部,有时任命皇族为管部大臣。

清代是一个高度专制的国家,以皇帝为中心。中央各衙门对各地皆不能发部令,只能用咨会,一切政令出自圣裁。也就是说,中央各部门的相关指令须经过皇帝,以皇帝的名义下发;各省各地驻防也不能向京内各衙门请示,须向皇帝报告,由皇帝交"该衙门议复"。②

据李剑农称:"有最宜注意的二点:一是六部虽为中央行政机关,各部长官却没有向地方长官(督抚)直接发命令的权(要向督抚发命令,就要奏请皇帝以谕旨行之)。二是尚书与侍郎,各有单独的上奏权,尚书与侍郎意见不合时,除了两方相互奏请皇帝裁决以外,别无办法。然则就中央与地方言,六部的长官,并不是总辖全国的行政首长,就尚书与侍郎言,各部并没有统率全机关的首长;无论对地方、对本机关,问题的最后解决,也只有问皇帝。"③

都察院是替皇帝监督一切的监察机关。都察院的长官有都御史1人,副都御史2人;所属有给事中20人,御史44人。

---

① 军机大臣虽有领班大臣和一般大臣之别,但没有统属与被统属的关系。
② 茅海建:《戊戌变法史事考》,三联书店2005年版,第222页。
③ 李剑农:《戊戌以后三十年中国政治史》,中华书局1965年版,第2页。

给事中监察京内的官府,分为六科,各有专管;监察御史监察地方官府,分为十五道,各有所管地域的范围。给事中及监察御史总称曰"科道"官。这些"科道"官,虽然在处理事务及地域上设有分界,但是他们的监察权在性质上并无限制,无论什么阶级的官,他们都可以参劾,无论什么性质的事,他们都可以举发或反对;大小官府的陈奏,他们可以指摘,就是皇帝的谕旨,他们也可以拒驳。小官不能直接上奏,可由他们代奏;百姓有冤抑,也可由他们代伸。总括一句,国家政务的全体无不受他们的监察。

但是有几点我们应该注意:一是这种监察权的行使,不是用都察院的机关全体去行使,而是用都察院各员的官衔单独去行使。从它的长官都御史到所属的各科道官,各人都有单独的参劾上奏权;各人若有所见,就可单独陈奏,并不经过全机关的核准。二是这种监察官,并不要有政治或行政经验的人,也不是一种终身官,随时可以改任或升迁;一旦做了普通官,就同样地要受他人监察;有特别权势的人可以干涉他们的进退。三是这种监察官自身的责任问题,全以皇帝一人的意旨为断。皇帝喜欢"容纳直谏"之名的,对于他们的诬参、诬劾、诬说也不问罪;倘若触犯了皇帝的私好偏爱,就是据实参劾,也要受谴责,轻则被申斥或降职,重则罚他们回家乡。离开了皇帝,都察院各员便没有独立的权力可言。

清代的总督、巡抚是地方最高长官。总督总管一省或数省,巡抚总管一省,虽然两人都是省一级最高长官,但前者侧重于军政,后者侧重于民政,即所谓"总督专重兵制,巡抚专重吏治"。①

督抚不受内阁、军机处、六部的直接命令,但是有一点应该注意,就是总督还兼一个右都御史衔,巡抚还兼一个右副都御史衔(都察院的都御史称左都御史,副都御史称左副都御史),

---

① 刘锦藻:《清续文献通考》,卷一百三十二职官考十八,民国景十通本。

都有单独的参劾权及上奏权。总督固然可以参劾巡抚,巡抚也可以参劾在他上面的总督。他们是地方的行政长官,也是全体政务官员的监察官。

督抚意见不合时(因职责相当且多交叉重复,明争暗斗之事常见),也同六部的尚书和侍郎一样,除奏请皇帝裁决以外,别无办法。所以,在形式上,督抚有上下级的关系,实际上,只有皇帝是高高在上的一个人。尽管不时有调整变化,但有清一代,督抚并重的基本原则始终未变。督抚们辖地至广,都掌握地方军政财务大权,最有闹独立的本钱。实行二元化的领导体制,可使之互相牵制,有利于防范出现尾大不掉的局面,反映了统治者的良苦用心。

地方政治机构,省一级之下尚有道、府、县三级,其职官分别为道员、知府、知县。

在上面对官僚机构不太完整的叙述中,我们可以发现,在正规官僚机构的活动中:第一,一切基本权力均集中在皇帝手中,没有一个机关可以控制另一个机关。第二,无论甲机关与乙机关,就是一个机关内的甲人员与乙人员,都有互相监视、互相牵制的意味。要想保持权位,必须取得皇帝的信任、博得皇帝的欢心。所以说中国的专制政体,到了清代已达于极点了。

雍正皇帝曾称:"以一人治天下。"① 乾隆皇帝曾称:"朕为天下主,一切庆赏刑威,皆自朕出。"②

在近代以前的时代,统一的真正价值是通过消除内乱、地方上无政府状态和盗匪的骚乱给国人以安全。在过去,分裂就是灾难,这首先是因为它对上层和老百姓都同样意味着内战和不安全。统一意味着和平,从而带来丰衣足食。这是一个至迟从战国时期起就彻底建立起来的价值观念体系。和平和秩序

---

① 《朱批谕旨·朱纲奏折》,雍正五年九月二十六日折,转引自冯尔康:《雍正传》,上海三联书店1999年版,第91页。
② 王先谦编:《东华续录(乾隆朝)》卷七,清光绪十年长沙王氏刻本。

支持着王朝的统治。

天子在理论上具有无所不包的君权,但实际在相当程度上却是虚有其表的,他的统治就是理论与实际二者的结合。君主支配着社会的最上层,不但控制着军队的指挥权和民政,而且通过诸如对食盐的专卖以及对一切大规模经济活动的特许和调节来控制国民经济。此外,皇帝就是圣人,他的起居行为能树立一个有教育意义的道德典范。他发布道德伦常方面的训谕,同时,他也是鉴赏各种优秀艺术的行家和文学风格上的楷模。他的统治既讲究礼仪,又完全集中于个人,而且他在理论上是无所不能的。但皇权这样集中的结果,就使他的统治机器浮在上面了。

担负着无限责任的皇帝也是一个凡人。他的生活很难说是值得人们羡慕的。康熙是一个有作为的、勤劳的皇帝,其晚年多道及此中甘苦:

> 予年将七旬,在位五十余载,天下粗安,四海承平。虽未能移风易俗,家给人足,但孜孜汲汲,小心谨慎,夙夜未敢少懈,数十年来,殚心竭力,有如一日,岂仅劳苦二字所能该括? 前代帝王,或享年不永,后世史论,辄以为酒色奢侈所致,此皆不过书生好为讥评,虽纯全尽美之君,亦必择摘瑕疵而后快意。予其为前代帝王剖白,盖天下事繁,不胜劳瘁所致也。诸葛亮云:鞠躬尽瘁,死而后已。为人臣者,仅诸葛亮一人耳。若为帝王,仔肩甚重,无可旁诿,岂臣下所可比拟? 臣下可仕则仕,可止则止,年老致政而归,抱子弄孙,犹得优游自适。为君者勤劬一生,了无休息。

因此,"每览老臣致仕之奏,未尝不流涕。尔等有退休之时,朕何地可休息耶?"①

---

① 转引自萧一山:《清代通史》(一),中华书局1986年版,第815~816页。

根据唐德刚的说法，从中国传统史学的观点来看，清朝 268 年实在是中国史上最值得称颂的一个朝代。论武功，它开疆拓土、四向扩张，幅员之广阔在中华民族史上是没有前例的。论政治，则清初康、雍、乾三朝 130 余年（1662～1795）的国泰民安，制度上轨道，政治有效率，真是"三代以下无斯盛"！清朝是我国历史上唯一的没有全国性"徭役制"的朝代。若论政府对人民的剥削，清朝实在是最少的。论经济，康、雍、乾三朝，人丁剧增、民丰物阜不在同时的欧洲之下。论学术文化，中国那时更是独步全球。乾隆皇帝于美国革命时期在北京开馆修《四库全书》。这一部被他一"毁"再"毁"的丛书，所剩下的卷帙，其分量还大于当时全世界其他各国现存书籍之总和！举一反三，其他的成就，实在不用多说了。①

清王朝继承了中国人的许多权变手段并结合自觉的征服者所特有的活力，因为他们只是不到 100 万人的一个小小的少数民族，他们知道为了生存必须紧紧团结。他们擅长进行战争和把持权力。清初的统治者建立了惊人的业绩。但是，作为末代王朝，清王朝既有共同弊端，又有特殊弊端。从一般的人性角度来看，有清一代人民生命缺乏尊严，人民的主动性、创造性受到空前压制。清廷禁止士人结社立会，大兴"文字狱"。从特殊的民族压迫角度来看，始终存在严格的"满汉之界"。例如，据统计，乾隆时期，中央政府共有满洲缺（包括宗室缺）1705 个，汉军和蒙古缺 419 个，汉缺 517 个，满洲缺占明显的优势。如果满洲缺加上汉军和蒙古等旗缺，竟占整个官缺的 80% 还多。②

表面上看，清朝的统治到 18 世纪晚期正处于空前的鼎盛时期。但是到 19 世纪中期，在近代西方的强烈冲击下，它被证明是一个躯壳中空的巨人。

---

① 唐德刚：《晚清七十年》，岳麓书社 1999 年版，第 63～64 页。
② 白钢主编：《中国政治制度通史》第十卷（郭松义、李新达、杨珍著），人民出版社 1996 年版，第 534 页。

二、近代西方的冲击

体现着经济军事侵略与文化价值启示双重特性的近代西方冲击,既是中国近代化思想和实践在 19 世纪后半期逐步发展的重要驱动力,又是 19 世纪末中国近代化实践进行的外部世界环境。

近代以来,在中国一切重大的社会变革运动中,作为弱者、落后者暨受侵略者的中国,将以什么样的态度面对作为强者、先进者兼侵略者的西方?中国近代社会变革运动或近代化运动的基本走向乃至最终命运,将在很大程度上取决于对后一问题的正确处理。

1. 近代以前的中西交流

欧洲的扩张是个常被人说起的故事。从偏狭的西方人的角度来看,在近代初期去征服世界的欧洲人,是受到他们优越文化的驱使。这一文化,出自希腊—罗马和犹太教—基督教的文化传统,并造就了近代的欧洲国家。

从中国人的角度来看,生活在欧洲大陆西北半岛的欧洲人好像是穷困的民族。他们住得太靠北(北纬 35°～北纬 55°),因而生产不出多少稻米、糖、菜和棉花,不得不像以前的许多蛮夷一样来与中国通商。

从任何观点来看,很显然,唐宋时期以至马可·波罗所处(1254～1324)时代的中国,就其幅员和成就而言,都比同一时期中世纪的欧洲要大得多。可以看出在长期的历史发展过程中有多少主要成果从中国传入欧洲,而不是从欧洲传入中国:首先,是经过中亚直到罗马的丝绸贸易;其次,是来自中国的一大批发明——传播文化的纸和印刷术、便于保持洁净的瓷器、汉代军队所用的弓箭、铸铁、运河的闸门、手推车、在海上行船的舵、航海用的罗盘、火药以及其他发明。与这些物质技术发明相对应的,还有中国先进的官僚政府形式,其中包括文官考试制度,更不用谈像绘画这样的艺术了。

欧洲人的扩张不仅反映他们的好奇、热情和爱国心,而且在某些方面反映他们的落后、贪婪。

来自一个可能只有150万人口小国的葡萄牙冒险家首开中欧关系。他们在1498年绕过非洲以后,于1511年占据了马来半岛的马六甲,到1514年到达了中国东南沿海。接着,西班牙人、荷兰人、英国人、法国人、美国人……陆续东来的西方人,先后占据了中国周围的地区和国家,逐步接近中国,进入中国海面,甚至侵占中国领土。

从《马可·波罗游记》问世起,西方人就憧憬、羡慕、向往着东方。16世纪,他们终于来到了这个地方,几百年梦一样的幻想实现了。中国这一古老的东方大国也因此成为他们最大的猎取目标。但是,西方人可以来到中国的周围,可以合法地或者非法地在中国沿海的某些区域活动,他们要跨进中华帝国沉沉的大门却很难。那个时候,他们还没有后来那么多的"要挟狂悖"之气。

1655年(顺治十二年),荷兰使节哥贡(Peter de Goyer)与开泽(Jacob de Keyzer)来到北京。据说,"这两位使节事事都顺从中国人的要求。他们带来贵重的礼物,并且听凭这些礼物被人称为贡物,自己也竟这样称呼它;他们也拜领了优厚的恩赐;他们俯伏在皇帝前面,他们在皇帝的圣讳、诏书和宝座之前恭行了三跪九叩首的礼节;他们情愿以一个亚洲藩属向宗主国来朝贡的使臣地位自居。他们希望用这种行为在中国取得贸易特权,像他们在日本以同样手段所取得的一样;但他们所得的只不过是被准许每八年遣'使'一次,每次随带商船四艘而已"。①

据马士列举的大事年表,从1655年到1816年,161年里,西方的使节抵达北京,要求通商传教十数次。② 他们是真正的

---

① [美]马士:《中华帝国对外关系史》第1卷,上海书店出版社2000年版,第53页。
② [美]马士:《中华帝国对外关系史》第1卷,上海书店出版社2000年版,大事年表。

叩关使者。虽然当他们离开紫禁城的时候,带走的多半是深深的失望,但新的使者又会带着新的希望再一次漂洋过海而来。一代一代的使者,体现了西方人顽强的进取精神。在他们的背后,是成百上千、成千上万的商人和传教士,是西方人的一般生活方式。两个世纪就是这样过去的。

面对西方人强韧持久的进取之势,清王朝却越来越自觉地走向保守防范的抵拒。我们根据有关史实认为,清王朝采取抵拒政策的基本原因,可以从四个方面进行分析:

(1)基本上自给自足的经济生活方式

1793年(清乾隆五十八年),乾隆在致英王乔治三世的第二道敕谕中说:"天朝物产丰盈,无所不有,原不借外夷货物以通有无。特因天朝所产茶叶、瓷器、丝斤,为西洋各国及尔国必需之物,是以加恩体恤,在澳门开设洋行,俾得日用有资,并沾余润。今尔国使臣于定例之外,多有陈乞,大乖仰体天朝加惠远人、抚育四夷之道。"①

英国作者罗伯特在1895年出版的《中国社会》一书中认为:"中国人只有在压力之下才会对外国人作出让步,也只有在压力之下才会履行协议。他们拥有一个广大帝国,可以生产生活舒适和福利所需的一切物品……作为一个国家,他们是自足的,除了'请勿打扰',不向外国人要求任何东西。而与此相对,外国人总是处于明显不利的地位。他们始终是恳求者,手执礼帽站在中国大门入口处,哀求与之进行贸易交往的恩惠。"②

(2)以夷夏之间的不平等为前提的天朝体制(礼仪)或朝贡体系

1793年,英国使节马戛尔尼来华谋求商务利益。但一经广东巡抚郭世勋的"奏闻",则变成下国上贡。其辞曰:"臣等伏

---

① 《清实录》第27册,中华书局1986年影印版,第185页。
② Robert K. Douglas, *Society in China* (London: A. D. Innes & Co., Bedford Street, 1895), p. 286.

思前年恭遇皇上八旬万寿,中外胪欢,凡边塞夷王酋长,骈集都下,真旷古未逢之盛事。今英吉利国王遣使臣涉历重洋,远道祝嘏,具见凡有血气,莫不尊亲,芹曝微忱,自可仰邀垂鉴。"①把英吉利国王归入"边塞夷王酋长"的同类,虽是一种世界知识和地理知识的错误,但在惯于以华夏俯视四夷的人们眼中,是应有之理。所以,当马戛尔尼不愿意以三跪九叩的仪式觐见中国君主的时候,乾隆不能不感到恼怒:"此次该使臣等前来热河,于礼节多未谙悉,朕心实为不惬。伊等前此进京时,经过沿途各地方官款接供给,未免过于优待,以至该贡使等妄自骄矜。将来伊等回国……只须照例应付,不得踵事增华,徒滋烦费。此等无知外夷,亦不值加以优礼。"②他把夷夏之间的不平等当作中外交往的前提。用这个前提去衡量马戛尔尼,那位来自英吉利的勋爵便当然成了"无知"而且"妄自骄矜"之辈。中国"天朝"的专制君主,习惯上把其他国家看成自己的"属国"而非"邻邦"。③

(3)专制统治者的自私防范心态

《乾隆御制诗》中有"间年外域有人来,宁可求全关不开。人事天时诚极盛,盈虚默念惧增哉"一首,不失为吐露心声之作。④"宁可求全关不开"当作一种国策,表现了对西方人叩关的深深疑忌。这一点,东来的西方人并不是懵然无知的。马戛尔尼说:"吾实未见中国禁止外人在北方各埠贸易之规定明文,其所云云,不过华人欲掩其真正动机而不欲宣诸口者。彼等以为苟不如此,则恐外人之交际频繁,有碍于安谧,而各界人等之

---

① 郭廷以:《近代中国史》第1册,商务印书馆1947年版,第228页。
② 郭廷以:《近代中国史》第1册,商务印书馆1947年版,第235页。
③ 在咸丰十年十月一日(1860年11月13日)所上奏折中,奕訢等解释英、法等"夷人"坚持要求公使"驻京""亲递国书"的用意:"其意必欲中国以邻邦相待,不愿以属国自居。"[贾桢等纂:《筹办夷务始末(咸丰朝)》第七册,中华书局1979年版,第2581~2582页。]奕訢此语,说明中国"天朝"统治者习惯上把其他国家看成自己的"属国"。
④ 《乾隆御制诗》5集卷二十六,丁未二《上元灯词》。转引自陈旭麓:《近代中国社会的新陈代谢》,上海人民出版社1992年版,第31页。

服从上命,以维持皇威于不坠,乃中国政府唯一不易之格言。"①

雍正时期,中国开始明令禁止传教。这多少反映了罗马教廷的规制与中国礼仪的矛盾,所谓"中国有中国之教,西洋有西洋之教。西洋之教,不必行于中国,亦如中国之教,岂能行于西洋?"②其间,雍正帝曾召见天主教司铎巴多明、冯秉正、费隐,谕之曰:"教友惟认识尔等,一旦边境有事,百姓惟尔等之命是从;虽现在不必顾虑及此,然苟千万战舰,来我海岸,则祸患大矣。"③比之诏书中崇正学黜异端的体面话头来,这里说得要更近实一点。

(4) 成功的陷阱

近代以前中国人在历史创造、文化铸造上的成功,恰恰构成近代以后中国在文化创新方面的障碍。下面引三位知名历史学者的话,来证明这一观点。

朱维铮说:

> 整个18世纪,主宰中国的是晚年康熙和其子雍正、其孙乾隆的全部时期。
>
> 这百年在中国史上号称"盛世"。的确,从公元前221年秦始皇灭六国算起,到康熙晚年,历时1900多年了,中国还从来没有获得长达百年的太平。岂止中国,环顾18世纪的世界,欧洲、北美不都在战争中间吗?更不消说全球其他地区。
>
> 犹忆多年前,与已故的魏斐德教授(美国伯克莱加州大学东亚学院)多次讨论中国在19世纪走向没落的历史原因。魏斐德教授说,那是因为18世纪中国过于"太平",而当时西方正经历百年战乱。于是我

---

① 朱杰勤:《中外关系史译丛》,海洋出版社1984年版,第216页。
② 雍正五年四月初八日上谕。转引自方豪:《中西交通史》下册,上海人民出版社2008年版,第710页。
③ 于本源:《清王朝的宗教政策》,中国社会科学出版社1999年版,第207页。

比较那百年的中西历史,越比较越感到魏斐德的说法有理,百年太平导致百年停滞,而百年战乱恰好促使欧洲在竞争中急剧变异。①

朱维铮继续说:

(在交往中)很难说中欧双方谁比谁获利更多。不过,从17世纪到18世纪,欧洲出现了持续百余年的"中国热",莱布尼茨、伏尔泰乃至歌德,都曾为之推波助澜,则是事实。这也反证,直到清朝乾嘉时期,中国非但在经济方面领先于世界,在文化方面与政治方面,也不落后。②

葛剑雄写道:

高山、大海、沙漠、草原将中国与其他文明中心隔开了,使它成了东亚大陆最强大的也是唯一的文明中心。而工业化以前,地理上的间隔使中国几乎没有受到过外来文明的强有力挑战,如东征的十字军、阿拉伯帝国(黑衣大食)的军队,没有一次能进入中国。北方游牧民族是中原皇朝唯一存在的挑战,如匈奴、鲜卑、突厥、契丹、女真等,长城就是为了阻止这些民族的南下而修建并被后代不断增筑的。尽管他们曾经不止一次征服过中原,但由于这些民族整体上,特别在经济上、文化上落后于中原汉族,军事上的征服者最终却都毫无例外地成为文化上的被征服者,连这些民族本身也被消融于汉族的汪洋大海之中。在西方历史上历经1800多年流散生涯,以强大的凝聚力固守本民族宗教文化传统而著称的犹太民族,其中的一

---

① 朱维铮:《走出中世纪二集》,复旦大学出版社2008年版,第5页。
② 朱维铮:《走出中世纪二集》,复旦大学出版社2008年版,第23页。

支于北宋中叶进入开封定居,长期过着和平生活,得到汉族的平等对待,也逐渐放弃本民族的语言,开始学习儒家经典,参加科举考试,娶汉族女子为妻,最终失去保持本民族特征的心态,融合到了汉族之中。在19世纪初,开封犹太人中就已经没有专门的神职人员,无人能够阅读希伯莱经典了。这是犹太民族被外族同化的唯一例子。我认识的一位大学教师,曾告诉我他是开封犹太人的后裔。在我得知他这一民族背景后,再仔细端详,似乎看出他的相貌有点异样,但其他方面实在找不出与我们有什么不同。①

费正清说:"导致中国衰落的一个原因恰恰就是中国文明在近代以前已经取得的成就本身。要理解中国的衰落,就必须懂得中国早先取得的成就,因为这种成就之大竟使得中国的领袖人物对于灾难的降临毫无准备。"②

人类历史的变化发展过程,充满辩证法。"后来居上",是永恒的历史规律。以保守("防堵")应对进取,这种中西之间的态势,是鸦片战争后一系列变化的背景。近代中国在近代世界大潮中的被动局面,并不始于鸦片战争。我们要明白,近代问题不完全是由近代造成的。

2. 近代西方冲击的意义

传统中国,作为东亚大陆的一个农业国家,一个活动主要限制于亚洲东部的大国,是在近代西方人(其通常形象是"海盗兼商人")以马克思、恩格斯在《共产党宣言》中所说的廉价商品加重炮的形式③(在中国,其更是以十分卑鄙、十分强暴的"鸦片贸

---

① 葛剑雄、周筱赟:《历史学是什么》,北京大学出版社2002年版,第168~169页。
② [美]费正清、刘广京编:《剑桥中国晚清史(1800~1911)》上卷,中国社会科学院历史研究所编译室译,中国社会科学出版社1985年版,第7页。
③ 《马克思恩格斯选集》第一卷,人民出版社1972年版,第255页。

易和鸦片战争"形式)不断向外扩张过程中,突然受到强烈冲击的。

中国的传统对外贸易一直出超。外国必须用白银来抵付贸易差额。"东印度公司驶往中国的船舶经常装载90%——有时高达98%——的黄金,只有10%的货物是商品。1781~1790年,流入中国的白银达1640万两,1800~1810年则达2699万两。"①这种贸易状况,与英国资本主义经济扩张的需要是尖锐对立的。于是,英国商人便开始利用鸦片这种特殊商品,作为打开中国大门的重要手段。

从18世纪初开始,英国商人向中国输入鸦片,每年约200箱。自19世纪初开始,输入中国的鸦片数量不断增加。在中英贸易中,英国也由原来的入超变为出超,而且这种差额越来越大。"1826年之后,贸易平衡开始向相反一端倾斜;1831~1833年将近有1000万两白银从中国流出"。②美、俄等国商人也向中国输入鸦片。据不完全统计,鸦片战争前的40年间,外国侵略者偷运到中国的鸦片不下42.7万箱,总价值3亿白银以上。③ 鸦片给中国社会(包括对中国的经济、政治、中国人的身心等各方面)所带来的严重破坏,就不一一列述了。

鸦片战争后,开口通商后的几十年,在进口洋货总值中,鸦片的数额仍然高居首位。

如上海一口,1850年进口洋货总值为390.8万白银,其中鸦片占54%,棉织品占34%,棉纱占6%,杂货占6%。1860年进口洋货总值为3667.9万元,其中鸦片占48%,棉织品占44%,棉纱占4%,杂货占4%。到1870年进口总值增至4466万海关两,其中鸦片占34%,棉织品占50%,棉纱占6%,杂货占10%。④

---

① [美]徐中约:《中国近代史》上册,香港中文大学出版社2001年版,第165页。
② [美]徐中约:《中国近代史》上册,香港中文大学出版社2001年版,第165页。
③ 李侃等:《中国近代史》,中华书局1994年版,第10页。
④ 张仲礼主编:《近代上海城市研究》,上海人民出版社1990年版,第108~114页。

再从北方的中外贸易中心天津来看,据 1863 年各类进口洋货的价值比例,鸦片占 36%,棉纺织品占 16%,其他进口商品所占比重较大者依次为药材、糖、火柴、玻璃、五金等洋货。①

直至 1852 年,香港地方官员 W. H. 米切尔在给英国外交部的报告中说:"我们没有给中国人带来真正在他们中间受欢迎的东西……对于他们铁石心肠来说,鸦片是唯一的'开门的芝麻'。"②

康有为在《上清帝第二书》即《公车上书》中,清楚说明了以经济侵略和军事侵略相结合为基本特征的西方冲击对中国所造成的深远和广泛后果:

> 凡一统之世,必以农立国,可靖民心;并争之世,必以商立国,可侔敌利,易之则困敝矣。……且夫古之灭国以兵,人皆知之;今之灭国以商,人皆忽之。以兵灭人,国亡而民犹存;以商灭人,民亡而国随之。中国之受毙,盖在此也。今外国鸦片之耗我,岁凡三千三百万,此则人尽痛恨之,岂知洋纱、洋布,岁耗凡五千三百万。洋布之外,用物如洋绸、洋缎、洋呢、漳绒、羽纱、毡毯、手巾、花边、钮扣、针、线、伞、灯、颜料、箱箧、磁器、牙刷、牙粉、胰皂、火油,食物若咖啡、吕宋烟、夏湾拿烟、纸卷烟、鼻烟、洋酒、火腿、洋肉脯、洋饼、洋糖、洋盐、药水、丸粉、洋干果、洋水果,及煤、铁、铅、铜、马口铁、材料、木器、钟表、日规、寒暑针、风雨针、电气灯、自来水、玻璃镜、照相片,玩好淫巧之具,家置户有,人多好之,乃至新疆、西藏亦皆销流,耗我以万万计。而我自丝茶减色,不敌鸦片,其余自草帽辫、驼毛、羊皮、大黄、麝香、药料、绸缎、磁器、杂货不

---

① 来新夏:《天津近代史》,南开大学出版社 1987 年版,第 79 页。
② 郝延平:《中国近代商业革命》,陈潮、陈任译,陈绛校,上海人民出版社 1991 年版,第 61 页。

值三千万,仅得其洋布之半数。而吾民内地则有厘捐,出口则有重税,彼皆无之。吾特产虽盛,而岁出万万,合五十年计之,已耗万兆,吾商安得不穷。今日本且欲通及苏、杭、重庆、梧州,又加二万万之偿款。吾民精华已竭,膏血俱尽,坐而垂毙,弱者转于沟壑,强者流为盗贼,即无外患,必有不可言者。①

这种东西方的相遇,具有东方人缺少必要的心理准备、不期而遇的突然性或强暴性(戊戌变法时期梁启超一再向我们指出这种突然性,"无如其忽与泰西诸国相遇也",②"独惜强寇忽至"③),并具有源于西方侵略而形成的对抗性和由于一般生活方式巨大差异而出现的巨大文化隔阂的特性。④

但是,近代西方冲击的降临,对近代中国人来说,毕竟意味着一个新时代的降临,由一国独立之世过渡到万国并立、并争之世,由一统闭关之世让位于世界一体、中外一家的"大通之世"。开始于1500年前后的西方人扩张过程,终于在19世纪后半期把中国人意外地、不太情愿地带到了一个"世界历史的全球性阶段"⑤。

西方的扩张对中国所产生的变化,主要有两个方面。

首先,帝国主义侵略,即西方国家强加给中国的压迫和剥削,在19世纪后期不断升级,直到甲午战争后所形成的帝国主

---

① 汤志钧编:《康有为政论集》上册,中华书局1981年版,第127~128页。
② 梁启超:《饮冰室合集》,文集之一,林志钧编,中华书局1989年版,第5页。
③ 梁启超:《饮冰室合集》,文集之一,林志钧编,中华书局1989年版,第15页。
④ 梁启超《论译书》:"高凤谦曰:'泰西之于中国,亘古不相往来,即一器一物之微,亦各自为风气,有泰西所有中国所无者,有中国所有泰西所无者,有中西俱有而为用各异者……'其论题矣。"(梁启超:《饮冰室合集》,文集之一,林志钧编,中华书局1989年版,第73页。)
⑤ 参阅[美]斯塔夫里阿诺斯:《全球通史——1500以后的世界》第一章"导言:从地区史到全球史",吴象婴、梁赤民译,上海社会科学院出版社1992年版,第2~9页。

义瓜分中国的严重危机达到新的顶峰,使中国传统的社会政治体制难以为继。

其次,在世界一体化进程中中国受到改造,表现为中国在与西方接触时社会发生了多种多样的变化。

西方对中国社会的改造性影响,最明显地表现在19世纪后期发生在主要通商口岸的社会经济变化。首先,西方的扩张在那里引起了持续的、累积的经济增长,结果,在那些和外部世界市场有密切关系的城市的经济中产生了程度不同的"现代"部分。和这种经济发展有关的是,社会发生了变化,产生了诸如买办、工资劳动者和城市无产阶级这样一些新的集团。还有,由于各种西方思想和制度的"示范影响"以及和外部世界交往的增长,社会变动的过程必然在本地居民中发生,它逐渐破坏了本地居民的传统信仰,同时使他们产生了新的价值观和新的行动方式。这种在很大程度上局限在通商口岸的累积的变化,构成了甲午战争后因严重的民族危机引发的思想风云激荡的重要社会基础和文化背景。①

美国历史学家费正清先生在《剑桥中国晚清史》中写道:"简言之,中国的近代史就是两出巨型戏剧——第一出是扩张的、进行国际贸易和战争的西方同坚持农业经济和官僚政治的中国文明之间的文化对抗;第二出是从第一出派生出来的,它揭示了中国在一场最巨大的革命中所发生的基本变化。"②世界一体化(谭嗣同所谓"中外通")与社会一体化(谭氏所谓"上下通""男女内外通""人我通")是一个问题的两个方面,互相关

---

① [美]费正清、刘广京编:《剑桥中国晚清史(1800~1911)》下卷,中国社会科学院历史研究所编译室译,中国社会科学出版社1985年版,第322~326页。
② [美]费正清、刘广京编:《剑桥中国晚清史(1800~1911)》上卷,中国社会科学院历史研究所编译室译,中国社会科学出版社1985年版,第2页。

联,不可分割。①

作为近代中国杰出的仁智之士,戊戌变法时期的梁启超,一方面认识到结合中国实际学习西方(主要为"西政""西学")以推进中国走向富强的必要性,另一方面也看清了近代西方("西国""西人")对外扩张侵略的本性,看到了世界范围内近代民族国家"自私"的荒唐性和不合理性。梁启超认为,只有一方面对外坚持学习西方先进事物,坚决抵抗西方的侵略盘剥,另一方面对内实行变法维新,中国才能自立,才能富强;而且,只有实现富强,成为"新国"(既非旧中国,又非新"西国")或"文教之国",中国才有资格与西方进行平等对话,讲究"公法",才有可能进一步推动实现世界范围内的"太平大同"社会理想。②

三、早期适应瞭望

1. 两次鸦片战争之间 20 年的延误

1840 年的鸦片战争无疑可以看作中国近代化的历史起点。然而,这却是一个没有被清朝统治者与士绅官僚阶级充分重视和利用的起点。

由于文化传统的惰性,鸦片战争的失败与《南京条约》的签订并没有使当时的绝大多数中国人意识到这场中西冲突对中国未来的严重意义。

正如 20 世纪 30 年代中国近代史学者蒋廷黻指出的那样,从鸦片战争到第二次鸦片战争这近 20 年时间里,上自皇帝官绅,下至一般庶民,除像魏源这样的少数先觉者外,绝大多数人都没有从这场失败中看到中西力量对比上的差距。

---

① 约在 19 世纪 60 年代,英国公使阿礼国曾说:"所谓交涉事件,外交在其中,内政亦在其中。"(王树槐:《外人与戊戌变法》,台北近代史研究所 1980 年再版,第 6 页。)阿礼国倒也富有洞察力地看到了外交与内政的相互关联性。

② 龚郭清:《论戊戌变法时期梁启超对"西方"的态度》,《浙江师范大学学报》,2000 年第 5 期。

"奸臣误国"(指抚夷派琦善当权)便成为当时中国士绅官僚们对战败原因的基本解释。在当时不服输的士绅官僚们看来,既然百战百胜的林则徐被罢,使中国失去与英国角力的机会,作为天下中心的中国人完全没有必要从那些本来就应败在中国人手下的"洋夷"那里学习任何东西。在鸦片战争以后近20年里,中国人仍然还是用中古式的思想和观念来理解和解释洋夷与中国的关系,并准备继续以中古式的武器和战术来应付未来的冲突。

正因为如此,鸦片战争的意义,仅仅在于西方打开了中国神秘的大门,但并没有促使中国人反思这场战争失败的意义。正因为统治者与士绅民众在对待洋夷的态度和观念上并没有发生分化,战败以后的清政府仍然与过去一样享有相当充分的权威合法性。也正因为没有从战争中领悟到任何新的信息,清政府统治者们也没有运用这种充分享有的合法性资源来进行政策上的创新。蒋廷黻曾惊世骇俗地指出,鸦片战争最大的不幸恰恰是没有让林则徐继续指挥这场必然失败的战争,以致让中国保守而虚骄的士绅官僚阶级继续凭依那种虚幻的理由,无所作为地度过了此后20年的宝贵光阴。而这一段时期,对于中国来说,恰恰是至关重要的。①

当鸦片战争结束后,条约订立了,天下又恢复太平,一切又跟从前一样。有人写道:

> 和议之后,都门仍复恬嬉,大有雨后忘雷之意,海疆之事,转喉触讳,绝口不提,即茶坊酒肆之中,亦大书"免谈时事"四字,俨有诗书偶语之禁。②

所以,尽管鸦片战争亦曾唤醒林则徐、魏源等"开眼看世

---

① 参考蒋廷黻:《中国近代史》第一章,岳麓书社1987年重印本。又参桑兵:《晚清学堂学生与社会变迁》,学林出版社1995年版,第24~25页。
② 无名氏:《软尘私议》,中国近代史资料丛刊《鸦片战争》第五册,神州国光社1954年版,第529页。

界"的中国人,但人数非常有限。

2. 洋务运动

洋务运动时期是中国近代化历史上第一个具有实质性意义的阶段。它具有传统主权国家的"防务现代化"阶段的基本特征。

从"开眼看世界"到动手学西方,中国用了差不多20年的时间。经过第二次鸦片战争,到19世纪60年代,在曾国藩、李鸿章等人的推动下,"师夷长技"的主张才得以实施。同治五年十二月二十三日(1867年1月28日),奕䜣等联衔上奏说:"识时务者,莫不以学西学、制洋器为自强之道。"①

1865年到1890年,洋务派在全国各地先后兴建了21家军用工业企业,②用以制造枪、炮、轮船,生产各种弹炮,其中规模较大者为上海的江南制造总局、南京的金陵机器制造局、福建船政局、天津机器制造局、湖北枪炮厂,并建立了一支很有威慑力的海军舰队。

军队的近代化仰仗于财政的支持和基础工业的支撑,人们认识到强兵与富国互为表里的关系。于是又修铁路,开矿山,通航运,举办棉纺织等轻工业工厂,40多家以赢利为目的的民用企业产生了。③ 除银行外,西方各类近代企业在中国差不多都已经出现。机声隆隆,西方资本主义的生产力和生产方式被逐渐移植到中国的土地上。

军事的进步和工业的发展都离不开科学技术,于是专门的翻译机构成立了,外语学校开办了,声、光、化、电各类自然科学书籍译介进来了。根据现有材料统计,从1862年奕䜣奏请创办北京同文馆和1863年李鸿章在上海创办广方言馆培养外语

---

① 中国近代史资料丛刊《洋务运动》第二册,上海人民出版社1961年版,第24页。
② 夏东元:《洋务运动史》(修订本),华东师范大学出版社2010年版,第84页。
③ 陈旭麓:《近代中国社会的新陈代谢》,上海人民出版社1992年版,第112页。

翻译人才,到1896年张之洞在南京创办储才学堂,30多年间,洋务派共创办新式学堂28所,其中外语学校3所,军事学校9所,技术学校16所。① 虽然当时科举制度尚未废除,旧的教育制度基本未变,这些新式学堂又缺乏足够的师资和经费、设备,学生人数并不很多,但毕竟打破了旧式教育和科举制度的一统天下局面,培养了一批近代科技军事人才和知识分子,并且在文化教育方面起到开通风气的作用。

另外,经曾国藩和李鸿章提议,1872年清政府派遣30名学童赴美国留学。到1875年最后一批送毕,共4批120人。除早夭12人和私人经商等事共约20人外,近百名回国人员中,在实业界铁路、电报等企业任工程师、经理等技术和管理者有44人,外交官和翻译官16人,海军与海关官员、学校教员、医生等方面工作者20余人。其中,铁路工程师詹天佑的事迹,众所周知。可见,赴美国留学的学童回国后,对中国近代化起了重要作用。1877～1885年,福建船政局等先后分三批,派遣78名学生赴欧留学。这些留欧学生回国后,在中国近代海军建设及实业、外交、教育等方面均起到了较为重要的作用。著名启蒙思想家严复就是中国第一批海军留学生中的一位。②

从军事到工业到科学技术,中国在取西方之长方面做了不少实事,这些都体现在求强求富的洋务运动中。洋务运动仅仅确立了一些有限的目标:通过改革和加强防务来抵抗外来侵略;只要西方的科学技术而拒绝西方的政治体制,强调本民族的传统价值;包括农村结构在内的社会组织并没有受到影响,等等。

洋务运动,是在"中学为体,西学为用"观念指导下的一场增强国力的运动。体,本也;用,末也。在洋务派眼中,中国的

---

① 夏东元:《洋务运动史》(修订本),华东师范大学出版社2010年版,第277～278页。
② 夏东元:《洋务运动史》(修订本),华东师范大学出版社2010年版,第262～271页。

典章文物制度远远优于西方,这个根本制度、根本大法是不可改变的;西方领先于中国的只是器物与科学,不妨利用它来强本、固本。这就是"中体西用"的命意所在,也是洋务运动失败的根源。①

洋务运动的主持者们并没有促进中国走向现代化的自觉意识,他们的直接目的是通过在防务领域仿效西方各国的"长技"来避免列强加于中国的危机,以恢复中国传统体制内的原有"长治久安"。但是,他们如同打开了潘多拉盒子一样,不自觉地引发了中国从防务现代化向其他领域现代化纵深发展的历史潮流。其原因就在于,现代工业文明是一个有机统一的社会整体,例如,军事工业必须以重工业和机器制造业为基础,后两者必须以铁路、交通与开矿业的相应发展为条件,而所有这些又必须通过现代教育的发展、专门技术人才的培养及制度的创新(如人才的培养、选拔和任用制度,外交制度,企业制度)才成为可能。

人们绝不应因洋务运动在目标上的局限性而否认它作为现代化初始阶段的历史地位。它在中国播下了现代资本主义的种子,并产生深远的影响:第一,大多数制造局、船政局、机器局、学堂和新派企业都开办在条约口岸和沿海及长江沿岸的城市,在那里最有可能获取洋人的帮助;这些事物有助于上海、南京、天津、福州、广州和汉口等大都市的发展。第二,周围农业地区的务农人口被吸引到这些都市中成为产业工人或劳工,促使这些城市的规模飞速扩大,并逐渐形成一个新的工人阶级。第三,这些新型的工业和企业造就了新型的职业人士,如工程师、经理和实业家,而那些出洋留学的人士归国后,也成为陆军、海军、学堂和外交机构中的领头人;他们促使中国新的管理和实业阶层之诞生。② 人们注意到,洋务运动开始的现代化,为摆

---

① 闵杰:《戊戌风云》,上海书店出版社1998年版,第14~17页。
② [美]徐中约:《中国近代史》上册,香港中文大学出版社2001年版,第288页。

脱传统体制另谋生计和发展的士人提供了多种新的空间，如经商、科技、教育、新闻、法律、医务、文艺等近代较为"自由"的职业。①

3. 甲午战争警示

从鸦片战争到甲午战争，历史给予中国有半个世纪的不算短的时间，但清王朝的权贵、官僚与士绅并没能利用这段时间进行政治、经济与文化价值领域的有效变革和创新。中华帝国过去的成功、自我中心的价值体系、躯体（国土、人口、资源等）的庞大、交通的不便，等等，在相当长时期内有效地阻挡了西方的渗透，保持了传统的航向，延缓了迈向现代化的步伐。

19世纪90年代，日本通过明治维新而迅速崛起。日本因其现代化在一定程度上获得成功而加入西方列强的侵略行列，对中国发起咄咄逼人的挑战。1894年最终爆发中日甲午战争，中国惨败。

洋务运动的最大成绩是建立了一支以北洋水师为主力的海军舰队，中央政府用于洋务军事建设的财政拨款相当大的一部分是海军经费。利用这笔经费，中国海军舰艇总吨位在1888年就已超过美国，遥遥领先于日本，居世界第8位，为全球所瞩目。

1894年的中日甲午战争，因为有北洋水师的参战而成为中国第一次真正意义上的近代化战争。黄海血战规模之大，战况之惨烈，为近代世界战史所罕见。北洋舰队曾一度重创日本联合舰队，但战争的结局却是全军覆没。

人们当然要检讨这次战败的原因：海军内部的派系之争，贪污腐败，军纪涣散，乃至战略战术、战斗队形不当。原因固然有多种，但种种原因无不涉及政治的落后和腐败。

在中国，政体基本上仍是中世纪式的，政府和人民各行其

---

① 高瑞泉：《近代价值观变革与晚清知识分子》，郑大华、邹小站主编：《思想家与近代中国思想》，社会科学文献出版社2005年版，第213页。

是,战争压根儿没有影响到普通民众。中国方面权责也不明确,指挥不统一,没有充分动员全国的力量。李鸿章掌管外交,却无权决定政策性事宜,也无权控制北洋水师与淮军以外的舰只和军队。所以,在事实上,这是一场仅由李鸿章控制区域内的力量与日本国家的全部力量之较量(西方观察家就精辟地将这场战争称为李鸿章一人与日本之间的战争),其失败在所难免。"李鸿章后来有一句话:'以北洋一隅之力搏倭全国之师,自知不逮。'虽有推卸责任之嫌,然说的却是实情"。① 我们想一下,北洋水师和南洋水师在1884年中法战争期间竟拒绝前去救援受攻击的福建水师,而在1894~1895年的甲午战争期间,当北洋水师独力抗击日本海军之时,南洋水师竟保持"中立"。②这样的国家,这样的体制,不败才怪呢!

与此同时,就在1888年这一年,慈禧太后决定改清漪园为颐和园,大兴土木,浚湖垒山,作为她日常居住之地。有学者指出:"据不完全统计,迄于甲午战争,清廷用于颐和园工程的花费为库平银1100万两,其中挪用的海防经费为860万两。另外,三海工程又挪用海军经费440万两。两项园工花费合计,共1300万两。当时,北洋海军的主要战舰有7艘,共花银778万两,若将园工花费全部用于购置新舰,再增加一支原有规模的北洋海军还绰绰有余,甲午海战的结局可能会完全不同了。"③海军由于经费支绌,自1888年北洋水师成军后,舰艇和炮火再未更新过,而日本却平均每年添置新舰2艘,其实力反跃居北洋海军之上。到甲午战争爆发前,面对日本的竞争,北洋海军立即显出舰船陈旧、速射炮少的劣势,在速度和炮火威力上处在下风。战前英国顾问曾建议中国购买2艘快舰,但由于资金缺乏,清廷未予重视。相反,日方购买了这2艘船,其中

---

① 戚其章:《甲午战争新讲》,中华书局2009年版,第105页。
② [美]徐中约:《中国近代史》上册,香港中文大学出版社2001年版,第286页。
③ 戚其章:《甲午战争新讲》,中华书局2009年版,第102页。

一艘"吉野"号在甲午海战中战功卓著。

至1894年甲午战争爆发前夕,因已战云密布,北洋水师请求政府为其主力舰"定远"、"镇远"二舰配备10厘米口径的德国克虏伯快炮12尊。当年正值出生于道光十五年十月初十日(1835年11月29日)的慈禧太后60大寿,清政府以"太后大寿庆典,支费太多,无款可拨"为由,批驳不准。慈禧太后生于道光十五年(1835)十月初十日,按照中国的习惯,应于此年过60岁生日。此次庆典,共拨内帑银1000万两,户部出156万两,中央及地方文武官员捐款120万两,总计1276万两,其余暗中所送尚不计算在内。修园重于建军,祝寿重于备战,中国海军岂能不败?①

在北洋指挥层内部,腐化与陋习泛滥一时。李鸿章本人并无廉正之名(据称,李鸿章留下了4000万两的家产,而他的追随者也无情地榨取自己所负责的工厂和企业②)。他选用僚属时,只看与他个人的亲疏关系、是否为他私人效劳,而不管他们品行端正与否。许多陆海军将佐对太监李莲英阿谀奉承,自贬为其"门生",还用贪污的公款送礼给他。李莲英又转而包庇他们的不法行为。据说,那2艘铁甲舰上的10厘米口径大炮,每门仅配备3枚炮弹,而许多小炮却配置着口径不同的炮弹。装备军火的资金流入李鸿章的外甥(张士珩)这位军需官的私囊中。尽管北洋水师貌似强大——新近漆刷的船体,军官整齐的制服,但它是中看不中用,只适宜巡航港口,却不能打现代海战。李鸿章深知北洋水师的弱点,所以他不愿开战,相反依赖"以夷制夷"的外交手段解决朝鲜危机。

甲午战前,西人对中国尚存几分重视心理。甲午战败,中国的国际地位一落千丈。

中国惨败,大出西方各国意料。各国对华之态度遂因此而

---

① 闵杰:《戊戌风云》,上海书店出版社1998年版,第21～22页。
② [美]徐中约:《中国近代史》上册,香港中文大学出版社2001年版,第287页。

大变,"不复稍存忌讳"。① 所以,甲午战败引发了帝国主义列强瓜分中国的狂潮。实际上,只是西方列强害怕相互之间会发生对抗和冲突及由此而形成的均势,"挽救了清帝国,使其免遭立即覆亡的命运"。②

与此同时,甲午战败及其相随的帝国主义列强瓜分中国的狂潮,也引发了国内政治改革运动。

同样是东方国家学习西方,日本学在西学的根本之处,采纳了君主立宪政体;而中国的洋务运动则舍本逐末,只注意西学中的"形而下之粗迹",所以日本日益强盛而中国衰败如故。从这一意义上看,甲午之战是日本以比较彻底的西学,打败了中国不彻底的"中体西用"。所以说,甲午虽败,中国人却看到了明治维新后强大起来的日本这个新的参照体系。

传统中国和现代中国的历史分界固然可以有不同的分法,但就中国剧变的基本分界线(社会政治意义上的整体自觉,或近代民族觉醒的真正发端),应该说就是甲午战争。陈旭麓先生认为,"1840年以来,中国因外患而遭受的每一次失败都产生过体现警悟的先觉者。但他们的周围和身后没有社会意义的群体,他们走得越远就越是孤独。甲午大败,'成中国之巨祸',中国的民族具有群体意义的觉醒也因此而开始"。③

正像有的学者所指出的,在面对西方文明时,1895年前的中国人大体上是坚持"在传统中变"(change within the tradition);可是,1895年以后,出现了"在传统外变"(change beyond the tradition)的取向。很多人都开始废弃传统旧学而转向追求西洋新知。④

---

① 《论瓜分中国非泰西各国之本心》(论说),《申报》,光绪廿四年八月初一日(1898年9月16日)。
② [美]徐中约:《中国近代史》上册,香港中文大学出版社2001年版,第256页。
③ 陈旭麓:《近代中国社会的新陈代谢》,上海人民出版社1992年版,第154页。
④ 葛兆光:《七世纪至十九世纪中国的知识、思想与信仰》,《中国思想史》第二卷,复旦大学出版社2000年版,第682~683页。

甲午战争时为北洋水师营务处总办的罗丰禄,光绪二十一年正月初一(1895年1月26日)在一封家书中写道:"中国自秦灭六国后,历汉、隋、唐、宋、元、明,袭用秦法,至今未改。今有欧罗巴之法出,其说与秦法刚相反,是今之变局,殆秦法、欧法废除消长之机欤? 此等变局,实亘古所未闻,史册所未有也。"①

正是在1895年春中华民族危机最严重的时候,变法思想家暨变法活动家康有为等人闯进中国历史舞台的中心。这不是偶然的。

4.早期变法维新思想

鸦片战争前夕,社会矛盾尖锐,经济发展停滞,政治腐败,1644年建立统治的大清王朝已进入传统的王朝末时期——"衰世",非进行变革不可。诗人兼思想家龚自珍(1792~1841,浙江仁和即今杭州人),"少年哀乐过于人,歌泣无端字字真。既壮周旋杂痴黠,童心来复梦中身"。② 他呼唤"情完貌全"的个体生命,渴望求"和"斥"同"、人尽其才的社会共同体,弘扬实事求是、名实相符的文化价值,追求既华(文)又质、涵古通今的文明品质。③ 他对于传统专制统治下的黑暗现实和深重危机,具有异乎寻常的敏锐感受,觉察到"日之将夕,悲风骤至",认为"本朝"已进入传统的王朝末时期——"衰世",并发出"乱世""亦竟不远矣"的历史预言。他从《周易》中借用"穷则变,变则通,通则久"的说法,提出"更法""改革"的思想主张。限于生活经历、知识视野和社会条件,龚自珍没有也不可能提出"近代的"改革主张,没有也不可能提出"资产阶级的"改革主张,但是,龚氏的改革方案,内蕴"普遍的"、深厚的人道主义价值源泉,具有"穷则变,变则通,通则久"的历史远见和改革卓识,为近代志士仁人的思想变换和政治制度的根本改革,提供了十分

---

① 孔祥吉:《晚清史探微》,巴蜀书社2001年版,第13页。
② 《龚自珍全集》,上海人民出版社1975年版,第526页。
③ 龚郭清:《传统与现代之间——论龚自珍的文化理想》,《天津社会科学》,2009年第4期。

有力的思想资源和十分强大的情感动力。①

龚自珍被许多学者奉为近代开风气的宗师,被认为是站在古代和近代临界点的近代预言者。他往往被称为中国近代变法维新思想的先驱者。

然而,近代变法是和学习西方分不开的。

鸦片战争打开了中国的大门,使长期被闭关自守政策密封的中国暴露在欧美风雨之下。人们在同西方的接触中,开始感到中国有比不上别人的地方。于是"以天朝大吏,终日刺探外洋情事"②的林则徐(1785～1850,福建侯官即今福州人),产生了"师敌之长技以制敌"③的看法。林氏是第一个倡导借鉴西方思想的人。④ 林氏好友、学者魏源(1794～1857,湖南邵阳人)则提出了"师夷之长技以制夷"⑤的主张。魏氏所写的《海国图志》⑥是关于西方的第一部重要的中文著作。⑦

魏源所说的"长技",主要是坚船利炮及军事组织方法等。但是,魏源在对鸦片战争失败原因的追寻中,明确指出:"器利不如人和。"⑧"人和"是中国的一个传统术语。从上下文来看,魏氏所谓的"人和",兼指主体素质和组织制度两个方面。"公议乃行"⑨"先由公举""舍独徇同"⑩的西方政治制度,从一开始

---

① 龚郭清:《价值重建与制度改革——论龚自珍政治改革思想》,《天津社会科学》,2012年第2期。
② 琦善语,见魏源:《道光洋艘征抚记》,《魏源集》上册,中华书局1976年版,第178页。
③ 魏源:《道光洋艘征抚记》,《魏源集》上册,中华书局1976年版,第177页。
④ [美]徐中约:《中国近代史》上册,香港中文大学出版社2001年版,第274页。
⑤ 魏源:《海国图志序》,《魏源全集》第四册,岳麓书社2004年版,第1页。
⑥ 1843年初刻本五十卷,1847年刻本增订为六十卷,1852年复成一百卷。
⑦ [美]徐中约:《中国近代史》上册,香港中文大学出版社2001年版,第275页。
⑧ 魏源:《海国图志》卷一《筹海篇一议守上》,《魏源全集》第四册,岳麓书社2004年版,第10页。
⑨ 魏源:《海国图志》卷五十《英吉利国总记》,《魏源全集》第六册,岳麓书社2004年版,第1360页。
⑩ 魏源:《海国图志》卷五十九《外大西洋墨利加洲总叙》,《魏源全集》第六册,岳麓书社2004年版,第1585页。

就引起了魏源等首批开眼看世界的志士仁人的注意（虽然当时未有搬到中国来的意图）。魏源明确认为美国"一变古今官家之局""皆自下始"的民主制度又"公"又"周"、①尽善尽美，甚至认为这种制度可以"垂奕世而无弊"②（尽管他于1839年说过"天下无数百年不弊之法"③）。魏源还极力赞美瑞士的联邦制度，谓其国"无苛政，风俗俭朴，数百年不见兵革……初分三部，后分十三部，皆推择乡官理事，不立王侯"，诚"西土之桃花源"。④魏源对西方民主制度的向往之情，也为同时代的徐继畬、梁廷枏等人所具有。有学者指出，"对西方政治制度的了解和介绍是鸦片战争时期经世思想家的较为瞩目的问题，因此它成为近代第一次研究西方潮流的热点之一"。⑤

1860年，太平军攻入苏州，冯桂芬（1809～1874，江苏吴县人）逃亡上海。也正是在这一年，清政府在第二次鸦片战争中最后失败，被迫签订《北京条约》。内忧外患，使得冯桂芬产生了迫切的变法思想，他在1860～1861年写成《校邠庐抗议》一书。他指出，中国不仅在军事方面，而且在内政制度等诸多方面也不如西方：

> 人无弃才不如夷，地无遗利不如夷。君民不隔不如夷，名实必符不如夷。⑥

"君民不隔不如夷"一语，直接触到君主专制的痛处，指出

---

① 魏源：《海国图志》卷五十九《外大西洋墨利加洲总叙》，《魏源全集》第六册，岳麓书社2004年版，第1585页。
② 魏源：《海国图志后叙》，《魏源全集》第四册，岳麓书社2004年版，第7页。
③ 《魏源集》，岳麓书社2004年版，第432页。
④ 魏源：《海国图志》卷四十七《大西洋瑞士国》，《魏源全集》第六册，岳麓书社2004年版，第1316页。
⑤ 吴雁南等主编：《中国近代社会思潮（1840～1949）》第一卷，湖南教育出版社1998年版，第89页。
⑥ 冯桂芬：《制洋器议》，《校邠庐抗议》卷下，见郑大华点校：《采西学议——冯桂芬 马建忠集》，辽宁人民出版社1994年版，第75页。

了专制制度与民主制度的一个根本不同之点。冯桂芬还明确认为:"法苟不善,虽古先吾斥之;法苟善,虽蛮貊吾师之。"①《校邠庐抗议》的手稿,在《公黜陟议》篇的末段,原有下面一段话:

> 及见诸夷书,米利坚以总统领治国,传贤不传子,由百姓各以所推姓名投柜中,视所推最多者立之,其余小统领皆然。国以富强,其势骎骎凌俄英法之上,谁谓夷狄无人哉!②

写下之后,冯桂芬担心这些举世讳言的话刺痛统治者神经,招祸惹害,便把它删除了,又把"传贤不传子"一语中的"贤"与"子"二字,涂抹得难以辨认。冯桂芬写的字虽然被删除了,但他内心深处的矛盾却留在了纸上。

冯桂芬虽然没有明确提出要取法西方的民主制度,却提出了一系列试图解决"君民隔阂"或"上下不通之弊"问题的措施,如"复乡职""公黜陟""复陈诗"以及广取士、重儒官、许自陈、汰冗员等。冯桂芬明确地说,复陈诗、复乡职、公选举等,均为"通上下之情起见",都是为了改变"君民相隔""上下不通"的社会政治现状。其共同之处是强调选举、强调重视下层人民的意见。冯桂芬说,"荐举之权,宜用众不宜用独,宜用下不宜用上",并认为如果这样做了,"宜亦可十得八九矣"。③

冯桂芬虽然仍沿用古代的术语、先人的形式,但已在一定程度上受到了近代西方民主的影响。

从客观上说,洋务运动在中国启动早期现代化,实现从传统社会向现代社会的第一步跨进。然而,洋务运动的运行机制

---

① 冯桂芬:《收贫民议》,《校邠庐抗议》卷下,见郑大华点校:《采西学议——冯桂芬 马建忠集》,辽宁人民出版社1994年版,第52页。
② 原稿藏上海图书馆。见熊月之:《中国近代民主思想史》,上海人民出版社1986年版,第90~91页。
③ 冯桂芬:《广取士议》,《校邠庐抗议》卷下,见郑大华点校:《采西学议——冯桂芬 马建忠集》,辽宁人民出版社1994年版,第69页。

本身包含着深刻的内在矛盾:"中体西用"之说,虽然通过"体""用"的范畴把中学和西学加以分隔和联结,从表面上解决了两种异质文化的互容问题,从而为西学进入中国和中国人接受西学提供了方便,但这一理论从一开始就违背了体用相关、道器一致的规律,因而在实际操作中行不通。作为运动主要组织者和领导者的清政府,终究是一个在政治上未发生任何重要改革的君主专制政权,且其官僚机器已进入王朝末所常见的腐败状态。

随着历史的发展,洋务运动的内在矛盾日益明显、尖锐,传统政治制度与现代化运动的冲突、矛盾也日益为世人所认识。而认识到这一点的并不止洋务派圈外之人。

官至两广总督的张树声(1824～1884,安徽合肥人)也属洋务大吏之一员。他于光绪十年(1884)十月病危之际,伏枕口授《遗折》,对洋务运动的"中体西用"纲领提出了根本性的异议:

> 夫西人立国,自有本末,虽礼乐教化,远逊中华,然驯致富强,具有体用。育才于学堂,论政于议院,君民一体,上下一心,务实而戒虚,谋定而后动,此其体也。轮船、大炮、洋枪、水雷、铁路、电线,此其用也。中国遗其体而求其用,无论竭蹶步趋,常不相及,就令铁舰成行,铁路四达,果足恃欤?

言既至此,张树声发出急切呼吁:"采西人之体,以行其用。"[①]

事实表明,洋务派的思想并非一成不变,而是在洋务实践与自我反省中不断深化。然而,在总体上说,这种反省是相当有限的,[②]而且缺乏把反省之后获得的思想结论付诸实践的坚

---

① 张树声:《张靖达公奏议》,清光绪二十五年刻本,卷八,第33页。
② 如洋务派"大腕"张之洞坚持认为,"民权之说无一益而有百害","近日掇拾西说者,甚至谓'人人有自主之权'……不尽灭人类不止"。(《劝学篇·内篇正权第六》,范书义、孙华、李秉新主编:《张之洞全集》第十二册,河北人民出版社1998年版,第9721～9723页。)

定意志。一代人只能做一代事。

随着现代经济成分的产生和新兴社会性力量的出现,在挽救民族危机和发展资本主义要求的驱使下,在西方近代民主思想的影响下,19世纪70年代,中国开始出现了反映新兴社会力量利益和要求的早期维新思想。

早期维新思想和洋务思潮,在相当长的时期内你中有我、我中有你,边际比较模糊。所以曾有人称早期维新派为"洋务派中间的'左翼'"。① 但后来分歧逐渐扩大,早期维新派从依附洋务运动逐渐转化为其对立面。

早期维新派的主要代表人物大略可以分为三类:第一类为受过资本主义文明熏陶的知识分子。他们到过外国,或者长期生活在英国统治下的香港,直接受到资本主义文明熏陶后,开始形成早期维新思想,如王韬、何启、胡礼垣等。他们与外国人有较多的联系。第二类为背离传统思想的士大夫。他们一向接受传统教育,在提出早期维新思想之前没有到过外国,借助书本或别的方式间接了解资本主义文明。他们是背离传统儒家思想的士大夫,如汤震、陈虬、陈炽、宋恕等。第三类为洋务运动中分化出来的官僚、买办。这类人本是洋务派头子特别是李鸿章培养出来的洋务官僚,在实践中对洋务运动不满,因而分化出来,超出了洋务思想的范围。但他们与洋务派的联系仍紧密,如薛福成、马建忠、郑观应等。第一类人的主要活动地点在香港;第二类人的主要活动地点在北京;第三类人的主要活动地点在上海及天津。②

对早期维新思想的基本内容可作如下概括:首先,反对条约特权,要求自主独立。其次,强调在与西方列强进行"兵战"

---

① 戚其章:《关于中国近代史基本线索的几点意见》,《历史研究》,1985年第6期。关于早期维新派与洋务派之间差异的论述,可参阅戚其章:《中国近代社会思潮史》,山东教育出版社1994年版,第326~331页。
② 王栻:《维新运动》,上海人民出版社1986年版,第46~47页。

的同时,与西方进行"商战";反对官办政策,要求发展民办企业,以振兴民族工商业。再次,反对君主专制,要求议会政治。最后,提倡西学的文化教育政策。

也许,我们有理由说早期维新派的思想具有很多的历史局限性。

(1) 不充分的民主

他们的参政思想仍然不是充分民主的,因为参政有地位和财产的限制,皇帝在制定所有政策时仍然拥有大权。但我们要认识到,这些改良主义思想家,之所以为参政划定框框,是因为他们多少都持有一种认识,即中国并不具备完全实行民主的社会条件。

(2) 主张政治改良的同时,信守传统的基本道德价值

和他们对传统国家制度的广泛批评相比,这些改良者一般还没有批评旧秩序的信仰—思想基础(儒学),往往未跳出"中体西用"说的窠臼。薛福成说:"取西人器数之学,以卫吾尧舜禹汤文武周孔之道。"[①]事实上,他们中间有些人,如陈炽、陈虬,特别是宋育仁,不惮其烦地以保卫儒家和维护纲常名教的正当性为己任。如陈炽就认为,在中国,和一种有缺陷的政治制度结合在一起的是健全的道德思想体系。对于大多数改良派来说,他们的政治改良主义的激进性中隐藏着道德—思想方面的保守主义。但随着时间的推移,在承认西方政治思想和制度的价值的同时,19世纪90年代初期某些改良派的著作中出现了强调器不能与道分离的倾向。但从总体上看,他们还缺少像后来康有为那样的历史进化论等思想意识形态基础或思想水平。

(3) 缺乏有力的组织手段和坚定的实践意愿

尽管他们具有社会政治改革的思想主张,但缺少协同一致的社会政治行动。他们不谋而合,却互不往来。虽则他们的著

---

① 薛福成:《筹洋刍议·变法》,丁凤麟、王欣之编:《薛福成选集》,上海人民出版社1987年版,第556页。

作有助于改变甲午战争前的学界氛围,但是他们的影响加起来也远远比不上后来以康有为为领袖的一群年轻广州士子所发起的思想政治运动。①

尽管如此,早期维新派反对侵略、振兴商务、君民共主、提倡西学的主张和要求,为甲午战后的戊戌维新运动,作了思想上、理论上的准备。

---

① 对早期维新派局限性的分析,参阅[美]费正清、刘广京编:《剑桥中国晚清史(1800～1911)》下卷,中国社会科学院历史研究所编译室译,中国社会科学出版社1985年版,第328～333页。

第二章　戊戌变法的思想构建

一、康有为的变法思想体系

1. 康有为早期生平

康有为(1858～1927),曾名祖诒,字广厦,号长素,广东南海人,出身官僚地主家庭。高祖康辉,字文耀,号炳堂,嘉庆举人,同治元年诰封荣禄大夫、广西布政使;曾祖康建昌,字式鹏,号云衢,号称"醇儒",诰封资政大夫、福建按察使;祖父康以乾,字赞修,号述之,举人,官广东连州训导;父康达初,字植谋,号少农,官江西补用知县,将至官,喘病大作,38岁去世(时康有为11岁)。

据《康氏家庙碑》的记载,从十九世至二十一世(即从康有为的祖辈至己辈),三世当官共达31人之多。整个家族处于鼎盛时期。康氏家族发迹的经历,不外文、武两条途径。文的是走"学而优则仕"的道路,武的则是靠镇压农民起义升官。如康有为叔祖康国器,因镇压太平军有功,官至广西护理巡抚,"康氏光大,自公为之"。① 康有为在1888年的《上清帝第一书》中

---

① 吴天任:《康有为先生年谱》上册,台北艺文印书馆1994年版,"谱前"第5页。

曾表示:"自祖父世受国恩,区区之私,常怀报称。"①

《康有为自编年谱》称:"吾家……凡为士人十三世矣。"②这一说法并不确实。但对其家族作学者式之尊重,反映了他自身的志愿以及自我激励。③

康有为从小胸怀大志,博览群书,自视甚高,带有霸气的性格。据梁启超在《南海康先生传》中称,康有为从小就"常严重,不苟言笑。成童之时,便有志于圣贤之学,乡里俗子笑之,戏号之曰:'圣人为。'盖以其开口辄曰圣人圣人也"。④

据康有为《我史》(《康有为自编年谱》)手稿本,康于同治十年(1871)、同治十一年(1872)参加童试,皆不售,即此时他尚未有生员资格。同治十二年(1873)、光绪二年(1876)他参加乡试,当以捐监生的资格。康有为之孙康保延《恭述先祖南海先生二三事》称:"缘先高祖于连州水灾殉职,先祖获荫监生,其赴试名'祖诒'者殆取义于此,盖纪念祖德也。"⑤康有为祖父于光绪三年(1877)去世,康可能于此年获荫监生。康有为在《上清帝第一书》中称:"猥荷天慈,蒙被荫典,入监读书。"⑥康有为在《殿试策》(1895年5月22日)中说:"由荫生应光绪十九年本省乡试中式。"⑦

康有为的科第并不很得志。康有为参加乡试,屡考屡败。直到甲午战争爆发的前一年(1893),36岁才中了举人。1895

---

① 汤志钧编:《康有为政论集》上册,中华书局1981年版,第52页。
② 康有为:《康有为全集》第5集,姜义华、张荣编校,中国人民大学出版社2007年版,第58页。
③ 萧公权:《近代中国与新世界:康有为变法与大同思想研究》,汪荣祖译,江苏人民出版社1997年版,第3~5页。
④ 梁启超:《饮冰室合集》,文集之六,林志钧编,中华书局1989年版,第60页。
⑤ 《广东文献》,第7卷第2期,1977年6月,转引自茅海建《从甲午到戊戌:康有为〈我史〉鉴注》(下称《〈我史〉鉴注》),三联书店2009年版,第32页。
⑥ 汤志钧编:《康有为政论集》上册,中华书局1981年版,第52页。
⑦ 康有为:《康有为全集》第2集,姜义华、张荣编校,中国人民大学出版社2007年版,第65页。

年,38岁中了进士,但没有入翰林,只授工部虞衡司主事。所以,康有为在1893年前,虽然著书言事,为海内名流,却一直是一个非正式的生员。

梁启超在《南海康先生传》中说:"七岁能属文,有神童之目。"①康有为的祖父以"科第"期望他;外祖父也"期以将来大器"。康有为从小就十分喜爱读书。他在《自编年谱》"同治七年"(1868)栏下称,"好学敏锐,日昃室暗,执卷倚檐柱,就光而读,夜或申旦,务尽卷帙。先祖闻之,戒令就寝,犹篝灯如豆于帐中,隐而读书焉"。②康有为从小受的是传统正统教育。

19岁(1876)时,"乡试不售,愤学业之无成",乃因祖父的介绍,师从粤中大儒朱次琦(字稚圭,号九江先生,1807~1881,广东南海人)。朱九江的学术,在支伟成《清代朴学大师列传》中有如下记述:"先生博极群书,金石书画,罔不穷究。厉节行于后汉,探谊理于宋人;既则舍康成,释紫阳,一一以孔子为归。其学行盖近似亭林。"③根据康有为的看法,朱氏强调的是儒家学说中的道德—政治这一主旨,"主济人经世,不为无用之空谈高论";康有为从朱先生学,自谓"如旅人之得宿,盲者之睹明","以圣贤为必可期","从此谢绝科举之文,土芥富贵之事";康有为在这里苦读两年余,胸中群书"涣然融释贯穿"。④康有为的理学、政学基础,皆得自"其学根柢于宋明而以经世致用为主"的九江先生。朱九江对康有为学问体系的形成,具有决定性影响,其认为必须超越汉学、宋学之区别,而直接靠近孔子的观念,是形成《新学伪经考》《孔子改制考》《大同书》之三大著作的

---

① 陆乃翔、陆敦骙等:《南海先生传》:"十岁能属文。"见夏晓虹编:《追忆康有为》,中国广播电视出版社1997年版,第39页。
② 康有为:《康有为全集》第5集,姜义华、张荣编校,中国人民大学出版社2007年版,第60页。
③ 支伟成:《清代朴学大师列传》上册,岳麓书社1986年版,第289页。
④ 康有为:《康有为全集》第5集,姜义华、张荣编校,中国人民大学出版社2007年版,第61页。

基准。① 但是,朱九江的理学,以程朱为主,间采陆王;②康有为则"独好陆王,以为直捷明诚,活泼有用",后来"又潜心佛典,深有所悟"。③ 1878年21岁时,康有为显然经历了一次深刻的精神危机:"至秋冬时,四库要书大义,略知其概,以日埋故纸堆中,汨其灵明,渐厌之。日有新思,思考据家著书满家,如戴东原,究复何用?因弃之,而私心好求安心立命之所。忽绝学捐书,闭户谢友朋,静坐养心。同学大怪之,以先生尚躬行,恶禅学,无有为之者。静坐时,忽见天地万物皆我一体,大放光明,自以为圣人,则欣喜而笑;忽思苍生困苦,则闷然而哭。忽思有亲不事,何学为?则即束装归庐先墓上。同门见歌哭无常,以为狂而有心疾矣。至冬,辞九江先生,决归静坐焉。此《楞严》所谓飞魔入心,求道迫切,未有归依之时,多如此。"④

1878年冬康有为辞别九江先生。1879年,入西樵山(位于广州西南68公里,苏村南10余公里),居白云洞,一度"专讲道佛之书,养神明,弃渣滓"。⑤

1879年,康有为和曾在北京任职的张鼎华(字延秋,号害子,广东番禺人。曾入值军机处,时任翰林院编修之职)相晤,"谈则竟夕申旦,尽知京朝风气,近时人才,及各种新书,道、咸、同三朝掌故,皆得咨访焉"。康有为自称:"吾自师九江先生而

---

① 坂出祥伸:《康有为传》,叶妍译,台北国际文化事业有限公司1989年版,第34页。
② 程颢,1032~1085年,字伯淳,号明道先生;程颐,1033~1107年,字正叔,号伊川先生;朱熹,1130~1200年,字晦庵,又字元晦;陆九渊,1139~1192年,字子静,号象山先生;王守仁,1472~1528年,字伯安,号阳明先生。在一般儒者心目中,"朱子道问学工夫多,陆子静却以尊德性为主"。一般说来,"道问学"强调"闻见之知"或"博文""博览",而"遵德性"强调"德性之知"或"约礼""本心"。
③ 梁启超:《饮冰室合集》,文集之六,林志钧编,中华书局1989年版,第61页。
④ 康有为:《康有为全集》第5集,姜义华、张荣编校,中国人民大学出版社2007年版,第62页。
⑤ 康有为:《康有为全集》第5集,姜义华、张荣编校,中国人民大学出版社2007年版,第62页。

得闻圣贤大道之绪,自友延秋先生而得博中原文献之传。"①

康有为在这之前的1874年(17岁),曾在家中的万卷藏书中读过徐继畬的《瀛环志略》及地球图。不久,还读了魏源的《海国图志》及利玛窦(1552～1610)、艾儒略(1582～1649)、徐光启(1562～1633)等人所译西书,对中国以外的世界略有所知。②

据康有为《我史》称,康在22岁(1879)这一年,"既而得《西国近事汇编》、李圭《环游地球新录》及西书数种览之。薄游香港,览西人宫室之瑰丽,道路之整洁,巡捕之严密,乃始知西人治国有法度,不得以古旧之夷狄视之。乃复阅《海国图志》《瀛寰志略》等书,购地球图,渐收西学之书,为讲西学之基矣"。25岁(1882),"道经上海之繁盛,益知西人治术之有本。舟车行路,大购西书以归讲求焉。十一月还家,自是大讲西学,始尽释故见"。26岁(1883),"购《万国公报》,大攻西学书。声、光、化、电、重学及各国史志,诸人游记,皆涉焉"。③自1883年起,康有为自费订阅《万国公报》;1894年《万国公报》征文,康氏曾为文应征而获奖。康有为对西学求知欲之强,可见一斑。1887年,再游香港。经过不断的学习、反复的观察思考,康有为成了一名近代中国向西方寻求真理的杰出代表。汪荣祖说:"《实理公法全书》以几何公理为人文立法,可知西方科学对康有为的影响实在颇为深刻。"④1898年春由上海大同译书局刊行的《日

---

① 康有为:《康有为全集》第5集,姜义华、张荣编校,中国人民大学出版社2007年版,第62页。

② 林克光:《革新巨人康有为》,中国人民大学出版社1990年版,第33页。

③ 康有为:《康有为全集》第5集,姜义华、张荣编校,中国人民大学出版社2007年版,第62～63页。茅海建认为:"康有为于光绪八年参加顺天府试后路过上海,开始接触西学。其中的一个主要途径,便是林乐知所办的《万国公报》。"(茅海建:《〈我史〉鉴注》,三联书店2009年版,第135～136页。)

④ 汪荣祖:《从传统中求变——晚清思想史研究》,百花洲文艺出版社2002年版,第206页。

本书目志》,亦是体现康有为西学知识、世界意识的重要成果之一。戊戌维新时期极力倡导"孔教""托古改制"的康有为,无疑也是"当时中国最具有世界意识的人"。①

康有为曾自述对近代西方的认识过程,并谈到他特别关注"学及应改制度"。他说:

> 以仆言之,少受朱子,学于先师九江先生,姁姁笃谨。然受质颇热,受情多爱,久居乡曲,日日睹亲族之困,饥寒无以为衣食,心焉哀之;又性好史学,尤好《通考》、《经世文编》之言制度,颇慕王景略、张太岳之为人,惆怅日足。然伏处里闾,未知有西学也。及北试京兆,道出香港、上海、天津,入京师,见彼族宫室、桥梁、道路之整,巡役、狱囚之肃,舟车、器艺之精,而我首善之区,一切乃与相反,□然惊,归乃购制造局所译之书读之,乃始知西人之政教风俗,而得其根本节目之由。……故仆之言学及应改制度,盖日日公言之,非待掩饰闭藏,阳儒阴释者也。②

由上述可见,康有为的西学渊源,一是有关西学的书籍、报刊,二是至港、沪、津等地的实地见闻。

中法战争失败后,康有为就产生了变法维新的思想。1888年(光绪十四年),康有为第一次以布衣身份上书皇帝,极陈外国侵逼、中国危亡之险状,请朝廷取法泰西,变法图强。在这次上书中,康有为提出了"变成法、通下情、慎左右"③三项基本纲领。时人目为病狂,大臣不为上达。康有为回忆道:1888年撰写《上清帝第一书》后,"于时朝臣晏安承平,咸守一统之旧,以

---

① 马洪林:《康有为评传》,南京大学出版社1998年版,第307页。
② 康有为:《康有为全集》第1集,姜义华、张荣编校,中国人民大学出版社2007年版,第323页。
③ 汤志钧编:《康有为政论集》上册,中华书局1981年版,第57页。

臣为中风狂走,诽谤盛明,格不得达"。①

康有为谋求变法,计划先说服皇帝,然后凭借皇帝的权力,雷厉风行地推行变法,以奏速效。上书既不成,康氏只好回家讲学。陈千秋说:"吾师康先生,思圣道之衰,悯王制之缺,慨然发愤,思易天下,既绌之于国,乃讲之于乡。"②讲学并不一定是消沉的表示,实有积极的意图。梁启超说:"先生以为欲任天下之事,开中国之新世界,莫亟于教育,乃归,讲学于粤城。"③

据康有为《我史》称,他于光绪十六年(1890)设堂讲学,最初的弟子为陈千秋、梁启超、徐勤,讲堂设在其祖父在广州的祖屋云衢书屋。光绪十七年(1891),又收韩文举、梁朝杰、曹泰、王觉任、麦孟华,讲堂设在长兴里邱氏书室。光绪十八年(1892),收龙泽厚,讲堂移至卫边街邝氏祠。光绪十九年(1893),讲堂迁到广州府学宫文昌殿后的仰高祠。似就在此年,康有为将其讲学处正式命名为"万木草堂"。④ 康有为尽心"教授弟子,以孔学、佛学、宋明学为体,以史学、西学为用"。⑤他在此时收的大弟子,大都成为戊戌变法的重要人物,形成在当时社会上颇具影响力的"康党"。康有为以"卧薪尝胆""十年教训"的精神,集中精力从事变法运动理论体系的构建和变法运动骨干的培养。

数年之间,康有为表面上不问政治,潜心学术,专注教育,实际上,却在为变法维新作理论上的准备,先后撰写、完成《新

---

① 康有为:《恭谢天恩,并陈编纂群书,以助变法,请及时发愤,速筹全局,以免胁制而图保存折》,黄明同、吴熙钊主编:《康有为早期遗稿述评》,中山大学出版社1988年版,第319页。
② 《长兴学记·陈千秋跋》,康有为:《长兴学记 桂学答问 万木草堂口说》,楼宇烈整理,中华书局1988年版,第23页。
③ 梁启超:《南海康先生传》,《饮冰室合集》,文集之六,林志钧编,中华书局1989年版,第62页。
④ 茅海建:《〈我史〉鉴注》,三联书店2009年版,第46~47页。
⑤ 梁启超:《南海康先生传》,《饮冰室合集》,文集之六,林志钧编,中华书局1989年版,第62页。

学伪经考》(初刻于光绪十七年七月)、《春秋董氏学》(光绪二十三年冬刊行)和《孔子改制考》(光绪二十三年冬刊刻,光绪二十四年初问世)等,奠定了康有为政治改良运动的思想基础。此外,19世纪80年代中期至戊戌维新期间,康有为又陆续撰成《实理公法全书》及《大同书》等稿。但在戊戌变法时期,除少量万木草堂的学生之外,康氏"大同学说"一般"秘不以示人"。

2. 变法思想体系

怎么变法?

要想对这问题有一基本的了解,我们首先对约撰成于1895年5月2日的《公车上书》或康有为《上清帝第二书》①作一系统、细致的分析,对康有为的变法纲领作较完整的认识(汤志钧认为:"此后康有为的历次上书,大抵不出《公车上书》的范围。"②),然后再结合其他材料对康氏思想体系作一基本梳理。

康有为为各省举人联名上书所起草的《公车上书》,共一万八千余言。该上书的目的是,在4月17日李鸿章与日本签订《马关条约》后,通过向皇上分析形势,陈明利害,要求皇上"翻然变计","以塞和款而拒外夷,保疆土而延国命"。康有为替皇上代筹近之可战可和、远之可富可强之策,归纳为四句话:"下诏鼓天下之气,迁都定天下之本,练兵强天下之势,变法成天下之治。"

所谓"下诏鼓天下之气",是要求下三道诏书:一下罪己之诏,以激励天下;二下明罚之诏,对主和辱国的枢臣,丧师失地的将帅,擅许割地、辱国通款的使臣,守御无备的疆吏,或明正典刑,或予革职,黜退尸位大僚,"无妨贤路";三下求才之诏,"悬赏功之格,为不次之擢"。

所谓"迁都定天下之本",就是把首都从易受外敌胁制的北

---

① 康有为:《康有为全集》第2集,姜义华、张荣编校,中国人民大学出版社2007年版,第32~45页。
② 汤志钧:《戊戌变法史》,上海社会科学院出版社2003年版,第150页。

京,迁至可以凭险力战的西安。

所谓"练兵强天下之势",就是参照泰西、日本情形,重视国防建设,"以民为兵";不拘资格,精选年轻有为、忠义知兵的将才,各练精兵;鼓励地方绅士各自办团练,"遇有警迫,坚壁清野";向西方购买精良军械;建议利用"南洋诸岛民四百万"的财力和知识("通达夷情"),"团成一军","或防都畿,或攻前敌,并令联通外国,助攻日本,或有奇功"。

以上三项,"皆权宜应敌之谋",只有变法才是"立国自强之策","非变通旧法,无以为治"。所以,第四项"变法成天下之治"才是上书的重点。

首先,康有为认为,"变之之法,富国为先"。他提出"富国之法有六":实行"钞法",建立"官银行"等制度;兴修铁路;发展机器、轮舟,改变"今各省皆为厉禁……禁吾民制造""自蹙其国"的现状,批评"官中作厂……难望致精",鼓励民间办厂,"宜纵民为之,并加保护……出费领牌,听其创造",鼓励民间经营轮舟,"宜纵民行之,出费领牌,听其拖驶";开矿;铸造统一银币,以便利流通;设立邮政,利国便民。

其次,康有为认为,"百姓匮乏,国无以为富也","国以民为本",故提出"养民之法"有四:一为"务农",学习西方,采取遍设"农学会"、"督以农官"、"宜设丝茶局,开丝茶学会"等措施,力求振兴农业生产;二为"劝工",参照西方,"宜令各州县咸设考工院",实行"专利"之法,鼓励创造;三为"惠商",康有为认为,"并争之世,必以商立国","今之灭国以商","中国之受毙,盖在此也",所以,中央"宜特设通商院",各省则设立"商学"以令商人习知"地球各国贸易条理",建立"商会"以厚商力,使商务"遍及四洲",创立"比较厂"(博览贸易会)以优胜劣汰;四为"恤穷",分为"移民垦荒"、"教工"(相当于以工代赈)、"养穷"(设院收养劳力丧失者)几种方法。

再次,康有为认为,富国养民皆以"教民"为基础,所以要教士理,开民智,"令各省、州、县遍开艺学书院",以传统经学与近代西方专门之学业相结合,通过各级考试选拔秀才、举人、进士等,同时在财力许可的条件下,"令乡落咸设学塾,小民童子,人人皆得入学",使天下"人才不可胜用矣";"纵民开设"报馆,"庶裨政教";"立道学一科","发明孔子之教",以挽救"风俗人心",并鼓励弘扬"圣教"于海外。

最后,变通官制,"以为教养之本"。其一,实行机构改革,使用、爱护人才。请首停捐纳;地方官制,废省、府,设道、县两级,由士人担任吏职,民举乡官;中央政权裁并机构,裁汰冗员;增加俸禄,为各级官吏守廉创造条件。其二,立使才馆,培养外交人才,选派亲藩世爵大臣、品官出国游历学习以利"开新学""开风气",使"利国便民"的变法减少阻力,增加动力。其三,从根本上改革政治体制,改变"上下隔塞,民情不通"的君主专制("独立于上","独尊")制度,建立"与民共之""君民共体"的君主立宪制度。关于这一点,详细讨论于下。

康有为首先向我们揭示了以"壅塞""隔绝""狭隘""独尊"等为基本特征的传统政治制度的严重弊端:"夫中国大病,首在壅塞……上有德意而不宣,下有呼号而莫达。同此兴作,并为至法,处夷行之而致效,中国行之而益弊者,皆上下隔塞,民情不通所致……君与臣隔绝,官与民隔绝,大臣小臣又相隔绝,如浮屠百级,级级难通,广厦千间,重重并隔。天下人民四万万,庶士亿万,情伪百端,才智甚广,皇上仅寄耳目于数人,而数人者又畏懦保禄,不敢竭尽,甚且炀灶蔽贤,壅塞圣听,皇上虽欲通中外之故,达小民之厄,其道无由。名虽尊矣,实则独立于上,遂致割地弃民之举,皇上亦何乐此独尊为哉?"在这里,康氏指出了"独立于上"("独尊")与"割地弃民"之间的有机联系。

康有为认为,要消除传统政治制度的弊端,根本的出路在于建立与民共治天下、"君民同体"的政治体制。这种体制的核心是一种符合"先王之意"、类似西方议会的政治权力机构的存在。

"伏乞特诏颁行海内,令士民公举博古今、通中外、明政体、方正直言之士,略分府县,约十万户,而举一人,不论已仕未仕,皆得充选,因用汉制,名曰议郎"。这里讲的是"议郎"选举的产生。

"皇上开武英殿,广悬图书,俾轮班入直,以备顾问。并准其随时请对,上驳诏书,下达民词。凡内外兴革大政,筹饷事宜,皆令会议于太和门,三占从二,下部施行"。这里讲的是"议郎"的职权。

"所有人员,岁一更换。若民心推服,留者领班,着为定例,宣示天下。"这里讲的是"议郎"的任期。

"上广皇上之圣聪,可坐一室而知四海;下合天下之心志,可同忧乐而忘公私。皇上举此经义,行此旷典,天下奔走鼓舞,能者竭力,富者纾财,共赞富强,君民同体,情谊交孚,中国一家,休戚与共。以之筹饷,何饷不筹?以之练兵,何兵不练?合四万万人之心以为心,天下莫强焉!"这里讲的是"议郎""会议"的政治功效。

在全文的结尾,康有为强调,只有不失时机,立即实行变法维新,"百度更新","破除旧习,更新大政",中国才能"自立""自强"。

在康有为的变法思想体系中,有若干关键之点值得注意。

(1)"通变宜民"的价值理想

关于康有为早期(戊戌政变以前)政治改革思想的研究,历来是学者们关注的重要课题。不过,人们对康氏早期政治改革思想的具体时代背景或民族救亡图存的价值取向比较关注,而对其早期政治改革思想的普遍人生意义或人性终极圆满的价值取向相对忽略。

通过解读康有为早期的文献,笔者以为,适应"时变"(适应时代变迁,拯救民族危机,追求国家富强)和"人性"圆满(追求人生快乐,顺应人民愿望,实现人性圆满),是康有为早期政治改革思想的两大基本价值追求;从而进一步得出结论,尽管存在理论和实践上的种种局限性,康有为的早期政治改革思想,既具有属于其生活时代的重大历史价值,又具有超越其历史时代的普遍人生意义。

首先,适应"时变"是改革的外在环境要求。

古往今来,圣贤学士历来强调"时"(某一特定时刻客观环境条件的总和)对社会伦理、文化礼仪、政治制度等的外在制约性。这在中国历史传统,在传统社会占主导地位的儒家学说中,可以找到大量、丰富的例证。

博学的康有为无疑十分清楚地了解有关传统。他淋漓尽致地发挥了传统中"穷变通久之理"、开拓"日新"的理念。他特别强调源于"公羊"学、讲社会从乱至治的变易的"三世说",还有至少可追溯到西汉时期、讲每一朝代都应"损益因革""因时制宜"的"三统说"。他说:"君子时中,孔子皆因其时而发之。"①他把"圣人"譬喻成医生,用以医治社会之"病";但必须根据不同时代的社会不同病症开出不同处方,否则,将是无效的,甚至是有害的。②

康有为把"圣人"譬喻成医生的说法,十分有趣,也十分适合因王朝末期的固有疾病和西方侵略的近代伤痛而正在迅速走向衰微的时代。他认为:"方今海内之穷困,学术之荒略,人才之芜没,自古衰世,未尝有此也。"③

康有为认为,维新变法首要目的是救亡图存。

甲午战后,特别是1897年冬德国强占胶州湾后,中国被瓜分的大祸迫在眉睫。

在1895年5月2日的《公车上书》中,康有为有一段较为精辟的话:"窃以为今之为治,当以开创之势治天下,不当以守成之势治

---

① 康有为:《康有为全集》第 2 集,姜义华、张荣编校,中国人民大学出版社 2007 年版,第 292 页。
② 康有为:《康有为全集》第 3 集,姜义华、张荣编校,中国人民大学出版社 2007 年版,第 263 页。
③ 康有为:《康有为全集》第 1 集,姜义华、张荣编校,中国人民大学出版社 2007 年版,第 168 页。

天下；当以列国并立之势治天下，不当以一统垂裳之势治天下。盖开创则更新百度，守成则率由旧章；列国并立则争雄角智，一统垂裳则拱手无为。言率由而外变相迫，必至不守不成；言无为而诸夷交争，必至四分五裂。《易》曰：'穷则变，变则通。'"①

在撰于1895年6月30日的《上清帝第四书》中，康有为指出："今当以开创治天下，不当以守成治天下，当以列国并争治天下，不当以一统无为治天下。诚以积习既深，时势大异，非尽弃旧习，再立堂构，无以涤除旧弊，维新气象。若仅补苴罅漏，弥缝缺失，则千疮百孔，顾此失彼，连类并败，必致无功。"康有为接着还批评洋务运动"根本不净，百事皆非"。②

在约撰于1897年12月的《上清帝第五书》中，康有为说："万国报馆议论沸腾，咸以分中国为言。若箭在弦，省括即发，海内惊惶，乱民蠢动……瓜分豆剖，渐露机牙，恐惧回惶，不知死所……恐皇上与诸臣，求为长安布衣而不可得矣……发愤维新，或可图存。"③

在《日本书目志·自序》中，康有为哀叹道："吾中国大地之名国也，今则耗矣衰矣，哀哉！以大地万国皆更新，而吾尚守旧故也。"康有为认为，如要避免亡国灭种的命运，就必须变法维新以图自强。他还为变法维新提供了哲学基础："物新则壮，旧则老；新则鲜，旧则黯；新则洁，旧则败，天之理也。"④在《公车上书》中，康有为说道："天下之为物，譬犹器也，用其新而弃其陈，病乃不存。"⑤

---

① 汤志钧编：《康有为政论集》上册，中华书局1981年版，第122页。
② 汤志钧编：《康有为政论集》上册，中华书局1981年版，第151～152页。
③ 康有为：《康有为全集》第4集，姜义华、张荣编校，中国人民大学出版社2007年版，第2～7页。据茅海建考，《上清帝第五书》大约写于光绪二十三年十月底、十一月初。见茅海建：《〈我史〉鉴注》，三联书店2009年版，第215页。
④ 康有为：《康有为全集》第3集，姜义华、张荣编校，中国人民大学出版社2007年版，第263页。
⑤ 汤志钧编：《康有为政论集》上册，中华书局1981年版，第116页。

总之，为拯救中国的危亡，实现中国的富强，必须变法维新。所以，变法是时代的要求，是历史客观变迁过程的要求，是对外在的西方列强侵略所造成的民族生存危机的适应。

其次，"人性"圆满是改革的内在价值追求。

何为"人性"？

康有为说："此性字乃是人之质也，方为确诂。"① 又说："性者生之质……人之异于禽兽者，知觉也，非善也"，②"性只有质，无善恶"，③"性无善恶，善恶者，圣人所立也"。④ 所以，我们可以得出结论，康有为论人性或人之性，一般指人的自然属性或生物属性。

康氏强调人性是人的自然属性或生物属性，是有意义的，因为只有在此基础上，才能说明人与人之间是生而平等的（等级差异、隔绝壅塞等来自后天人为），才能全盘改造人们后天所创造的一般生活方式（包括社会伦理、文化礼仪、政治制度等），才能一视同仁地借鉴全人类创造的有利于人的发展的文化成果。康有为说："元为万物之本，人与天同本，于元犹波涛与沤同起于海，人与天实同起也。"紧接着又说："理本大同，哲人同具，否则人有宫室、饮食，而吾亦将绝食露处矣。"⑤

与康有为的观点相反，保守派一般强调后天文化属性为基本人性，强调人与人之间（社会之间、社会成员之间）的差别。如与康有为展开论战的朱一新就说："人之所以异于禽兽者，以

---

① 康有为：《康有为全集》第2集，姜义华、张荣编校，中国人民大学出版社2007年版，第169页。
② 康有为：《康有为全集》第1集，姜义华、张荣编校，中国人民大学出版社2007年版，第330页。
③ 康有为：《长兴学记 桂学答问 万木草堂口说》，楼宇烈整理，中华书局1988年版，第200页。
④ 康有为：《长兴学记 桂学答问 万木草堂口说》，楼宇烈整理，中华书局1988年版，第195页。
⑤ 康有为：《康有为全集》第2集，姜义华、张荣编校，中国人民大学出版社2007年版，第373～374页。

其有此五常之全理……禽兽亦间有具五常之一体者，特见偏不见全……惟人则不然，有物必有则，有气必有义理，有父子必有慈爱，有君臣必有等威，放诸东海而准，放诸西海而准。"①

然而，康有为同时还强调"仁"为人的根本属性。他说："仁者，人也。"②又说："人而不仁，亦为一倮虫而已。凡所以为学，皆以为仁也。"③

那么，怎么理解康有为对"仁"是人的根本属性的强调？康氏说："《说文》：仁，并偶人也。然则仁止于民，不及于禽兽，其为古义也。"④他又说，"仁为'相人偶'之义，故贵于能群"，⑤"仁者，二人相偶也。盖自家一人，仁心无从出也"。⑥ 又说："就一人之本然而论之，则智其体，仁其用也；就人人之当然而论之，则仁其体，智其用也。"⑦康氏认为，由于人是一种社会性动物，"仁"是人与人之间（乃至人与天地万物之间）一体共生关系及其内化品质（不忍人之心⑧），既是人类一种基本的自然属性或生物属性，又是人类一种根本的社会文化属性。

---

① 康有为：《康有为全集》第1集，姜义华、张荣编校，中国人民大学出版社2007年版，第331~332页。
② 康有为：《长兴学记 桂学答问 万木草堂口说》，楼宇烈整理，中华书局1988年版，第263页。
③ 康有为：《长兴学记 桂学答问 万木草堂口说》，楼宇烈整理，中华书局1988年版，第10页。
④ 康有为：《康有为全集》第1集，姜义华、张荣编校，中国人民大学出版社2007年版，第79页。
⑤ 康有为：《长兴学记 桂学答问 万木草堂口说》，楼宇烈整理，中华书局1988年版，第10页。
⑥ 康有为：《长兴学记 桂学答问 万木草堂口说》，楼宇烈整理，中华书局1988年版，第263页。
⑦ 康有为：《康有为全集》第1集，姜义华、张荣编校，中国人民大学出版社2007年版，第109页。
⑧ 宋德华在论述康有为的"不忍人之心"时说："所谓不忍人之心，小则表现为对亲身所接触之人世苦难的同慈共忧……大则表现为对全人类乃至宇宙间一切可能的有生之类的同哀乐共忧患之感。"见宋德华：《岭南维新思想述论——以康有为、梁启超为中心》，中华书局2002年版，第36~37页。

说"仁"是一种自然属性或生物属性,是因为"仁"就是宇宙物质"相生之性"(天地万物人我一体共生关系,又被康有为等人称为"引力""爱力""电力"等)在人性中的表现或表达:"物质有相生之性,在于人则曰仁",①"仁为天心从春生起",②"天地之大德曰'生',人之大德曰'仁'"。③"仁",在宇宙物质世界中表现为"生生之理",在人类精神世界中表现为"博爱之德"。康有为说:"孔子本天,以天为仁,人受命于天,取仁于天。"④康氏在《大同书》说:"不忍者,吸摄之力也。"又说:"夫喜群而恶独,相扶而相植者,人情之所乐也。"⑤康有为将"仁"提升到宇宙本体的高度,实现了"仁"的本体境界的深化与突破。张灏认为,天人合一的一元论世界观,构成康有为"仁"的理想之基础。⑥

说"仁"是一种文化属性,是因为它也指人类对天地万物人我一体共生关系的体察、觉悟和实践。康有为在万木草堂讲学时说:"仁为义理之极,蔑以加矣。"⑦

康有为认为,孔子学说的主旨是"仁"。康氏在《长兴学记》中说:

> 然学也者,浩然而博,矫然而异,务逆于常,将何所归乎?夫所以能学者,人也;人之所以为人者,仁也……

---

① 康有为:《康有为全集》第1集,姜义华、张荣编校,中国人民大学出版社2007年版,第111页。
② 康有为:《康有为全集》第2集,姜义华、张荣编校,中国人民大学出版社2007年版,第228页。
③ 康有为:《康有为全集》第1集,姜义华、张荣编校,中国人民大学出版社2007年版,第89页。
④ 康有为:《康有为全集》第2集,姜义华、张荣编校,中国人民大学出版社2007年版,第375页。
⑤ 朱维铮编校:《康有为大同论二种》,三联书店1998年版,第49、51页。
⑥ Hao Chang, *Chinese Intellectuals in Crisis: Search for Order and Meaning (1890—1911)*. (Berkeley: University of California Press, 1987), p.58.
⑦ 康有为:《康有为全集》第2集,姜义华、张荣编校,中国人民大学出版社2007年版,第281页。

自黄帝、尧、舜开物成务,以厚生民,周公、孔子垂学立教,以迪来士,皆以为仁也。旁及异教,佛氏之普度,皆为仁也。故天下未有去仁而能为人者也……若不行仁,则不为人,且不得为知爱同类之鸟兽,可不耸哉!①

所以,从某种意义上说,一部人类历史,是一部人的个体自然需求日益全面得到满足、个体生命力日益充分得到发展的历史,更是一部人类社会以及人和天地万物之间一体共生关系不断丰富发展的历史,一部人类"仁"性(生命整体性或和谐性)不断扩充、逐渐实现的历史,一部人性不断走向圆满的历史。康有为说:

> 《易》曰:"书不尽言,言不尽意。"学圣人者,以得圣意为贵。孔子之道最重仁。人者,仁也。然则天下何者为大仁?何者为小仁?鸟兽、昆虫无不爱,上上也;凡吾同类,大小、远近若一,上中也;爱及四夷,上下也。爱诸夏,中上也;爱其国,中中也;爱其乡,中下也。爱旁侧,下上也;爱独身,下中也;爱身之一体,下下也。可为表表之。推远庖厨之义,孔子不杀生之意显矣。但孔子因民性情、孔窍之所利,使道易行耳。不爱鸟兽、昆虫,不足谓仁,恶杀昭昭哉!后世不通孔子三世之义,泥乱世、升平之文,反割放生为佛教,宜孔子之道日隘也。②

康有为认为,"仁"的具体形态是不断发展变化的,历史的进化发展过程就是"仁"不断扩充、不断实现其自身的过程。我们可以体会到,在康有为思想中居于支配地位的"仁道"价值理想,

---

① 康有为:《长兴学记 桂学答问 万木草堂口说》,楼宇烈整理,中华书局1988年版,第4~5页。
② 康有为:《康有为全集》第2集,姜义华、张荣编校,中国人民大学出版社2007年版,第390页。

既包括乐生主义精神、爱国主义感情、人道主义思想,又包含"爱万物"的理想(具有链接当代"生态主义"的思想元素);但从总体上看,以人道主义为主旨("专以爱人类为主")。康有为说:

> 孔子多言仁智,孟子多言仁义,然禽兽所以异于人者,为其不智也,故莫急哉!然知而不仁,则不肯下手,如老氏之取巧。仁而不知,则慈悲舍身,如佛氏之众生平等。二言管天下之道术矣。孔子之仁,专以爱人类为主;其智,专以除人害为先。此孔子大道之管辖也。①

康有为认为,所有的"礼""制""法",都必须顺应、适合人性(人情),都必须为人性走向最大程度的圆满服务——就像康有为所引用的《说苑·至公》里所说的"意欲使天下之民各得其所"。②

生活于19世纪末的康有为认为,传统的君主专制制度违背了"天地之大德"、违背了人性,应予以废除。他说:

> 汤、武革命,顺天应人。圣人上奉天,下爱民,岂其使一人肆于民上?《春秋》义,失民则不君。孟子述其大义,故以为诛残、贼。③

> 人人为天所生,人人皆为天之子。但圣人姑别其名称,独以王者为天之子,而庶人为母之子,其实人人皆为天之子。④

> 孟子:"天与贤则与贤,天与子则与子。"王者奉天治民,视民心之向背而验天命之所归,不得私相转授,

---

① 康有为:《康有为全集》第2集,姜义华、张荣编校,中国人民大学出版社2007年版,第393页。
② 康有为:《康有为全集》第3集,姜义华、张荣编校,中国人民大学出版社2007年版,第111页。
③ 康有为:《康有为全集》第3集,姜义华、张荣编校,中国人民大学出版社2007年版,第163页。
④ 康有为:《康有为全集》第2集,姜义华、张荣编校,中国人民大学出版社2007年版,第375页。

擅以天下与人者。①

未来的制度应在重新、彻底估摸人性(人情)或民心——"推人性中之法,直探真源"②的基础上重建,以达到"变政以利民""通变以宜民"③或"定新制以宜民"④根本目标:"使人人皆得乐其生,遂其欲,给其求。"⑤

康有为的维新变法,其基本目标在于君主立宪。可是,康有为认为,这只是他的现实政治纲领,只是目前所能做到并且应该做到的事,却绝不是最后的理想境界。在这个地球上,即使做到君主立宪,广大的人民还依旧是痛苦的。这只是"据乱世"变为"小康世",还没有从"小康世"变为"太平世"——也就是大同世。康有为认为,没有痛苦的理想境界才是"太平大同"世界。

在中国近代史上,有三个乌托邦。一是太平天国的乌托邦,表现于《天朝田亩制度》;二是维新运动的乌托邦,表现于康有为的《大同书》;三是辛亥革命的乌托邦,表现于孙中山的民生主义。王栻称康有为的乌托邦是三个之中最软弱的。⑥而萧公权称康有为"在中国思想史上创立了一最具想象力的乌托邦","因此他可自称为中国最伟大的乌托邦思想家,与西方杰出的乌托邦主义者匹敌"。⑦

---

① 康有为:《康有为全集》第3集,姜义华、张荣编校,中国人民大学出版社2007年版,第215页。
② 康有为:《康有为全集》第3集,姜义华、张荣编校,中国人民大学出版社2007年版,第357页。
③ 康有为:《康有为全集》第1集,姜义华、张荣编校,中国人民大学出版社2007年版,第70页。
④ 康有为:《康有为全集》第1集,姜义华、张荣编校,中国人民大学出版社2007年版,第49页。
⑤ 康有为:《康有为全集》第1集,姜义华、张荣编校,中国人民大学出版社2007年版,第104页。
⑥ 王栻:《维新运动》,上海人民出版社1986年版,第195页。
⑦ 萧公权:《近代中国与新世界:康有为变法与大同思想研究》,汪荣祖译,江苏人民出版社1997年版,第442、448~449页。

康有为在约作于 1896 年的《康子内外篇·阖辟篇》中说："明于时势，通于人心，顺而导之，曲而致之，而才智足以操驭焉……惟其意所欲为，无不如志矣。"①这里，"时势"和"人心"，是任何一个想在政治上大有作为的人所要重点考虑的两大要素。在同文中，他还再次强调了"审时势，通民心"对"言治者"的极端重要性。②

1898 年，在百日维新前夕，康有为在一道代拟的奏折中说："皇上外观时变，内察人情，岂可以天下大器，四海民命，而徇守旧者富贵之图哉。"③从中，我们可以体会，在康有为等维新派思想家心目中，进行变法维新，从事社会政治改革，既为了适应当时压倒一切的民族救亡图存的时代需要，又为了满足使民得所、人性圆满的永恒的人（仁）道主义需要。而且，归根结底，这两者是统一的：要成功应对近代西方的挑战，要完全摆脱传统王朝体系的桎梏，要完成"救国"或"救时"的重大历史使命，必须对人民的苦难抱最深切的"不忍人之心"，必须激发出每个人身上蕴藏的最深层、最强大的生命创造活力。④ 康有为说：

---

① 康有为：《康有为全集》第 1 集，姜义华、张荣编校，中国人民大学出版社 2007 年版，第 97 页。

② 康有为：《康有为全集》第 1 集，姜义华、张荣编校，中国人民大学出版社 2007 年版，第 98 页。

③ 《请定国是而明赏罚折（代杨深秀拟）》，汤志钧编：《康有为政论集》上册，中华书局 1981 年版，第 244 页。

④ "不甘作亡国之君"的光绪皇帝，为寻求广大官民对变法新政的支持，在光绪二十四年七月二十七日（1898 年 9 月 12 日）上谕中说明其变法意图：一方面是由于"各国环处，凌迫为忧，非取人之所长，不能全我之所有"；另一方面更强调"为民立政……开其智慧，裕其身家……美人性质，延人寿命。凡生人应得之利益，务令其推广无遗。"（见中国近代史资料丛刊《戊戌变法》第二册，上海人民出版社、上海书店出版社 2000 年版，第 84～85 页。）虽然光绪皇帝与康有为、梁启超等维新派思想家的政治目标有一定差异，但在他们共同发起的变法新政中，救亡图存与改善民生的双重价值追求明显趋同。

"战国时,救时之略唯仁者最要,居今日亦然。"①

康有为说:"损益今故,变通宜民"。②作为近代中国的重要先驱,作为曾在中国近现代历史上产生过重大影响的思想家和改革家,康有为的基本价值追求,对后来的每一代改革思想者和实践者,将不无启迪。③

(2)"君主立宪"的制度建构

首先,我们来考察一下戊戌变法时期康有为设计和建立新政体的基本原则。

第一,"人类平等","人有自主之权",人与人之间的权利义务是相互平衡的。

康有为说:"天地生人,本来平等。"④康氏认为,"人类平等是几何公理",所谓"几何公理"亦即客观规律(康氏所认为的不可违背的自然定理);"人有自主之权"。⑤康有为认为,"人人为天所生,人人皆为天之子"。⑥康氏主张,"平等"是人们的自然追求,是人类历史发展的必然归宿——"乱世,削大夫;升平世,削诸侯;太平世,削天子"。⑦

---

① 康有为:《康有为全集》第2集,姜义华、张荣编校,中国人民大学出版社2007年版,第229页。

② 康有为:《康有为全集》第1集,姜义华、张荣编校,中国人民大学出版社2007年版,第45页。

③ 马洪林认为:"救亡图存的特殊性和救苦救难的普世性构成了康氏伦理观的两大支柱。"(见马洪林:《康有为评传》,南京大学出版社1998年版,第242页。)严复在1898年1月发表的《拟上皇帝书》中写道:"结百姓之心……其在一统无外之世,固为重矣,而处权均力敌之时,其重倍之。"(《严复集》第一册,中华书局1986年版,第72页。)

④ 康有为:《康有为全集》第1集,姜义华、张荣编校,中国人民大学出版社2007年版,第153页。

⑤ 康有为:《康有为全集》第1集,姜义华、张荣编校,中国人民大学出版社2007年版,第148页。

⑥ 康有为:《康有为全集》第2集,姜义华、张荣编校,中国人民大学出版社2007年版,第375页。

⑦ 康有为:《康有为全集》第2集,姜义华、张荣编校,中国人民大学出版社2007年版,第279~280页。

康有为认为,"人类平等",既是"几何公理",是科学真理,具有永恒意义,又符合世界大势,是拯救近代民族生存危机的良方妙药,具有时代意义。他说:"天之生人,并皆平等……其别异多者,其民不亲,国必弱;其亲通多者,其民必睦,国必强。"①

第二,"权归于众"。

康有为说:"圣不秉权,权归于众。古今言论以理为衡,不以圣贤为主,但视其言论何如,不得计其为何人之言论。"他又以按语形式写道:"天地只能生理,若行而宜之道,固有人为之事在矣。唯大道之权,归之于众则正,是几何公理所出之法,且最有益人道。"②康氏又说:"实理明则公法定,间有不能定者,则以有益于人道者为断,然二者均合众人之见定之。"③康有为认为:"法权归于众,所谓以平等之意用人立之法者也,最有益于人道矣。"④

第三,官由民选。

康有为认为,"天下为公产",⑤民众是国家的主人。康氏认为,就本来意义而言,"君"是由民共同设立的所有官员:"官者民所共立者也。皆所谓君也。"所以,康氏以为,所有官员由人民共同选举产生,是最合"公理"和"人道"的:"地球各国官制之最精者,其人皆从公举而后用者。"至于现实中国流行的凭一君私见选用官员的制度,是不可取的:"官制之疏陋者,用人则以

---

① 康有为:《〈日本变政考〉卷五按语》,黄明同、吴熙钊主编:《康有为早期遗稿述评》,中山大学出版社1988年版,第140页。
② 康有为:《康有为全集》第1集,姜义华、张荣编校,中国人民大学出版社2007年版,第152页。
③ 康有为:《康有为全集》第1集,姜义华、张荣编校,中国人民大学出版社2007年版,第147页。
④ 康有为:《康有为全集》第1集,姜义华、张荣编校,中国人民大学出版社2007年版,第152页。
⑤ 汤志钧编:《康有为政论集》上册,中华书局1981年版,第242页。

为君者一己之私见,选拔其人而用之。"①

第四,"略用人立之法"。

所谓"人立之法",不是"天地所固有之法",即不是客观世界所固有的"几何公理所出之法"(如"人类平等"),而是人们出于生活实践的需要而不得不加以创立的适合环境条件、承认等级差别的规章制度。

康有为说:"盖天下之制度,多有几何公理所不能逮。无几何公理所出之法,而必凭人立之法者,本无一定,则唯推一最有益于人道者,以为公法而已。"②这种"人立之法",限于一定的历史条件,往往认可人与人之间的"差等",是对人们基于人性的自私心理、基于血缘或地缘的亲疏关系、客观存在的既得利益或"时势"的承认,作为对基于现实生活实践需要、社会上客观存在的社会等级差别的认可。即使在被称为"乌托邦"之作的《大同书》中,康有为也说:"虽有圣人,立法不能不因其时势风俗之旧而定之。"在全书结尾部分,康氏感叹道:"道本于可行而已,其不可行者,虽欲行之,不能不止矣。吾仁有所限矣,吾爱有所止矣。"③

然而,"人立之法",作为对具体历史条件的适当反应,必须受到人类平等的"几何公理"或普遍理想的制约,以防范或限制其可能产生的流弊。康有为说:"人立之法,万不能用,惟以平等之意,用之可矣。"④又说:"以平等之意,用人立之法者也,其最有益于人道矣。"⑤所以,戊戌维新时期的康有为,一方面,以

---

① 康有为:《康有为全集》第1集,姜义华、张荣编校,中国人民大学出版社2007年版,第156页。
② 康有为:《康有为全集》第1集,姜义华、张荣编校,中国人民大学出版社2007年版,第148页。
③ 《康有为大同论二种》,第54、359页。
④ 康有为:《康有为全集》第1集,姜义华、张荣编校,中国人民大学出版社2007年版,第148页。
⑤ 康有为:《康有为全集》第1集,姜义华、张荣编校,中国人民大学出版社2007年版,第152页。

"平等"为社会政治理想;另一方面,在社会政治现实生活中,往往又认可"差等",可谓既"先进"又"保守"。

基于基本价值理想和政治改革基本原则,康有为对近代政体有一个基本构想。

康有为认为,适用于近代世界的"政体",应是"立宪政体",亦即近代政治应是"宪政"。

戊戌维新时期的康有为主张,"采择万国律例,定宪法公私之分";①"变政全在定典章宪法,参采中外而斟酌其宜,草定章程,然后推行天下"。② 戊戌维新时期的康门大弟子梁启超,也表示:"夫政法者,立国之本也……故今日之计,莫急于改宪法。"③梁氏强烈要求"定宪法以出政治",④"举国君民上下,权限划然"。⑤ 在《大同译书局叙例》中,梁氏明示:"本局首译各国变法之事,及将变未变之际一切情形之书,以备今日取法……译宪法书,以明立国之本。"⑥在这里,笔者体会到,主张"人类平等""人有自主之权"的康有为等人,要用"宪法"保护所有人的平等和自由权利,即使政府或国家机关的权力也不允许超越宪法的限制。

笔者以为,说戊戌变法运动的目标为"君主立宪",是可以成立的,而不是某些学者所称的"似不可成立"。⑦ 李时岳先生提出过一个观点,值得关注。他说,不是"议院",而是"宪法"和"民权",成为(戊戌时期)维新派和洋务派(包括被李鸿章称为"洋务政论家"的早期维新派)政治思想的分界线。⑧

---

① 汤志钧编:《康有为政论集》上册,中华书局1981年版,第207页。
② 康有为:《〈日本变政考〉卷九按语》,黄明同、吴熙钊主编:《康有为早期遗稿述评》,中山大学出版社1988年版,第161页。
③ 梁启超:《饮冰室合集》,文集之一,林志钧编,中华书局1989年版,第69页。
④ 梁启超:《饮冰室合集》,文集之二,林志钧编,中华书局1989年版,第34页。
⑤ 梁启超:《饮冰室合集》,文集之一,林志钧编,中华书局1989年版,第93页。
⑥ 梁启超:《饮冰室合集》,文集之二,林志钧编,中华书局1989年版,第58页。
⑦ 茅海建:《戊戌变法史事考》,三联书店2005年版,第286~287页。
⑧ 李时岳:《近代史新论》,汕头大学出版社1993年版,第167页。

康有为认为,在近代"立宪政体"中,"三权鼎立"是最基本的原则,"民选议院"是最核心的机制或要素。

康有为说:"与民共者众生爱力,不与民共者众生散力。"①又说:"通天下之气,会天下之心,合天下之才,政未有善于议院者也。泰西之强基此矣,日本又用之而强矣。"②显然,康氏十分首肯西方议院在政治生活中"通""会""合"的功能,"其通民气也,合一国之人于议院"。③ 康有为在《日本变政考》的按语中写道:

> 知国事之不可私也,而公之。智效其思,政无不立;能效其力,法无不行。弊愈去也,利愈兴也,虽万世有治而无乱可也。知国人之不可疏也,而亲之。君之保民如保其子女,民之爱君如爱其父母。互相爱也,互相保也,虽万年长存而不亡可也。此民选议院之良制,泰西各国之成法,而日本维新之始基也。④

康有为以为,学习、借鉴西方议院制度,有利于克服中国传统政治制度中固有弊端,对中国走向富强,是必不可少的。所以,康有为坚决主张,应在近代中国建构起类似于近代西方议院的制度。早在1888年的《上清帝第一书》中,康有为就提出了"增设训议之官"的变法要求。在1895年的《公车上书》中,康氏已毫不犹豫(尽管有点遮遮掩掩)地提出了自己的公举"议郎""会议"大政的主张。显然,这种"议郎""会议"的制度,与近代西方的议院制度简直毫无二致:由"士民公举"产生,根据少数服从多数原则,决定国家大政方针,交由行政部门实施,等

---

① 康有为:《日本变政考》,蒋贵麟主编:《康南海先生遗著汇刊》第十册,台北宏业书局1976年版,第113页。
② 康有为:《康有为全集》第3集,姜义华、张荣编校,中国人民大学出版社2007年版,第330页。
③ 康有为:《康有为全集》第3集,姜义华、张荣编校,中国人民大学出版社2007年版,第328页。
④ 康有为:《〈日本变政考〉卷六按语》,黄明同、吴熙钊主编:《康有为早期遗稿述评》,中山大学出版社1988年版,第145页。

等。康无疑是向皇帝提出（开议院）此议的第一人。① 在《上清帝第四书》中，康有为更进一步，要把这种制度推广到"省、府、州、县"。在《上清帝第五书》中，康有为明确主张："自兹国事付国会议行。"在1898年6月17日所上的一道代拟的奏折中，康氏从"三权鼎立"的"政体"角度，十分清楚地说明了议院或"议政之官"在国家政治制度中的核心地位：

> 臣考泰西论政，有三权鼎立之义。三权者，有议政之官，有行政之官，有司法之官也。夫国之政体，犹人之身体也。议政者譬若心思，行政者譬如手足，司法者譬如耳目，各守其官，而后体立事成。②

康有为对"三权鼎立之义"的基本内涵及重要意义，有很明确的见解。他向光绪帝呈道：

> 泰西之强，在其政体之善也。其言政权有三：其一立法官，其一行法官，其一司法官。立法官，论议之官，主造作制度、撰定章程者也；行法官，主承宣布政、率作兴事者也；司法官，主执宪掌律、绳愆纠谬者也。三官立而政体立，三官不相侵而政事举……三官之中，立法最要……今中国百司，皆行法之官，无立法之官也。维新之际，由旧必蹶……日本……盖得泰西立政之本故也……今欲行新法，非定三权，未可行也。③

虽然如此，在戊戌变法时期，"设议院"或"立国会"的思想认识没有成功地化为现实。这主要是由于在当时中国，还缺乏成熟的历史条件建立议院，实现民主。维新派人士认为，议院虽是西方国家强大的根源，但在当时中国因"民智未开"而未可

---

① 汪荣祖：《也论戊戌政变前后的康有为》，《历史研究》，1999年第2期。
② 汤志钧编：《康有为政论集》上册，中华书局1981年版，第262页。
③ 康有为：《〈日本变政考〉卷一按语》，黄明同、吴熙钊主编：《康有为早期遗稿述评》，中山大学出版社1988年版，第116页。

仓促设立。有学者指出,康有为"在野时,可以直言无讳,以激扬时潮;一旦在朝,必须考虑实际情况,以定缓急"。① 百日维新时期的康有为认识到,"盖天下国势民情,地地不通,不能以西人而例中国……方今士夫能知变法维新以保危局者,百不得一;其稍有所知者,亦皆模棱两端,然已不可见矣……然以此辈充议员,凡此新政必阻无疑。然则议院能行否乎?不待言矣。故今日之言议院、言民权者,是助守旧者以自亡其国者也"。② 正由于社会主客观条件的限制(绝大多数人仍生活在传统生活方式之中,奉行传统思想观念,缺乏近代科学知识),康氏认为,"议院为泰西第一政,而今守旧盈朝,万不可行"。③

一方面,我们可以看到,康有为坚定地主张要开设"民选议院"。他认为,开设"民选议院",既合公理,人民所乐,又有利于民族的生存、国家的强大。另一方面,我们也要看到,康有为是一个有条件的"民选议院"开设论者。他认为,"民选议院"的开设,以"开民智"为基础条件,否则"适增其阻挠而已"。所以,康有为认为,一个国家要自立于近代世界中,一定要"用民权",开议院,"立国必以议院为本";而要"用民权"、开议院,必须以"大开民智"为前提条件,即"议院又必以学校为本"。④ 康氏认为,在开设议会之前,要积极、主动地创造条件,要不遗余力地广开"民智";而一旦民智既开,就要坚定不移地开设议会。

但是,由于社会政治变法实践急需设立一个议政机构"以总变法之事",⑤康有为主张,"用南书房、会典馆之例,特置制度

---

① 汪荣祖:《从传统中求变——晚清思想史研究》,百花洲文艺出版社2002年版,第354页。
② 康有为:《答人论议院书》,《国闻报》,1898年7月16日(光绪二十四年五月二十八日)。
③ 楼宇烈整理:《康南海自编年谱(外二种)》,中华书局1992年版,第56页。
④ 康有为:《〈日本变政考〉卷十一按语》,黄明同、吴熙钊主编:《康有为早期遗稿述评》,中山大学出版社1988年版,第169页。
⑤ 《总理各国事务衙门章京张元济折》(1898年9月5日),《戊戌变法档案史料》,中华书局1958年版,第43~44页。

局于内廷,妙选天下通才十数人为修撰,派王、大臣为总裁,体制平等,俾易商榷。每日值内,同共讨论,皇上亲临,折衷一是,将旧制新政斟酌其宜,某政宜改,某事宜增,草定章程,考核至当,然后施行";①"不欲变法自则已,若欲变法而求下手之端,非开制度局不可也";②"开制度局于宫中,以筹全局"。③康有为认为,只有在制度局设立以后,"然后一切新政,皆有主脑矣","唯此一事为存亡强弱第一关键矣"。④ 所以,在维新派的心目中,"制度局",用以"专办改制之事",⑤"专办变法之事",⑥成为在变法期间、议会成立之前过渡性的、非正规的议政立法机关。⑦

康有为曾向光绪帝奏道:

> 唯中国风气未开,内外大小,多未通达中外之故,惟有乾纲独断,以君权雷厉风行,自无不变者。但当妙选通才,以备顾问。若各省贡士,聊广见闻而通下情,其用人议政,仍操之自上,则两得之矣。⑧

显然,"制度局"属于民智未开时期过渡性的"两得"之策:既不影响决心变法的"开明"君主大权独揽,又能吸收"通达"之

---

① 康有为:《康有为全集》第4集,姜义华、张荣编校,中国人民大学出版社2007年版,第14页。
② 康有为:《统筹大局折》(1898年6月19日呈递总署,22日总署呈上),清华大学历史系:《戊戌变法文献资料系日》,上海书店出版社1998年版,第716页。
③ 康有为:《恭谢天恩,并陈编纂群书,以助变法,请及时发愤,速筹全局,以免胁制而图保存折》,黄明同、吴熙钊主编:《康有为早期遗稿述评》,中山大学出版社1988年版,第321页。
④ 康有为:《日本变政考》,蒋贵麟主编:《康南海先生遗著汇刊》第十册,台北宏业书局1976年版,第61、66页。
⑤ 《变法述闻》,《湘报》第二十六号。
⑥ 《议覆制度局》,《国闻报》,1898年7月17日(光绪二十四年五月二十九日)。
⑦ 林克光:《革新派巨人康有为》,中国人民大学出版社1990年版,第257页。
⑧ 康有为:《〈日本变政考〉卷一按语》,黄明同、吴熙钊主编:《康有为早期遗稿述评》,中山大学出版社1988年版,第118页。

士的智慧见解。

另外,在民智未开的过渡时期,国家中央层面先不开议会,而"令府、州、县开之以奉宣德意,通达下情则可";①"国议院未可先开,若州县村乡议会则诚不可不开,以达民情也"。② 还有,在民智未开的过渡时期,在中央设立制度局的同时,在地方上,"每道设一新政局,选通才为督办,如学政使差例,听辟参赞随员。每县设一民政局,听督办委员,会同绅士办理。庶几学校、农桑、工商、水利、山林、道路、巡捕、监狱、教化,可以渐理,而新政乃可望行也"。③

最后,综合康有为的早期文献,戊戌变法时期的康有为还具有其他方面的政治改革思想,以去除传统政治制度的弊端,适应近代社会管理的需要。我们大致可作如下概括:

"变科举,广学校",④不拘资格选拔具有真才实学的人才,捐纳官职更是要停止;减少官僚机构的层次,以便上下交通,上达天子,"下逮小民";⑤行政机构合理分工,克服"架床叠屋"⑥的现象,裁汰闲置机构,淘汰冗官冗员,并且"厚俸禄以养廉耻";⑦实行专业化管理,"西人之官必有专门,非专学不能承乏也",⑧"一部之事,责成一人","一人之身,专任一政";⑨"准百

---

① 康有为:《〈日本变政考〉卷六按语》,黄明同、吴熙钊主编:《康有为早期遗稿述评》,中山大学出版社1988年版,第144页。
② 康有为:《日本变政考》,蒋贵麟主编:《康南海先生遗著汇刊》第十册,台北宏业书局1976年版,第211页。
③ 康有为:《〈日本变政考〉卷一按语》,黄明同、吴熙钊主编:《康有为早期遗稿述评》,中山大学出版社1988年版,第121页。
④ 汤志钧编:《康有为政论集》上册,中华书局1981年版,第207页。
⑤ 康有为:《康有为全集》第2集,姜义华、张荣编校,中国人民大学出版社2007年版,第85页。
⑥ 康有为:《长兴学记 桂学答问 万木草堂口说》,楼宇烈整理,中华书局1988年版,第215页。
⑦ 汤志钧编:《康有为政论集》上册,中华书局1981年版,第207页。
⑧ 汤志钧编:《康有为政论集》上册,中华书局1981年版,第239页。
⑨ 康有为:《日本变政考》,蒋贵麟主编:《康南海先生遗著汇刊》第十册,台北宏业书局1976年版,第44页。

僚奏事,以开言路",①并"许天下人上书";②由士人担任吏胥,人民直选"乡官";实行国家财政公开,"每年入款出款,皆开具清单,布诸民间";③根据近代社会生活需要,加强和丰富行政机构的社会管理职能,如"悬清秩功牌,以奖新艺新器之能;创农政商学,以为阜财富民之本;改定地方新法,推行保民仁政,若卫生济贫,洁监狱,免酷刑,修道路,设巡捕,整市场,铸钞币,创邮船,徙贫民,开矿学,保民险,重烟税,罢厘征,以铁路为通,以兵船为护:如是则庶政尽举,民心知戴。"④

如前所述,康有为认为,仁是宇宙物质"吸摄""相生"的属性,是世界万物形成的基础,是社会一体的合力或爱力,是历史发展的必由之路和必然归宿,是人生家园的终极价值或人生意义的终极体现。而"仁"必然表现为"通",外通于"时势",内通于"人心"。

康有为认为,"道莫患于塞,莫善于通"。⑤ 由于强调上下差别、森严等级的传统君主专制制度,其弊端的最基本表现是"壅塞""隔绝"或"不通"——上下不通和中外不通,⑥所以,近代政

---

① 康有为:《康有为全集》第2集,姜义华、张荣编校,中国人民大学出版社2007年版,第43页。
② 康有为:《请大誓臣工,开制度新政局,革旧图新,以存国祚折》,黄明同、吴熙钊主编:《康有为早期遗稿述评》,中山大学出版社1988年版,第268页。
③ 康有为:《日本变政考》,蒋贵麟主编:《康南海先生遗著汇刊》第十册,台北宏业书局1976年版,第68页。
④ 汤志钧编:《康有为政论集》上册,中华书局1981年版,第207页。
⑤ 康有为:《康有为全集》第2集,姜义华、张荣编校,中国人民大学出版社2007年版,第93页。
⑥ 1896年12月20日《申报》刊载《论中国之患在不能通力合作》,其中写道:"今天下之人皆知耕田、织布、造巨室、驶大舰,不能不藉乎通力合作,而于国独瞀然不知。人自为谋,家自为计,不思有益于国,但营自使之私。"在讨论了近代西方"有议院,有商部,有学会"的立国之道后,作者继续写道:"今中国无议院、商部、学会三大端,故事不归一,而所作不相合,有力不相通,不能通力合作,是欲以普天下之田、普天下之布,使一夫耕之、一女织之矣,是欲造一巨室、驶一大舰,而使一匠人建之、一舟人驾之矣! 虽有善者,吾未见其能行也。"

体必须反其道而行之,以"通"为根本原则。"平等""民主"(近代立宪君主制属于广义的"民主"范畴①),是"仁"在近代世界的社会政治表现,是"通"在近代政体中的基本要求,是早期康有为充满向往之情的社会政治目标(尽管其间可能还需要一些过渡阶段或权宜之计),也是世界历史和中国历史发展的基本内涵。

康氏认为,"民选议院"或"议会"是做到"上下交"或"通下情"的关键所在。"民选议院"或"议会"并非康有为的独创,但是,康有为的重要贡献在于,他赋予立宪政体、议院制度以基于人性的普遍理想价值,具有更加坚实的"神圣"基础,并把它提到议事日程上,提出具体规划,创造条件,力求实践。

(3)"社会自治"的民间基础

最后,值得我们关注的是,康有为对近代政治改革的社会组织工具的构思与打造,是康氏努力打造"社会自治"的民间基础。

康有为曾在《日本变政考》中写道:"日人法变自下者,于其国中立会最多。"②康氏还曾赞羡中国"三代"的"听民之自治",③也把日本人"用泰西教育法"说成是"变法自治"的"第一事"。④"变法自治",显然是戊戌维新时期康有为的追求目标。

康有为并不完全是一个空想家。他具有投身社会政治实践的坚定意志,并努力根据时代需要和社会条件建立社会政治实践的组织工具,诸如学会、报馆和学校等。所有这些改革工

---

① 政治学研究者认为,立宪君主政治制度"可以说是一种有君主的民主共和制"。参见王沪宁:《比较政治分析》,上海人民出版社1987版,第76页。
② 康有为:《日本变政考》,蒋贵麟主编:《康南海先生遗著汇刊》第十册,台北宏业书局1976年版,第127页。
③ 康有为:《康有为全集》第1集,姜义华、张荣编校,中国人民大学出版社2007年版,第336页。
④ 康有为:《康有为全集》第3集,姜义华、张荣编校,中国人民大学出版社2007年版,第419页。

具,在当时与后来的社会政治实践中都发挥了难以估量的作用,体现了康氏过人的实践智慧和工具理性。关于以康有为为首的戊戌维新派努力通过"自下而上"方式推动变法事业的社会实践,详见第三章"社会维新运动"。

二、谭嗣同、严复、梁启超的变法思想

1. 谭嗣同的变法思想

谭嗣同(1865～1898,湖南浏阳人),字复生,号壮飞,是戊戌政变中慷慨就义的"六君子"之一,是戊戌维新运动中最激进的人物。

谭嗣同出身于一个官僚地主家庭。父亲谭继洵曾任湖北巡抚,谭嗣同1896年在南京度过一年候补知府的生活。早年受传统教育,致力于诗辞古文和训诂考据,曾有维护"圣道"、反对"西法"的守旧思想。

在戊戌维新派中,谭嗣同的思想行为带有明显的特征。就他个人的经历看,有几点值得注意:第一,他虽出身于传统官僚家庭,但在成长过程中饱受痛苦。12岁(1876)那年,生母及大哥、二姐五天内都死于白喉传染病,自己在昏死三天后才苏醒,因而父亲以"复生"为其表字。之后,备受继母歧视,在《仁学》自叙中追述:"吾自少至壮,遍遭纲常之厄,涵泳其苦,殆非生人所能任受。"①这一痛苦遭际,有助于谭嗣同憎恨及鞭挞传统伦理。梁启超说,谭嗣同"幼丧母,为父妾所虐,备极孤苦,故操心危,虑患深,而德慧术智日增长焉"。② 第二,谭嗣同少年时过惯了江湖游侠式的生活,与下层社会的接触较多,容易将自己所遭受压迫的痛苦,与广大群众所遭受压迫的痛苦联系起来。看其《三十自纪》,自14岁起,到30岁止,他几乎每年仆仆于父亲

---

① 蔡尚思、方行编:《谭嗣同全集》,中华书局1981年版,第289页。
② 梁启超:《饮冰室合集》,专集之一,林志钧编,中华书局1989年版,第106页。

的任所甘肃、湖北、家乡湖南及京师之间,历直隶、甘肃、陕西、河南、湖南、湖北、江苏、安徽、浙江、台湾各省。据他自己说:"为此仆仆,迫于试事居多,十年中至六赴南北省试……合数都八万余里,引而长之,堪绕地球一周。"①欧阳予倩回忆说:"当时浏阳士子以为他走过的地方最多,是邑中最能通达中外形势的人,都特别尊重他。"②当定居下来的时候,他仍常"大呼疾驰",千里出游,骑马行猎,浪漫奔放。谭嗣同还会武艺,以大刀王五(清末北方颇有名的侠客王正谊)为师。欧阳予倩说:"他于文事之暇,喜欢技击,会骑马,会舞剑。我曾见他蹲在地上,叫两个人紧握他的辫根,一翻身站起来,那两个人都跌了一跤……总之,他无处不表露才气纵横、不可一世之慨。"③第三,他有几个比较好的师友,在互相切磋中,他的学问与见解,更迅速地向前发展。在30岁之前,他最受益的师友是欧阳中鹄和唐才常。谭嗣同、唐才常都是欧阳中鹄的学生,气质相类,才华相若,为刎颈之交,后来都为维新事业而献身。欧阳中鹄是谭嗣同10岁时就跟从受业的老师,是一个有正义感的知识分子,曾参与湖南维新运动,属较温和的成员。在30岁以后,谭嗣同从家庭与乡里的生活中摆脱出来,投身到全国维新运动的浪潮中,又接触了几个新的人物。谭嗣同最早关于维新变法的一些学问,只是源于一些西方传教士所介绍的科学知识。后来认识了梁启超,接受了康有为的学说,思想为之一变。在南京,他又结识了对佛学有深邃研究的杨文会。杨文会曾随曾纪泽出使英、法,也颇解测绘及一般格致之学。他的佛学也给谭嗣同很大影响。其实,在清末,佛学成为一时风气,名士中多有学佛者。谭嗣同游京、沪时,常与夏曾佑、吴雁舟、宋恕诸人谈佛学。康、梁、夏、宋等,都是比较进步的人物,从他们为师为友,使谭嗣同

---

① 蔡尚思、方行编:《谭嗣同全集》,中华书局1981年版,第57页。
② 蔡尚思、方行编:《谭嗣同全集》,中华书局1981年版,第535页。
③ 蔡尚思、方行编:《谭嗣同全集》,中华书局1981年版,第535页。

学问的体系更完备,任事的气魄更大了。

甲午战争,在谭嗣同的生命史上是一个转折点。甲午战争以前的谭嗣同,基本上只是一个讲求"考据、笺注、金石、镂刻、诗、古文辞之学"的人。甲午战争的失败,给予谭嗣同巨大的刺激。"三十之年,适在甲午,地球全势忽变,嗣同学术更大变","前后判若两人"。① "四万万人齐下泪,天涯何处是神州?"②他已感觉到亡国灭种之祸在即。1895年春,他给老师欧阳中鹄的信,说得很明白:"平日于中外事虽稍有究心,终不能得其要领。经此创巨痛深,乃始屏弃一切,专精致思。当馈而忘食,既寝而累兴,绕屋彷徨,未知所出。既忧性分中之民物,复念灾患来于切肤。虽躁心久定,而幽怀转结。详考数十年之世变,而切究其事理,远验之故籍,近咨之深识之士。不敢专己而非人,不敢讳短而疾长,不敢徇一孔之见而封于旧说,不敢不舍己从人取于人以为善。设身处境,机牙百出。因有见于大化之所趋,风气之所溺,非守文因旧所能挽回者。不恤首发大难,画此尽变西法之策。"③这年冬天,他写了《三十自纪》,改号壮飞,决意与"三十以前旧学"告别,趁"膂力方刚"之时,做一个飞翔天宇、图强御侮的壮夫。谭嗣同痛叹:"风景不殊,山河顿异;城郭犹是,人民复非。"④严重的民族生存危机,使谭嗣同再也不能安于传统书生和贵公子的生活,他抛弃旧学,加入先进中国人救亡图存、变法维新的行列。

1896年,谭嗣同在上海结识梁启超。通过梁启超的介绍,谭嗣同对康有为及其大同思想、公羊三世说十分钦佩,誉康有为为"一佛出世",自称"私淑弟子"。同年,在南京候补知府期间撰写《仁学》(次年定稿)。1897年,协助湖南巡抚陈宝箴、按

---

① 蔡尚思、方行编:《谭嗣同全集》,中华书局1981年版,第259页。
② 蔡尚思、方行编:《谭嗣同全集》,中华书局1981年版,第542页。
③ 蔡尚思、方行编:《谭嗣同全集》,中华书局1981年版,第167~168页。
④ 蔡尚思、方行编:《谭嗣同全集》,中华书局1981年版,第57页。

察使黄遵宪,与梁启超、唐才常等人办长沙时务学堂。次年弃职回湘后,创南学会,主编《湘报》,鼓吹民权,要求变法维新,与顽固派绅士叶德辉、王先谦等展开激烈斗争。1898年应光绪皇帝之召,抱病入京。9月5日擢四品卿衔,在军机章京上行走,成为"军机四卿"之一。任职第17天,戊戌政变发生。9月28日,被慈禧太后为首的顽固派杀害,仅34岁。

梁启超在《清代学术概论》中赞谭嗣同说:"晚清思想界有一彗星,曰浏阳谭嗣同。"《仁学》虽"区区一卷,吐万丈光芒,一瞥而逝,而扫荡廓清之力莫与京焉,吾故比诸彗星"。①

下面试论述谭嗣同变法思想的若干要点。

(1) 追求"仁"的理想

谭嗣同在《仁学》中认为,整个宇宙充斥着不生不灭的"以太",②而"仁"是"以太之用",以太之"显于用"。③"仁"的首要特性为"通","仁以通为第一义"。④ 所谓"通",即"通天地万物人我为一身"⑤,"故仁不仁之辨,于其通与塞;通塞之本,惟其仁不仁"。⑥"通之象为平等"。⑦"通"有四个基本要点:"中外通",通过"通商""通学""通政""通教",以达到中外平等,天下一家;"上下通",取消森严的社会等级制度,实行全民参与、上

---

① 梁启超:《清代学术概论》,《梁启超论清学史二种》,朱维铮校注,复旦大学出版社1985年版,第74、77页。
② 所谓"以太"(ether),原是17世纪至20世纪初流行于西方自然科学界的物理学名词,指的是一种弥漫宇宙,无所不在,作为光、热、电、磁传播媒介的没有重量、弹性极大的物质。后来因为不能得到物理学的证实而被否定。以太说在19世纪中国被广泛接受,谭嗣同、章太炎均以此为基点,发表自己对宇宙的看法。参见李华兴:《中国近代思想史》,浙江人民出版社1988年版,第222页;熊月之:《西学东渐与晚清社会》,上海人民出版社1994年版,第506页。
③ 蔡尚思、方行编:《谭嗣同全集》,中华书局1981年版,第297、293页。
④ 蔡尚思、方行编:《谭嗣同全集》,中华书局1981年版,第291页。
⑤ 蔡尚思、方行编:《谭嗣同全集》,中华书局1981年版,第312页。
⑥ 蔡尚思、方行编:《谭嗣同全集》,中华书局1981年版,第296页。
⑦ 蔡尚思、方行编:《谭嗣同全集》,中华书局1981年版,第291页。

下平等的民主制度;"男女内外通",取消传统的男尊女卑制度,废除三纲五伦的名教,争取男女平等;"人我通",消除人我之别,实现人人平等。谭嗣同认为,"仁一而已;凡对待之词,皆当破之……无对待,然后平等"。① 所以,谭嗣同一再把其"仁学"称为"一种冲决网罗之学"。②

那么,谭嗣同到底要冲决什么样的"网罗"呢?谭嗣同列举了很多"网罗":"初当冲决利禄之网罗,次冲决俗学若考据、若词章之网罗,次冲决全球群学之网罗,次冲决君主之网罗,次冲决伦常之网罗,次冲决天之网罗,次冲决全球群教之网罗,终将冲决佛法之网罗。然真能冲决,亦自无网罗;真无网罗,乃可言冲决。故冲决网罗者,即是未尝冲决网罗。循环无端,道通为一,凡诵吾书,皆可于斯二语领之矣。"③所谓"冲决网罗",就是变"隔"或"塞"为"通",变"不平等"为"平等",实现"仁",实现"通",实现"平等",实现"一"。其中,"冲决君主之网罗"和"冲决伦常之网罗",是《仁学》论述的重点。

(2)对传统伦理、专制政治和清朝政权的批判

在《仁学》中,谭嗣同对于传统伦理特别是专制制度下的君臣关系,深恶痛绝,嬉笑怒骂,真是前无古人。

谭嗣同认为,人与人之间的道德伦理关系是互相的,是平等的。他将这种道德叫作"仁"。但传统的道德伦理关系,绝不是这样的。它是片面的,压制的,只有臣的道德,没有君的道德;只有子的道德,没有父的道德;只有妻的道德,没有夫的道德。这就叫作"名教"。谭嗣同指出:

> 仁之乱也,则出于其名。名忽彼而忽此,视权势之所积;名时重而时轻,视习俗之所尚……俗学陋行,动言名教,敬若天命而不敢渝,畏若国宪而不敢议。

---

① 蔡尚思、方行编:《谭嗣同全集》,中华书局1981年版,第292页。
② 蔡尚思、方行编:《谭嗣同全集》,中华书局1981年版,第251、528页。
③ 蔡尚思、方行编:《谭嗣同全集》,中华书局1981年版,第290页。

嗟呼！以名为教，则其教已为实之宾，而决非实也。又况名者，由人创造，上以制其下，而不能不奉之，则数千年来，三纲五伦之惨祸烈毒，由是酷焉矣。君以名桎臣，官以名轭民，父以名压子，夫以名困妻，兄弟朋友各挟一名以相抗拒，而仁尚有少存焉者得乎？然而仁之乱于名也，亦其势自然也。中国积以威刑钳制天下，则不得不广立名为钳制之器。如曰"仁"，则共名也，君父以责臣子，臣子亦可反之君父，于钳制之术不便，故不能不有忠孝廉节等一切分别等衰之名，乃得以责臣子曰："尔胡不忠，尔胡不孝，是当放逐也，是当诛戮也。"忠孝既为臣子之专名，则必不能以此反之。虽或他有所撼，意欲诘诉，则终不敌忠孝之名为名教之所出，反更益其罪，曰"怨望"，曰"觖望"，曰"讪谤"，曰"亡等"，曰"大逆不道"。是则以为当放逐，放逐之而已矣；当诛戮，诛戮之而已矣；曾不若狐豚之被系缚屠杀也，犹得奋荡呼号，以声其痛楚，而人不之责也。施者固泰然居之而不疑，天下亦从而和之曰："得罪名教，法宜至此。"①

谭嗣同又指出：

> 君臣之祸亟，而父子、夫妇之伦遂各以名势相制为当然矣。此皆三纲之名之为害也……彼君主者，独兼三纲而据其上，父子夫妇之间，视为锥刃地耳……中国动以伦常自矜异，而疾视外人；而为之君者，乃真无复伦常……尤可愤者，己则渎乱夫妇之伦，妃御多至不可计，而偏喜绝人之夫妇，如所谓割势之阉寺与幽闭之宫人，其残暴无人理，虽禽兽不逮焉。而工于献媚者，又曲为广嗣续之说，以文其恶。然则阉寺、宫人之

---

① 蔡尚思、方行编：《谭嗣同全集》，中华书局1981年版，第299～300页。

嗣续固当殄绝之耶?……独夫民贼,固甚乐三纲之名,一切刑律制度皆依此为率,取便已故也。①

谭嗣同认为,只有"冲决"这种种传统名教的网罗,实现所谓"仁——通——平等",才能还事物以本来面目,才能谈得上政治上改革。谭嗣同要求把传统的三纲五伦一律废除,而以"朋友"一伦来替代之,认为只有"朋友"一伦的人与人相处的原则,还合乎自然"本性"和人的"本性",亦即表现了"仁——通":

> 五伦中于人生最无弊而有益,无纤毫之苦,有淡水之乐,其唯朋友乎!……所以者何?一曰"平等",二曰"自由",三曰"节宣唯意"。总括其义,曰不失自主之权而已矣……上观天文,下察地理,远观诸物,近取之身,能自主者兴,不能者败。公理昭然,罔不率此……凡吾所谓仁,要不能不恃乎此……夫惟朋友之伦独尊,然后彼四伦不废自废。亦惟明四伦之当废,然后朋友之权力始大。今中外皆侈谈变法,而五伦不变,则举凡至理要道,悉无从起点,又况于三纲哉!②

谭嗣同对于三纲五常的思想主张,直接为后来的五四运动所继承。

那么,为什么这种人压迫人的道德观念"三纲五伦"会几千年长时期地维持下来呢?谭嗣同认为这是几千年来专制政治的需要。也就是说,三纲中的君臣一纲,是传统道德的关键所在,是纲中之纲。

> 二千年来君臣一伦,尤为黑暗否塞,无复人理,沿及今兹,方愈剧矣。夫彼君主犹是耳目手足,非有两头四目,而智力出于人人也,亦果何所恃以虐四万万

---

① 蔡尚思、方行编:《谭嗣同全集》,中华书局1981年版,第348~349页。
② 蔡尚思、方行编:《谭嗣同全集》,中华书局1981年版,第349~351页。

之众哉？则赖乎早有三纲五伦字样,能制人之身者,兼能制人之心……①

因此,全部《仁学》的攻击重心就放在专制政治上。谭嗣同痛骂历代的专制君主是"独夫""民贼""禽兽"等,同时也痛骂那些奉承专制君主的曲学阿世之徒。两千年来的情形就是暴君与贱儒的合作局面:"二千年来之政,秦政也,皆大盗也;二千年来之学,荀学也,皆乡愿也。唯大盗利用乡愿;唯乡愿工媚大盗。"②

谭嗣同之所以对专制政治深恶痛绝,有两个基本原因:一是这种"君主之祸,至于无可复加,非生人所能任受","无复人理",这是从人性需求或人类生活内在意义的角度而言的;二是这种"独夫"政治,在近代民族生存危机空前深重时,"决不肯假民以自为战守之权",也决不肯通过变法使民达到"智与富与强与生",这是从解救"外患"或近代民族生存需要的角度而言的。③ 谭嗣同说:"吾不知除民之外,国果何有? ……民既摈斥于国外,又安得少有爱国之忱。何也? 于我无与也。"④谭嗣同深感痛苦地指出:"统政府台谏六部九卿督抚司道之所朝夕孜孜不已者,不过力制四万万人之动,縶其手足,涂塞其耳目,尽驱以入契乎一定不移之乡愿格式。夫群四万万之乡愿以为国,教安得不亡,种类安得而可保也。"⑤专制政治的基本原则就是,以"静"之"鬼道"和"俭"之"禽道"治理国家。⑥ 特别需要指出的是,在《仁学》中,谭嗣同表现了非常鲜明的反清反满的"革命"(种族革命)色彩。他怒斥"爱新觉罗"为"贱类异种",指出"彼

---

① 蔡尚思、方行编:《谭嗣同全集》,中华书局1981年版,第337页。
② 蔡尚思、方行编:《谭嗣同全集》,中华书局1981年版,第337页。
③ 蔡尚思、方行编:《谭嗣同全集》,中华书局1981年版,第343页。
④ 蔡尚思、方行编:《谭嗣同全集》,中华书局1981年版,第341页。
⑤ 蔡尚思、方行编:《谭嗣同全集》,中华书局1981年版,第320～321页。
⑥ 蔡尚思、方行编:《谭嗣同全集》,中华书局1981年版,第323页。

起于游牧部落,直以中国为其牧场……吾愿华人,勿复梦梦谬引以为同类也"。①

谭嗣同不仅正面抨击了专制政治的罪恶,而且正面提出了"民主之义":"君者公位也。……人人可以居之。"②谭嗣同以历史和现实为根据,义正词严地指出:

> 生民之初,本无所谓君臣,则皆民也。民不能相治,亦不暇治,于是共举一民为君。夫曰共举之,则非君择民,而民择君也。夫曰共举之,则其分际又非甚远于民,而不下侪于民也。夫曰共举之,则因有民而后有君;君末也,民本也……夫曰共举之,则且必可共废之。君也者,为民办事者也;臣也者,助办民事者也。赋税之取于民,所以为办民事之资也。如此而事犹不办,事不办而易其人,亦天下之通义也。观夫乡社赛会,必择举一长,使治会事,用人理财之权咸隶焉。长不足以长则易之,虽愚夫愿农,犹知其然矣;何独于君而不然?③

以充满光辉的人道主义、民主主义、爱国主义精神,对君主专制、伦常名教和清朝政权进行勇猛批判,是谭嗣同思想中最深刻、最重要的内容和最鲜明的特色;特别是他对传统伦常名教为专制政治服务实质的揭穿,更是鲜明和深刻。

(3)潜在的革命倾向

由于"君主视天下为其囊橐中之私产,而犬马土芥乎天下之民",④由于专制统治者不愿通过变法使民智、民富、民强、民

---

① 蔡尚思、方行编:《谭嗣同全集》,中华书局1981年版,第337～338、341～342页。
② 蔡尚思、方行编:《谭嗣同全集》,中华书局1981年版,第334页。
③ 蔡尚思、方行编:《谭嗣同全集》,中华书局1981年版,第339页。
④ 蔡尚思、方行编:《谭嗣同全集》,中华书局1981年版,第341页。

生以消除"外患",由于清朝统治者宁愿亡国"而决不令汉人得志",①谭嗣同坚定地认为"当诛独夫",并引《易经》的话,称颂"汤武革命,顺乎天而应乎人",赞美"法人之改民主也,其言曰:'誓杀尽天下君主,使流血满地球,以泄万民之恨。'"②抱有强烈种族之感的他,甚至认为:"华人慎毋言华盛顿、拿破仑矣,志士仁人求为陈涉、杨玄感,以供圣人之驱除,死无憾焉。若其机无可乘,则莫若为任侠,亦足以伸民气,倡勇敢之风,是亦拨乱之具也。"③所以,谭嗣同不但大胆攻击清朝政权、专制政治及与其密切相关的伦常名教,并且有时倾向于用革命手段来推翻这些腐朽的制度。谭嗣同认为,君主如果不称人民的心,就可以"易其人"。他主张君主是可以"戮"的:

> 彼君之不善,人人得而戮之,初无所谓叛逆也。叛逆者,君主创之以恫喝天下之名。不然,彼君主未有不自叛逆来也!不为君主,即詈以叛逆;偶为君主,又谄以帝天。中国人犹自以忠义相夸示,真不知世间有羞耻事矣。④

谭嗣同同情"洪、杨之徒"之"谋反",赞同他人"西国维新之政,无不从民变而起"的议论。⑤ 在行动上,谭嗣同也并不与康有为、梁启超完全一样,而与"下层"群众,特别是秘密社会中人,比较接近,比较有些联系。⑥ 如他少年时便与大刀王五相熟。

谭嗣同的理想之一是建立比较彻底的民主共和国。所以,与康有为有所不同,在谭嗣同的著述中,很少论证历史进化论

---

① 蔡尚思、方行编:《谭嗣同全集》,中华书局1981年版,第343页。
② 蔡尚思、方行编:《谭嗣同全集》,中华书局1981年版,第342~343页。
③ 蔡尚思、方行编:《谭嗣同全集》,中华书局1981年版,第344页。
④ 蔡尚思、方行编:《谭嗣同全集》,中华书局1981年版,第334页。
⑤ 蔡尚思、方行编:《谭嗣同全集》,中华书局1981年版,第345页。
⑥ 王栻:《维新运动》,上海人民出版社1986年版,第228页。

庸俗的那一面——循序渐进、必须由君主立宪才能过渡到民主。相反,表现在谭氏愤怒呼号中的,是对革命的幻想和民主的渴望,是维新派激进一翼的特色所在。谭嗣同鼓吹革命的一些思想言论,明显地不同于改良范畴或和平改革思想,而构成了辛亥民主革命的思想先导。当梁启超将《仁学》遗稿在日本出版的《清议报》上陆续刊登时,康有为是大加反对的。谭氏那闪烁着民主革命精神的思想火花,受到了中国近代革命派人士的热烈欢迎。

上面只是对谭嗣同社会政治思想的特色作了着重说明,至于谭与其他维新人士在政治经济、思想学术、文化教育等许许多多方面的共同主张或具体方案,就不一一论述了。

谭嗣同从多方面吸取思想材料,以致《仁学》字数(5万多字)虽不多,内容却庞杂。他自己说:

> 凡为仁学者,于佛书当通《华严》及心宗、相宗之书;于西书当通《新约》及算学、格致、社会学之书;于中国书当通《易》、《春秋公羊传》、《论语》、《礼记》、《孟子》、《庄子》、《墨子》、《史记》,及陶渊明、周茂叔、张横渠、陆子静、王阳明、王船山、黄梨洲之书。①

这里包括以下内容:其一,佛教哲学;其二,西方自然科学和社会科学;其三,中国哲学,从先秦以至明清的各种学说。这里,再一次印证了一位日本学者所说过的话,中国近代"是中国倾其悠久文明的总力拼命奋战的时代"。②

《仁学》写出后,在戊戌变法时期虽未公开印行,但谭嗣同曾"以示一二同志"。③ 谭嗣同友朋中,看到《仁学》原稿的,有梁

---

① 蔡尚思、方行编:《谭嗣同全集》,中华书局1981年版,第293页。
② 日本学者近藤邦康先生语,见[日]三石善吉:《中国的千年王国》"后记",上海三联书店1997年版,第206页。
③ 《新民丛报》创刊号(光绪二十八年正月初一日出版)载有《仁学》广告,谓:"著成后,恐骇流俗,故仅以示一二同志,秘未出世。"

启超、唐才常、章太炎、宋恕等人,梁、唐并在当时的著述中有所引用、发挥。①

1898年9月18日,谭嗣同夜访袁世凯,要袁带兵入京,除掉顽固派势力。袁世凯只以虚词应对。21日,西太后发动政变。慈禧连发谕旨,捉拿维新派人士。谭嗣同听到政变消息后,并不惊慌,置自己的安危于不顾,多方活动,筹谋营救光绪帝,但均告失败。在这种情况下,他决心以死来殉变法事业,用自己的牺牲去向守旧顽固势力作最后的反抗。谭嗣同把自己的书信、文稿交给梁启超,要他东渡日本避难,并慷慨地说:"不有行者,无以图将来;不有死者,无以酬圣主。"他毅然回绝梁启超逃亡日本的劝说,并说:"各国变法无不从流血而成,今日中国未闻有因变法而流血者,此国之所以不昌也。有之,请自嗣同始。"②谭嗣同很可能于23日被捕。③ 在狱中,他意态从容,镇定自若,写下了这样一首诗:"望门投止思张俭,忍死须臾待杜根。我自横刀向天笑,去留肝胆两昆仑。"④9月28日,他与其他5位志士英勇就义于北京宣武门外菜市口。当他们被杀时,刑场上观看者上万人。他神色不变,临终时还大声说:"有心杀贼,无力回天,死得其所,快哉快哉!"⑤充分表现了一位爱国志士舍身报国的英雄气概。1899年,他的遗骸被运回原籍,葬在湖南浏阳城外石山下。墓前华表上挽联写道:"亘古不磨,片石苍茫立天地;一峦挺秀,群山奔赴若波涛。"

2. 严复的变法思想

严复(1854～1921),原名传初、体乾,易名宗光,字又陵,又字几道,晚号瘉壄老人,福建侯官(今福州)人。

---

① 汤志钧:《戊戌变法史》,上海社会科学院出版社2003年版,第355～357页。
② 《谭嗣同传》,见中国近代史资料丛刊《戊戌变法》第四册,上海人民出版社、上海书店出版社2000年版,第53页。
③ 茅海建:《〈我史〉鉴注》,三联书店2009年版,第808页。
④ 蔡尚思、方行编:《谭嗣同全集》,中华书局1981年版,第287页。
⑤ 蔡尚思、方行编:《谭嗣同全集》,中华书局1981年版,第287页。

严复的父亲是当地一名普通中医,母亲是一个"布衣"的女儿。严复11岁从宿儒黄少岩读书,打下了旧学基础。1866年14岁时父死,家贫不再从师,不能像当时普通富家子弟一样,走科举入仕的正路,所以于该年冬考入洋务派左宗棠、沈葆桢所创办的海军学校——福州船政学堂。左宗棠认为,造船的学问,以法国最好;驭船的学问,以英国最好。所以,学造船的必须读法文及法文书中的造船学问,学驭船的必须读英文及英文书中的驭船学问。法文班称为前学堂,英文班称为后学堂。严复进的是后学堂,学习英文与驭船术,功课包括多种自然科学,其中含数学(算术、几何、代数、解析几何、割锥、平三角、弧三角、代积微)、物理学(动静重学、水重学、电磁学、光学、音学、热学)、化学、天文学、地质学、航海术等。[①] 他一共学了5年,到1871年19岁时成为学堂第一届毕业生,成绩为最优等。毕业后,曾在"建威""扬武"等军舰上实习5年,到过中国台湾、日本、新加坡等不少地方。1877年,作为清政府派出的第一批海军留学生,赴英国海军学校学习驾驶。在英留学2年多时间内,严复先在朴次茅斯肄业,后入格林威治海军学院(Greenwich Royal Naval College)学习,念完高等数学、物理、海军战术、海战、公法及枪炮营垒等课程,考课屡列优等,是中国近代直接受西方教育最早的少数人之一。留英期间,严复曾赴法游历一次。

但是,严复并不局限于以海军"良将"自期。严复到英国留学的时候,正是19世纪70年代。这时英国资本主义已发展到全盛的维多利亚时代。资本主义的声名文物之盛,很容易使刚从半殖民地半封建地中国出来的有心人倾慕服膺。再者,英国还是当时资本主义思想最发达的地方,与英国一水之隔的法国,也产生了许多著名的资产阶级思想家。可以想象,严复这

---

① 严璩:《侯官严先生年谱》,见《严复集》第五册,中华书局1986年版,第1546页。

时大概已开始阅读他最倾心、以后常常提到或亲自翻译的一些英法著名思想家的著作。这些思想家包括亚当·斯密、孟德斯鸠、卢梭、边沁、穆勒、达尔文、赫胥黎、斯宾塞等。至少,对这些思想家的名字及其重要著作,他必定耳熟能详了。严复在课余之暇,广泛涉猎西方社会科学名著,学识大进。他曾谓:"西洋学术之精深,而苦穷年莫能殚其业。"又称:"中国切要之义有三:一曰除忌讳;二曰便人情;三曰专趋向。"郭嵩焘以"深切著明"四字评之。严复还批评曾纪泽,"日记中所载中西时事,去事理甚远"。① 严复曾写道:

> 犹忆不佞初游欧时,尝入法庭,观其听狱,归邸数日,如有所失。尝语湘阴郭(嵩焘)先生,谓英国与诸欧之所以富强,公理日伸,其端在此一事。先生深以为然,见为卓识。②

当时已是六十老翁的中国驻英公使郭嵩焘,对这位二十余岁的青年非常器重,时常与他"论析中西学术政治制度之异同,往往日夜不休",③并曾推荐严继任驻英公使。

1879年7月(光绪五年五月),严复留学毕业。那时福州船政学堂需要教师,于是就回国担任该学堂后学堂的教习。

1880年(光绪六年),李鸿章在天津新创办了北洋水师学堂,调28岁的严复去任总教习(教务长)。限于当时的资格(仅是武职的都司),总办(校长)由别人担任,但严复在事实上担负了总办的责任。直到1889年,他37岁时,连捐带保,搞到一个"选用知府"的官衔,才升任会办(副校长);第二年升任总办。这样,他就成了一个四品官衔的水师学堂总办了。直到1900年义和团运动发生,严复才离校去沪。然而,严复对这个职位

---

① 孙应祥:《严复年谱》,福建人民出版社2003年版,第36、35、47页。
② 严复译:《孟德斯鸠法意》上册,第十一卷案语,商务印书馆1981年版,第224页。
③ 王蘧常:《严几道年谱》,商务印书馆1936年版,第7页。

并不感到满意。他对于海军的腐败情形,也深感不满,且不时发一些激烈的爱国言论,被人揭发,引起李鸿章的大大不满。所以,严复在北洋海军也只是"不预机要,奉职而已"。①

在中法战争后、甲午战争前的十年中,严复也曾想抛开军界的身份,改由科举出身。严复自信学问的根底并不坏,加上自己的努力,或者不难在科场上打通一条道路,由举人、进士、翰林而至公卿,以实现自己平日的抱负;至少,也可以提高自己言论的社会影响。在1883年冬,他曾发过"当年误习旁行字,举世相视如髦蛮"②的感叹。因此,1885~1893年,严复曾四次参加科举考试,但均落第。

甲午战争的炮声惊醒了严复,深重的民族危机激起他自强保种的爱国热情,驱使他与其他爱国志士一起,"准乎人情,揆乎天理",③艰辛探索"救危亡"之道,宣传"致富强"之策,主要以一个积极倡导变法维新的理论家和宣传家的身份,大声疾呼,积极推进变法维新运动的发展。

1895年,严复受甲午战争的刺激,在天津的《直报》上发表了4篇非常重要的论文:《论世变之亟》(2月4~5日)、《原强》(3月4~9日)、《辟韩》(3月13~14日)及《救亡决论》(5月1~8日)。这几篇论文的基本思想,虽然与康有为、梁启超、谭嗣同等人的思想有许多相同、相通之处,却有一个不同点。康、梁、谭少年时期所受的全部是传统教育。他们既不曾到过欧美资本主义国家,亲眼看见西方的文物制度,又不懂西方各国的语言文字,不能直接阅读西方原著。他们只能凭借西洋传教士如李提摩太等的宣传文字和江南制造局等翻译的以自然科学技术为主体的通俗书籍,再加上他们在香港、上海等处所看到的市政管理,形成

---

① 陈宝琛:《清故资政大夫海军协都统严君墓志铭》,见《严复集》第五册,中华书局1986年版,第1541页。
② 《严复集》第二册,中华书局1986年版,第361页。
③ 《严复集》第一册,中华书局1986年版,第55页。

对西方资本主义社会及其文化的基本认识。再联系他们自己原来所接受的孔孟之学、陆王之学、黄(宗羲)王(夫之)之学,以及一部分佛学,形成反对专制、提倡民权的维新理论。所以,因阅历见识和思想资源等的限制,他们的理论常有相当牵强甚至武断的成分。这也是梁启超在其著述中一再承认的。

严复则不然。他自 15 岁,便到船政学堂,学科学技术;25 岁后又到英国留学,醉心于西方的文物制度,注意近代西方第一流资产阶级思想家的著作。回国之后,虽然在海军军界服务,但过的仍是学校生活。他除发愤钻研中国书籍外,仍孜孜不倦地研究西方的学说,探求西方国家所以富强并横行世界的基本原因。1895 年,这位 43 岁的北洋水师学堂校长,其对西方社会了解之深,西学造诣之高,不仅远非李鸿章、张之洞等洋务派人物可比,就是那些甲午战争前到过外国的王韬、郑观应、何启等人也不能望其项背。

《论世变之亟》①的中心内容是攻击顽固派的主张。严复认为历史发展有它的规律,不是人们的意志可左右的。他将这种规律叫作"运会"。他说,"运会既成,虽圣人无所为力",圣人的作用只在"知运会之所趋,而逆睹其流极……裁成辅相,而置天下于至安"。按照严复的看法,西方资本主义国家对传统中国的侵略,是一个必然的趋势与规律。这一个"世变",是"自秦以来,未有若斯之亟"的。绝不能幻想阻遏这个"天地已发之机",而只能在承认近代世界发展大势的基础上讲求救国自强的办法。这是变法维新思想和行动的基本出发点。

第二,严复讨论近代西方和传统中国的差异。严复认为中西之间的最大差异在于对人类历史的看法:"尝谓中西事理,其最不同而断乎不可合者,莫大于中之人好古而忽今,西之人力今以胜古;中之人以一治一乱、一盛一衰为天行人事之自然,西之人以日

---

① 《严复集》第一册,中华书局 1986 年版,第 1~5 页。

进无疆,既盛不可复衰,既治不可复乱,为学术政化之极则。"

第三,正是基于上一点的看法,严复认为,"我中国圣人"治理天下或国家的基本目的在于"平争""防争""相安相养而已"。特别是宋代以来的科举制,"其防争尤为深且远"——"嗟乎!此真圣人牢笼天下、平争泯乱之至术,而民智因之以日窳,民力因之以日衰"。假若没有近代西方的冲击,"此纵难言郅治,亦用相安而已"。问题在于,这种日益衰败的民智、民力,"不能与外国争一旦之命",不能抵挡住近代西方的入侵。这是"圣人计虑之所不及"的。正是由于近代西方的强烈冲击,中国"四千年文物声明,已涣然有不终日之虑"。

第四,正是出于救亡图存的需要,严复认为近代中国人需要了解"西治"之真。根据严复的看法,西人治理天下有基本原则:"于学术则黜伪而崇真,于刑政则屈私以为公而已",也即科学与民主。但是,严复更深刻地认识到,这二者是以更一般的社会生活方式或文化价值——"自由"为基础的。所以,严复说,"斯二者,与中国理道初无异也。顾彼行之而常通,吾行之而常病者,则自由不自由异耳"。严复指出,自由是中国传统中最缺乏的文化要素或价值理念。他说:"夫自由一言,真中国历古圣人之所深畏,而从未尝立以为教者也。"那么,什么是"自由"呢?严复介绍说,"彼西人之言曰:唯天生民,各具赋畀,得自由者乃为全受。故人人各得自由,国国各得自由,第务令毋相侵损而已"。严复认为,正是自由与不自由的差异,导致了中西之间的其他差异。他写道:"自由既异,于是群异丛然而生。粗举一二:则如中国最重三纲,而西人首明平等;中国亲亲,而西人尚贤;中国以孝治天下,而西人以公治天下;中国尊主,而西人隆民;中国贵一道而同风,而西人喜党居而州处;中国多忌讳,而西人众讥评。其于财用也,中国重节流,而西人重开源;中国追淳朴,而西人求欢虞。其接物也,中国美谦屈,而西人务发舒;中国尚节文,而西人乐简易。其于学也,中国夸多识,而西人尊新知。其于祸灾也,中国委天数,而西人恃人力。若斯之伦,举有与中国之理相抗,以并存于两间,而吾实未敢遽分其优绌也。"这里,严复口中说不敢贸然分"优绌",而实际上在近代世界的生存环境中优绌自分。

第五,通过回顾中西交往的历史,严复认为,当权者和士大夫,出于蒙昧和私利,而"不讲富强""不用西洋之术",是不可取的;而在当时,更是"皆非狂易失心之人不为此",是"与天地之机为难","其祸可至于亡国灭种,四分五裂,而不可收拾"。

在《原强》①一文中,严复利用其高度赞赏的以物竞天择为主旨的达尔文进化论,及"宗其理而大阐人伦之事"("根柢物理,征引人事……于一国盛衰强弱之故、民德醇漓翕散之由,尤三致意焉")的斯宾塞"群学",指出造成近代中国生存危机的根本原因在于:"民智已下矣,民德已衰矣,民力已困矣。"严复认为,"种之相强弱者,其故有二:有鸷悍长大之强,有德慧术智之强;有以质胜者,有以文胜者"。

在古代,"游牧射猎之民"是以质胜,以"无法"胜;中国则以文胜,以"法"胜。作为征服者的游牧民族,最终的结果是"渐靡而与汉物化","常受制于中国"。但是,近代西人不同于古代游牧民族,"断断不可同日而语矣"。为什么呢?严复写道:

> 彼西洋者,无法与法并用而皆有以胜我者也。自其自由平等观之,则捐忌讳,去烦苛,决壅蔽,人人得以行其意,申其言,上下之势不相悬,君不甚尊,民不甚贱,而联若一体者,是无法之胜也。自其官工商贾章程明备观之,则人知其职,不督而办,事至纤悉,莫不备举。进退作息,未或失节,无间远迩,朝令夕改,而人不以为烦,则是以有法胜也。其民长大鸷悍既胜我矣,而德慧术知较而论之,又为吾民所必不及。故凡所谓耕凿陶冶,织纴树牧,上而至于官府刑政,战斗

---

① 《严复集》第一册,中华书局1986年版,第5~15页。

转输,凡所以保民养民之事,其精密广远,较之中国之所有所为,其相越之度,有言之而莫能信者。且其为事也,又一一皆本之学术;其为学术也,又一一求之实事实理,层累阶级,以造于至大至精之域,盖寡一事焉可坐论而不可起行者也。推求其故,盖彼以自由为体,民主为用。一洲之民散为七八,争雄并长,以相磨淬,始于相忌,终于相成,各殚智虑,此日异而彼月新,故能以法胜矣,而不至受法之敝,此其所以为可畏也。

往者中国之法与无法遇,故中国常有以自胜;今也彼亦以其法与吾法遇,而吾法乃颓堕蠢朽瞠乎其后也,则彼法日胜而吾法日消矣。此曩者所以有四千年文物儳然不终日之叹也……

所以,如果不变法,不改变生活方式,不改造政治制度,沦为亡国奴的命运是不可避免的。而如果沦为亡国奴的话,真是"其生也不如其死,其存也不如其亡"。严复驳斥了"中国之所不振者,非法不善也,患在奉行不力而已"的说法。同时,由于认为缺乏必要的社会条件(主要为民智、民德、民力),他也坚决反对在当时中国立即采用"西洋富强之政"——"何者?有一倡而无群和矣"。

严复在《原强》一文中最后的结论是:"及今而图自强,非标本并治焉,固不可也。不为其标,则无以救目前之溃败;不为其本,则虽治其标,而不久亦将自废。标者何?收大权、练军实,如俄国所为是已。至于其本,则亦于民智、民力、民德三者加之意而已。果使民智日开,民力日奋,民德日和,则上虽不治标,而将自立……三者又以民智为最急也。是故富强者,不外利民之政也,而必自民之能自利始;能自利自能自由始;能自由自能自治始,能自治者,必能其能恕、能用絜矩之道者也。"至于"民智之何以开,民力之何以厚,民德之何以明",严复在《原强修订稿》①中,有较详细的解说,限于篇幅,就不一一列举了。但这里

---

① 《严复集》第一册,中华书局1986年版,第15～32页。

要强调一点的是,严复在《原强修订稿》中认为,"进民德"的根本途径是建立民主政治制度,使中国人民从国家的奴隶变为国家的主人或公民:"是故居今之日,欲进吾民之德,于以同力合志,联一气而御外仇,则非有道焉使各私中国不可也。顾处士曰:'民不能无私也,圣人之制治也,在合天下之私以为公。'然则使各私中国奈何?曰:设议院于京师,而令天下郡县各公举其守宰。是道也,欲民之忠爱必由此,欲教化之兴必由此,欲地利之尽必由此,欲道路之辟、商务之兴必由此,欲民各束身自好而争濯磨于善必由此。呜呼!圣人复起,不易吾言矣!"

抨击君主专制制度,宣传近代民权思想,严复在《辟韩》①一文中使用了更为激烈的言辞。这篇文字的主题是反驳韩愈(768～824)所作《原道》中的专制思想而倡导自己相信的民主思想。王栻称:"这篇文字是严复生平最出色、最足以代表时代的先进者的一篇文字。"②严复首先引述了韩愈所宣扬的典型的专制政治理论:"君者,出令者也;臣者,行君之令而致之民者也;民者出粟米麻丝、作器皿、能货财以事其上者也。君不出令,则失其所以为君;臣不行君之令,则失其所以为臣;民不出粟米麻丝、作器皿、通货财以事其上,则诛。"严复认为,韩愈的理论是违背"自然"或历史事实的。严复认为,历史的真相与思维的逻辑应是:"民者,出粟米麻丝、作器皿、通货财以相为生养者也,有其相欺相夺而不能自治也,故出什一之赋,而置之君,使之作为刑政、甲兵,以锄其强梗,备其患害。然而君不能独治也,于是为之臣,使之行其令,事其事。是故民不出什一之赋,则莫能为之君;君不能为民锄其强梗、防其患害则废;臣不能行其锄强梗、防患害之令则诛"。所以,严复认为:"孟子曰:'民为重,社稷次之,君为轻。'此古今之通义也。"韩愈的说法,是"知有一人而不知有亿兆也",其说法无疑起到了为专制统治服务

---

① 《严复集》第一册,中华书局1986年版,第32～36页。
② 王栻:《维新运动》,上海人民出版社1986年版,第243页。

的作用。严复认为,"君"是民生需要或社会分工的产物,具有合理的社会职能和历史的合理性。但是,君主专制统治及其理论却违背了"天之意"和"道之原"。严复义愤填膺地指出:"老子言曰:'窃钩者诛,窃国者侯。'夫自秦以来,为中国之君者,皆其尤强梗者也,最能欺夺者也。窃尝闻'道之大原出于天'矣。今韩子务尊其尤强梗、最能欺夺之一人,使安坐而出其为所欲为之令,而使天下无数之民,各出其苦筋力、劳神虑者,以供其欲,少不如是焉则诛,天之意固如是乎?道之原又如是乎?"

严复认为,由于社会中"有其相欺,有其相夺,有其强梗,有其患害",存在种种"不善",从事社会生产的人民自身又无法兼顾这些事物:"今又使之操其刑焉以锄,主其斗斛、权衡焉以信,造为城郭、甲兵焉以守,则其势不能。于是通功易事,择其公且贤者,立而为之君……此天下立君之本旨也。"所以,"君也者,与天下之不善而同存",是人类某一历史阶段的产物——在此历史阶段,"化未进而民未尽善也","有强梗欺夺患害也"。严复指出:"君臣之伦,盖出于不得已也!唯其不得已,故不足以为道之原。彼佛之弃君臣是也,其所以弃君臣非也。"假若人类在进化中得到完善,人人知性(本分)尽责,就不再需要一个"高高在上"、肆意妄为的君主了,人类也就可以"弃君臣"了。

但是,严复又认为,"及今而弃吾君臣……大不可"。因为他觉得当时的社会条件尚未成熟——"其时未至,其俗未成,其民不足以自治也"。当时严复是把救国的希望寄托在"圣人"即"开明君主"或"开明专制"身上的。这样的圣人,"将早夜以孳孳求所以进吾民之才、德、力者,去其所以困吾民之才、德、力者,使其无相欺、相夺而相患害也,吾将悉听其自由。民之自由,天之所畀也,吾又乌得而靳之!如是,幸而民至于能自治也,吾将悉复而与之矣……"

严复认为,韩愈所宣扬的典型的专制政治理论("庸人之论"),是使中国走向贫弱、灭亡的基本原因。他认为,中国如要救亡图存,"道在去其害富害强,而日求其能与民共治而已"。换言之,只有实行民主政治,才能使中国实现富强。严复认为,秦以来的专制君主,"正所谓大盗窃国者耳"。由于这个"国"是窃自作为"天下之真主"的民手中,所以专制君主要千方百计地使民"弱而愚之",其法令"什八九皆所以坏民之才,散民之力,漓民之德者也"。严复说,在西洋,国家是"民之公产",王侯将相是"通国之公仆隶也",所以西洋之民"其尊且贵也,过于王侯将相";反之,中国之民被看作天子的"臣妾""奴虏"或奴隶,十分卑贱。这种民在国家中地位的不同,在"与外国争一旦之命"的近代世界中将是致命的:

> 设有战斗之事,彼其民为公产公利自为斗也,而中国则奴为其主斗耳。夫驱奴虏以斗贵人,固何所往而不败?

《辟韩》对专制政治展开了最尖锐、最严厉的攻击,同时勇敢地提出了自己所笃信的民主思想。《辟韩》对专制主义的批判尖锐,激烈,首开戊戌变法时期对君主的"民贼""独夫"斥骂的纪录,其深邃的理论色彩,较康有为、梁启超等人要略胜一筹。《辟韩》于1895年3月在天津《直报》上发表。1897年春,上海《时务报》又加以转载。谭嗣同看到后,连声称赞"好极!好极!"[1]张之洞看到后,火冒三丈,连忙叫屠仁守写了一篇《辨〈辟韩〉书》,也在《时务报》上发表,攻击《辟韩》"溺于异学,纯任胸臆,义理则以是为非,文字则以辞害意,乖戾矛盾之端,不胜枚举"[2]。一说"好极",一说"乖戾",两种相反意见反映了同一个实质:《辟韩》在批判君主专制主义的宣传中起到了重要作用。

---

[1] 蔡尚思、方行编:《谭嗣同全集》,中华书局1981年版,第499页。
[2] 《孝感屠梅君侍御辨〈辟韩〉书》,载《时务报》,光绪二十三年五月二十一日第30册。

严复的《救亡决论》①主要讲文化教育改革问题。该文十分明确地指出八股取士的危害,主张大力倡导西学。文章一开头就写道:"天下理之最明而势所必至者,如今日中国不变法则必亡是已。然则变将何先?曰:莫亟于废八股。"接着,他指出了八股考试制度的"锢智慧""坏心术"和"滋游手"三大危害及其使国"弱而亡"的必然后果。最后他主张以救危亡、致富强为主要标准,"痛除八股而大讲西学"。在文中,严复还罗列了中国传统学术的"无用""无实"和西学之"博大""悠久""高明"。严复认为,西学既能收"民生日用之间"之实效,又能培养科学精神,还可为救亡图存创造必要条件。

此外,在戊戌变法时期,严复还写作、发表过《拟上皇帝书》等其他重要的文章。

总而言之,戊戌变法时期严复的理论贡献,主要表现在四个方面:第一,透视西洋世界。严复看到了西洋的"富强",更看到了西洋富强的奥秘——良好的国民素质、优良的学术传统、先进的政治法律制度、进步的价值理念,等等。第二,研判中国时局。严复以西洋社会为参照,以西学为武器,以反思甲午战败、解剖洋务运动为切入点,由表及里地对中国的科举制度、传统学术文化、君主专制制度、国民劣根性等进行解剖和批判。第三,提出应变方略。严复强调要救亡图存,就必须注意内治("今日之积弱,由于外患者十之三,由于内治者十之七"②),必须进行变法,建立以自由为基础的民主政治;要变法,要建立民主政治,就必须准备一定的社会条件,就必须以培养民智、民力、民德为本,培养人民自治的本领或素质;在人民能"自为"以前,变法必须"倡之于上",③寄希望于开明君主。第四,介绍西学理论,主要有达尔文的进化论、斯宾塞的社会达尔文主义和

---

① 《严复集》第一册,中华书局1986年版,第40~54页。
② 《严复集》第一册,中华书局1986年版,第63页。
③ 《严复集》第一册,中华书局1986年版,第68页。

社会学理论、亚当·斯密的经济学理论等。①

《天演论》是英国哲学家赫胥黎《进化论与伦理学》的最早中文译本，1895年由严复译成，②1897年12月首次在天津《国闻报》上连载，1898年4月全书正式出版。

早在19世纪70年代，中国人已开始介绍进化论，但都是一鳞半爪地拾取西方人的片言只语，对中国人的观念影响甚微。③ 严译《天演论》是第一部系统介绍进化论的译著，中国人接受进化论主要是从这里开始的。

说严译《天演论》是一部译著，主要指该书并不是赫胥黎原书的标准译本，而是截取其前半部的18节，改编合并为15节而成的一部编译著作。在每节每段之后，严复都加入了本人的按语和注释，有的按语篇幅甚至超过原文。在这些按语和注释中，严复介绍了从古希腊苏格拉底、柏拉图，到近代斯宾塞、马尔萨斯的各种学说，并对它们一一加以评说，通过考求西方学术源流和中西文化异同，打开中国人的眼界，警策人们"自强保种"。

严复译著的《天演论》的基本观点是：世界上的一切生物都处在"天演"即进化的过程中，没有亘古不变的事物。物竞天择是万物进化的基本规律，动植物和人类社会概莫能外。所谓"物竞"，就是"生存竞争"，"物产自存也"；所谓"天择"，就是自然淘汰，"以一物与物争，或存或亡，而其效则归于天择"，"一争一择，而变化之事出矣"。在这种适者生存、劣者淘汰的自然选择过程中，人们不应"任天之治"，无所作为，而应"与天争胜"。

《天演论》为近代中国救亡图存、变法维新提供了一种全新

---

① 皮后锋：《严复大传》，福建人民出版社2003年版，第114～129页。
② 关于此书至少在1895年译成，可参阅王栻：《维新运动》，上海人民出版社1986年版，第246页注①。
③ 关于严复前对达尔文进化论的介绍，可参阅李华兴：《中国近代思想史》，浙江人民出版社1988年版，第254～256页；刘志琴主编：《中国近代社会文化变迁录》，李长莉著第一卷（1840～1894），浙江人民出版社1998年版，第352～353页。

的思想武器。在此之前,康有为等人反对"天不变,道亦不变"的传统思想,主要是依据儒家的今文经学。他们虽然宣传了变异和进化思想,但未能摆脱传统经学的羁绊。严译《天演论》运用近代生物学、天文学、地质学、古生物学以及人类进化历史,论证了进化的必然性,远比时人常引用的《易经》中的"穷则变,变则通,通则久"更富科学性。严复针对当时中国亡国灭种的危机,将中国与西欧比较:一旧一新,一静一动,一滞一进,迥然不同;更列举美洲、澳洲土著在欧洲白人侵入后逐渐被淘汰的事例,告诫人们:世界是一个竞争场,强者胜,弱者败。他用达尔文进化论原理来解释人类社会,自然是不科学的,但对中国人则是新鲜的,是亡国危机中的震耳警钟。

《天演论》深刻影响了19世纪末、20世纪初的中国人。维新派将之作为他们变法图存的理论依据,梁启超最早读到《天演论》的未刊译稿,1897年5月就在《说群序》等文中,推荐严复的"宏著"《天演论》,宣传"物竞"思想。① 连一向目中无人的康有为,据梁启超介绍,也十分钦佩严复:"南海先生读大著后,亦谓眼中未见此等人。"② 康曾赞扬严复"译《天演论》,为中国西学第一者也"。③ 黄兴、陈天华、邹容等一大批资产阶级革命党人也深受感染。"天演""淘汰""物竞""天择"等术语铺天盖地,充斥于各种报纸杂志。许多人甚至用这类名词给自己或儿女取名,表示他们对进化论的信奉。胡适(1891~1962)的名字(原名嗣穈,学名洪骍)"也是这种风气底下的纪念品"。④ 《天演论》给中国输入了适者生存、优胜劣汰的观念,在马克思主义传

---

① 梁启超:《饮冰室合集》,文集之二,林志钧编,中华书局1989年版,第3~7页。
② 梁启超:《饮冰室合集》,文集之一,林志钧编,中华书局1989年版,第110页。
③ 康有为:《康有为全集》第5集,姜义华、张荣编校,中国人民大学出版社2007年版,第314页。
④ 胡适:《四十自述》,《胡适自传》,曹伯言选编,黄山书社1986年版,第47页。

入中国之前,严复通过《天演论》所介绍的进化论学说,一直在中国思想界居于支配地位。

1895年严复的重要政治论文,是在天津《直报》刊出的。《直报》是德国人汉纳根所创办的中文日报。次年,严复赞助梁启超、汪康年等人创办《时务报》(曾助款百元①)。此后,严复感到要"开民智",有自办报刊的必要。因此,在1897年10月26日(光绪二十三年十月初一),与王修植、夏曾佑等人在天津创办《国闻报》(日报)。《国闻报》自创刊至维新运动失败,将近一年间共发表42篇社论。社论文字不是出于一人之手,并且一律不署名,所以很难断定哪些文章是严复所写。经王栻查考,断定其中23篇是严复的文字。② 所以说,《国闻报》的社论文字,大部分出于严复的手笔。严复经常以尖锐、泼辣的笔调,抨击当时腐朽的政治和文化。《国闻报》与《时务报》南北并立,成为北方与南方宣传维新思想的两大刊物。

《国闻报》刊行后,又另出《国闻汇编》,创于1897年12月8日(光绪二十三年十一月十五日),终于1898年2月15日(光绪二十四年正月二十五日),旬刊,共出六册。

按照当时的标准,严复的政治态度是非常温和的,因为他提出的仅仅是渐进的制度改革的政治革新。但是,这是和预期未来中国文化将经历一场彻底的改造这样一种思想上的激进态度联系在一起的。他在政治上的渐进主义和在思想上的激进主义都产生于他的社会达尔文主义的基本观点,而这主要是他研究斯宾塞哲学的成绩。③

严复的维新思想比康梁一派要温和一些。他不赞成康梁等人比较勇猛的政治活动,而只想从文化教育入手,以后再谈

---

① 《严复集》第三册,中华书局1986年版,第505页。
② 王栻:《维新运动》,上海人民出版社1986年版,第252页。
③ [美]费正清、刘广京编:《剑桥中国晚清史(1800~1911)》下卷,中国社会科学院历史研究所编译室译,中国社会科学出版社1985年版,第348页。

民主政治。康梁派不然,他们认为中国当此存亡危急之秋,若不"速变",若不"全变",便挽救不了国家的命运。严复既然在思想上不能与康梁派完全合流,在行动上亦未曾与康梁派密切合作,加之得力于王文韶、荣禄、裕禄等前后几位顶头上司的疏通,①所以他政变之后,仍能平安无事。严复之免于株连的另一个可能的原因,是严复所参加的《国闻报》后面可能有日本的支持,因而慈禧、荣禄不敢逮捕他。②

3. 梁启超变法思想

梁启超(1873～1929),字卓如,号任公,别号饮冰室主人,广东新会人。梁启超与其师康有为一起,发动戊戌维新,人称"康梁",在中国近代史上,与洪(秀全)杨(秀清)、孙(中山)黄(兴)齐名。

根据梁启超的《三十自述》,其族"数百年栖于山谷","且耕且读,不问世事"。祖父是一名生员,做过八品的教谕;父亲是乡里间的一位教书先生,连生员也未考中。所以,梁启超家庭较富庶,但地位并不高。

梁启超四五岁时跟着祖父和母亲学读《四书》和《诗经》,6岁后从父亲读《五经》和史书,8岁学作文,9岁能写千言,次年有"神童"之誉。12岁考取秀才,17岁(1889)中举人,随后又到广州学海堂肄业,埋头专攻训诂词章,"不知天地间于训诂词章之外,更有所谓学也"。光绪十六年(1890)春,梁启超随父入京会试,未中返乡,途经上海时购得徐继畬的《瀛环志略》"读之,始知有五大洲各国,且见上海制造局译出西书若干种,心好之,以无力不能购也"。同年秋,梁启超因陈千秋的介绍,以举人反拜监生康有为为师。第二年,康有为正式讲学于广州长兴里的万木草堂,梁启超也与同学们从读于此。梁启超自称,"一生学

---

① 皮后锋:《严复大传》,福建人民出版社2003年版,第152～153页。
② 王栻:《维新运动》,上海人民出版社1986年版,第258页注②。

问之得力,皆在此年"。在学期间,梁启超曾一度与陈千秋充学长,实际参与了康有为宣传变法维新的著书立说。他协助校勘康有为的《新学伪经考》,分纂康有为的《孔子改制考》,得闻康有为暂"秘不示人"的大同之说,成为最受康有为器重的弟子和得力助手,也成长为一名关心时局、以天下为己任、意气风发的青年学子。

1894年中日甲午战争爆发。当时梁启超与康有为正在北京参加会试,时时关注战局的演变,考试未中。1895年春,他俩又同赴北京会试。康有为考取了进士,梁启超又失败了。在京期间,梁启超先是发起和参加粤、湘两省举人于4月22日的联名上书,要求拒签和约。既而又助康有为发动联省"公车上书"。同年8月,梁启超按康有为的指示,在北京主办一份宣传变法的刊物,初名《万国公报》,后改名《中外纪闻》,隔日出版,托送《京报》的人附带分送朝官,以扩大维新思想的政治影响。同时,梁启超又协助康有为在北京组织强学会,并出任学会书记员,着力聚集维新人才,讲求新学,开通风气。然强学会开办不久,便因受到守旧官员的攻击而被迫解散,《中外纪闻》也被封禁。1896年4月,梁启超离京抵沪,与黄遵宪、汪康年等筹办《时务报》。8月9日(七月初一),《时务报》(旬刊)在上海创刊,总理汪康年,主笔梁启超。主笔《时务报》时期,梁氏自谓"日夕无一刻暇,并静坐之时而无之",①以致谭嗣同"常虑卓如揽事太多……实于身命有碍"。② 梁氏主笔《时务报》时期是其发皇期,前后发表文章达60篇,并使该报带有明显的梁氏风格特征。关于梁氏主笔的《时务报》在宣传变法维新方面的巨大影响,世人有目共睹。《时务报》因而风靡大江南北,梁启超的文名也从此蜚声海内。

1897年11月,应赞成变法的湖南巡抚陈宝箴之聘,梁启超

---

① 丁文江、赵丰田编:《梁启超年谱长编》,上海人民出版社1983年版,第75页。
② 丁文江、赵丰田编:《梁启超年谱长编》,上海人民出版社1983年版,第74页。

前往长沙出任时务学堂中文总教习。其间,他每日主讲四小时,夜则批答诸生札记,往往彻夜不眠,积极宣传康有为的孔子改制之说,宣传资产阶级的民权思想,甚至不满清朝统治,"盛昌革命",激起守旧派绅士的强烈反应。此外,在湖南,梁启超又协助谭嗣同等人筹划新政,参与组织南学会和创刊《湘报》等。

1898年初,大病,离湘赴沪就医。3月病初愈,康广仁陪护入京。时值俄国强租旅顺、大连,梁启超与麦孟华联合两广、云、贵、鲁、陕、浙各省一百余名举人,上书都察院,请联英、日以拒俄。又助康有为倡办保国会,并到会演说变法救国。

百日维新开始后,梁启超奉命在总署查阅奏章,参与变法,曾多次上书,请废八股,立编译局,奖励工艺等。7月3日,因侍郎徐致靖之荐,光绪帝召见梁启超,赏给六品衔,命办大学堂、译书局事务。8月16日,所拟译书章程十条,得旨允行。然9月21日风云突变,慈禧太后再出"训政",囚光绪帝于瀛台,维新志士遭追杀,"新政"烟消云散。梁启超匆匆逃往日本,开始了漫长的政治流亡生涯。

梁启超在《戊戌政变记》中指出:自第一次鸦片战争到甲午战败前,"尽此六十年中,朝士即有言西法者,不过称其船坚炮利、制造精奇而已,所采用者,不过炮械军兵而已。无人知有'学'者,更无人知有'政'者"。[①] 由此可见,"学"与"政"是戊戌维新派所重视的两大基本范畴。[②] "学"是为了"开民智",培养近代国民素质和发展人的能力,并增加变法维新活动的主动性和创造性,为创设民主政治制度奠立社会基础;"政"则是政治制度改革,实现"民为政",为民族富强与众生幸福提供制度保障。

---

① 梁启超:《饮冰室合集》,专集之一,林志钧编,中华书局1989年版,第22页。
② 康有为在《上清帝第四书》中认为:"今泰西诸国,以治法相竞,以智学相上,此诚从古诸夷之所无也。"(汤志钧编:《康有为政论集》上册,中华书局1981年版,第149页。)这里,康氏以"治法"和"智学"为泰西富强的两大根本原因。康氏在《上海强学会后序》中又提出中国自强的基本途径:"学则强,群则强……今者思自保,在学之群之。"(同上,第172页)

梁启超在约作于1897年12月的《上陈宝箴书》中,为解救亡国之祸而主张湖南"自立"。他在信中说:"以一省荷天下之重,以一省当天下之冲,则将以'民'与人相见,以'学'与人相见,所以练其民与其学者,固非寻常之力所能有济。"①重民与重学,是戊戌变法时期梁氏给时人开设的救国药方。"民"的问题,说到底是"政"的问题,亦即通过政治制度改造和建设,使"四万万人"都享有近代国家公民应有的政治权力,成为政治权力的主体。

由此可见,戊戌变法时期梁氏的基本政治主张是"强国以议院为本,议院以学校为本",②基本变法思路是一方面坚持不懈讲究强国救天下之学并借以开启民智,另一方面是兢兢业业从事政治制度改造和建设并借"合大群"以保国。张灏在其论述梁启超思想的专著中,注意到梁氏《变法通议》中的"双关思想":强调中国的政治振兴有待人民的教育,但目前的首要任务仍是政治的机构改革。③李喜所在其所著《梁启超传》中讨论戊戌变法时期梁启超思想时说,"梁启超一生最注重开民智","梁启超较突出的一点是把设议院和民智的高低联系在一起,以民智为体,以议院为用"。④

下面就戊戌变法时期梁启超政治思想的两大基本倾向作具体讨论。

戊戌变法时期梁启超是以政治体系的变换、政治制度的改

---

① 中国近代史资料丛刊《戊戌变法》第二册,上海人民出版社、上海书店出版社2000年版,第535页。
② 梁启超:《饮冰室合集》,文集之一,林志钧编,中华书局1989年版,第96页。徐仁铸在《輶轩今语》中说:"史学以官制、学派二端为最要","官制为一朝政治之所出,学派为一朝人才之所出,二者皆治乱兴衰之大原也"。(徐仁铸:《輶轩今语》,《中西学门径书七种》,上海大同译书局石印线装三册,第4页。)
③ 张灏:《梁启超与中国思想的过渡(1890~1907)》,崔志海、葛夫平译,江苏人民出版社1993年版,第57页。
④ 李喜所、元青:《梁启超传》,人民出版社1993年版,第80、101页。

革作为变法维新的根本——"一切要其大成,在变官制"。① 作为维新派领袖之一,梁启超懂得"地者积人而成,国者积权而立"的道理,认识到"全权之国强,缺权之国殃,无权之国亡"的真理,②所以他们始终以扩大国家的权力总量为变法维新的根本目标,③努力把国家政治权力从一个人或少数人的手中转到多数人或全体人民的手中,极力使人民从政治权力的客体(臣民,"奴隶")变为政治权力的主体(公民,"主人"),"开议院","兴民权","民为政"。

梁启超,一个二十几岁的青年,在甲午战败后进入历史大舞台的聚光灯下,正是出于对现实政治制度的不满。他在1923年发表的《五十年中国进化概论》中回顾说:"自从和日本打了一个败仗下来,国内有心人,真像睡梦中着了一个霹雳,因想到,堂堂中国为什么衰败到这田地,都为的是政治制度不良,所以拿'变法维新'作一面大旗,在社会上开始运动,那急先锋就是康有为、梁启超一班人。"④他在《清代学术概论》中说:"欲破壁以自拔于此黑暗,不得不先对于旧政治而试奋斗,于是以其极幼稚之'西学'知识,与清初启蒙期所谓'经世之学'者相结

---

① 梁启超:《饮冰室合集》,文集之一,林志钧编,中华书局1989年版,第10页。
② 梁氏紧接着解释说:"何谓全权?国人各行其固有之权;何为缺权?国人有有权者,有不能自有其权者;何谓无权?不知权之所在也。"梁氏认为是"自私之极"的君主专制制度导致"无权"。见梁启超:《饮冰室合集》,文集之一,林志钧编,中华书局1989年版,第99页。
③ 美国学者塞缪尔·P.亨廷顿认为:"现代政治体制与传统体制的差异在于权力的总量不同……现代政体较之传统政体有更多的社会力量更深地卷入权力关系之中;前者参与政治的人数比后者要多。简言之,现代政体比传统政体拥有更多的权力。"([美]塞缪尔·P.亨廷顿:《变化社会中的政治秩序》,王冠华等译,沈宗美校,三联书店1989年版,第130~131页。)梁启超在《戊戌政变记》中指出:"国朝天泽极严,君臣远隔……故虽有四万万人,实数十资格老人支柱掩塞之而已。"(梁启超:《饮冰室合集》,专集之一,林志钧编,中华书局1989年版,第150页。)
④ 李华兴、吴嘉勋编:《梁启超选集》,上海人民出版社1984年版,第833~834页。

合,别树一派,向于正统派公然举叛旗矣。"①

梁氏等维新人士认为,只有建立民主政体(包括立宪君主),才能上下一体,官民一心,共御外侮,共同搏击于近代世界大潮;只有建立民主政体,才能消除经济发展的制度障碍,各人尽情致富,政府为民谋利,人民乐于为国家建设或公共事业出力输财,国家才能"富强莫与京";②只有建立民主政体,人民才能自主自由,个性才能全面健康发展,人类才能找到人生归宿。

以制度改造作为近代中国自立自强、赶超西方的突破口和基本途径,无疑具有相当的历史合理性。因为只有这样,才能使一个病夫弱国在短时期迅速集中现有的国力(全民力量)来抵抗势不可遏的西方侵略;因为只有这样,才能使一个软弱涣散而坚拒固斥的传统农业国家迅速向西方保持开放,并倾其全力适应世界经济体系,投入追赶型现代化、强制型工业化;③因为只有这样,才能在现有社会、政治、经济资源相对匮乏的贫国、弱国中,迅速激发起广大人民的内在固有心理能量、潜在的社会性情感和精神创造性,以主人翁的姿态、高昂的热情、巨大的创造性从事保家卫国、经济建设、文化创设,使中华大地真正成为四万万人安居乐业、安心立命的共同家园。④

所以,在一个落后贫弱的国度,从事适应近代世界大潮、赶超富强西方的维新大业,首要的任务是要变法,扫除通向世界、通向社会(政治参与)、通向他人(平等合作)的心理与制度障碍。由于文化心理障碍,源于人的外在生存方式("法"),所以

---

① 《梁启超论清学史二种》,朱维铮校注,复旦大学出版社1985年版,第59页。
② 梁启超:《饮冰室合集》,文集之二,林志钧编,中华书局1989年版,第44页。
③ 研究现代化运动的学者,比较强调"制度创新"在"后发外生"型现代化国家中的特殊重要地位。参见罗荣渠:《现代化新论》,北京大学出版社1993年版,第140、220页。
④ 关于梁启超之政治体制改革既出于民族竞争需要,又出于内在人性需要的看法,可参阅龚郭清:《戊戌变法时期梁启超对君主专制制度的批判》,《浙江师范大学学报》,1998年第2期。

变法或政治制度改革是中国自强的基本途径。

扫除阻碍"通"的旧制度,创设保证、促进"通"的新制度,进而进一步改变近代中国人的一般生存方式,是中国维新的根本保证。

但是,变法或政治制度改造,是以一定的社会条件为基础的,并不是改革者自我幻想、随心所欲的结果。在戊戌变法时期梁氏等维新人士看来,这种社会条件的核心是"民智"(民智又须借助于学术去开启)。所以,戊戌变法时期梁氏政治思想又有第二种基本倾向:唯智倾向。

戊戌变法时期,梁启超认为,近代中国人如要成功地挽救近代中国的民族危机,首先必须了解宇宙运动的本性,知晓人类历史的规律,明白人群相处、"条教部勒"的道理。所以对宇宙自然奥秘、[①]人类历史因果、社会政治规律的把握,是救亡图存顺利进行、取得成功的先决条件。

"知"源于"学"——"识论业艺,罔不由学"。[②] "学"包括学术研究、学术讨论、学术传播。所以,梁氏在致康有为书信中说:"吾不解学问不成者,其将挟何术以救中国也?……学成以后救无量世界。"[③]所以,梁氏在1897年12月发表的《日本横滨中国大同学校缘起》一文中说:"方今万国交通,新学大启,欧米条法,日益详明,于是中原志士,咸发愤而言变政,报馆、学会,缤纷并起,北肇强学会于京师,南开圣学于桂海,湖湘陕右,角出条奏,云雾既拨,风气大开。疆吏以开中西学堂(按《饮冰室合集》缺'堂'字,据《时务报》第47册增——本书著者)为急务,

---

① 梁启超《读西学书法》:"人日居天地日(间?),而不知天地作何状,是谓大陋。"(梁启超:《西学书目表》,《质学丛书》第七册,清光绪二十三年武昌质学会刊本,第4页。)
② 梁启超:《饮冰室合集》,文集之一,林志钧编,中华书局1989年版,第31页。
③ 中国近代史资料丛刊《戊戌变法》第二册,上海人民出版社、上海书店出版社2000年版,第545页。

总署拟遣人出洋学习为要图。神州不沉,或此是赖。"①梁氏在《变法通议·学校总论》中说:"亡而存之,废而举之,愚而智之,弱而强之,条理万端,皆归本于学校。"②所以,梁氏在《万木草堂书藏征捐图书启》中说:"粤士之忧天下者,方将联一学会……以讲求救天下之学";③在《读西学书法》中说:"学者一人独立,难以成学……则莫若设立学会。"④所以,梁氏在《论报馆有益于国事》中说:"朝登一纸,夕布万邦,是故任事者无隔阂蒙昧之忧,言学者得观善濯磨之益。"⑤总之,戊戌变法时期梁氏等维新人士的中心活动是"学"(学术研究、讨论、传播),其主要形式有学校、学会、报馆,其主要目标是开启民智以为变法维新、中国富强大业创造社会基础条件。梁氏认为,"凡一切政皆出于学,则政与学不能分",⑥"学校为立国之本",⑦"盖学问立国之基础",⑧"彼西国……举国皆学,而富强甲于天下也"。⑨梁氏在《湖南时务学堂答问》中批答道:"必知所以保国,然后能保国也;保教、保种亦然。一人之力不能保也,则合多人之力以保之。多一知此理之人,则多一能保之人;若是天下人人能知之,则无不保之国,无不保之种,无不保之教矣。必如何而后能知之,非学问不为功也。王文成曰:'未能知,说甚行?'然亦未有能知而不能行者。若知而不行,必非真知也。故学者亦但求知而已。勉强学问,天下可办之事正多,我非大言以欺诸君也。"⑩

---

① 梁启超:《饮冰室合集》,文集之四,林志钧编,中华书局1989年版,第79页。
② 梁启超:《饮冰室合集》,文集之一,林志钧编,中华书局1989年版,第19页。
③ 梁启超:《饮冰室合集》,文集之三,林志钧编,中华书局1989年版,第26页。
④ 梁启超:《读西学书法》,《西学目表》,清光绪丁酉年沔阳卢氏刊慎始基斋丛书本,第17页。
⑤ 梁启超:《饮冰室合集》,文集之一,林志钧编,中华书局1989年版,第101页。
⑥ 梁启超:《饮冰室合集》,文集之一,林志钧编,中华书局1989年版,第123页。
⑦ 梁启超:《饮冰室合集》,文集之一,林志钧编,中华书局1989年版,第69页。
⑧ 梁启超:《饮冰室合集》,专集之一,林志钧编,中华书局1989年版,第25页。
⑨ 梁启超:《饮冰室合集》,文集之三,林志钧编,中华书局1989年版,第25页。
⑩ 李华兴、吴嘉勋编:《梁启超选集》,上海人民出版社1984年版,第64页。

谭嗣同在《仁学》中的说法与梁氏相呼应："保国莫捷于学……国无权,权奚属?学也者,权之尾闾而归墟也。"①

梁启超充分认识到民众智愚、人才多寡对一个国家在"诸国并立"时代生存、发展的极端重要性。他认识到,"愚者天陵,智者天媚",②"智愚之分,强弱之原也",③"中国之弱,由于民愚也";④他认识到,"今之语天下事者,莫不曰:欧美学人多,是以强;支那学人少,是以弱。真知本之言哉",⑤"今天下大较,西国则君子多而野人少,中国则君子少而野人多,斯盖强弱之大原哉!"⑥所以,梁氏认为,培育近代国民素质和近代专门人才是强国的关键。他提出了"作新民"的主张:"国者民之积也。未有其民不新,而其国能立者。彼法国、日本维新之治,本原所自,昭昭然也。"⑦值得我们注意的是,戊戌变法时期梁启超特别强调广大(下层)民众的文化素质对维新中国的极端重要性:"国恶乎强?民智斯国强矣。民恶乎智?尽天下人而读书而识字斯民智矣。"⑧1897年11月在《蒙学报演义报合叙》中,梁氏论述道:

> 人莫不由少而壮,由愚而智……故远古及泰西之善为教者,教小学急于教大学,教愚民急于教士夫……今言变法,必自求才始;言求才,必自兴学始……况我支那之民不识字者,十人而六,其仅识字而未解文法者,又四人而三乎?故教小学、教愚民,实为救中国第一义。⑨

---

① 蔡尚思、方行编:《谭嗣同全集》,中华书局1981年版,第355~356页。
② 梁启超:《饮冰室合集》,文集之一,林志钧编,中华书局1989年版,第130页。
③ 梁启超:《饮冰室合集》,文集之一,林志钧编,中华书局1989年版,第122页。
④ 梁启超:《饮冰室合集》,专集之一,林志钧编,中华书局1989年版,第28页。
⑤ 梁启超:《饮冰室合集》,文集之三,林志钧编,中华书局1989年版,第24页。
⑥ 梁启超:《饮冰室合集》,文集之二,林志钧编,中华书局1989年版,第14页。
⑦ 梁启超:《饮冰室合集》,文集之一,林志钧编,中华书局1989年版,第60页。
⑧ 梁启超:《饮冰室合集》,文集之二,林志钧编,中华书局1989年版,第1页。
⑨ 梁启超:《饮冰室合集》,文集之二,林志钧编,中华书局1989年版,第56~57页。

戊戌变法时期梁启超已把对"智"的推崇上升到历史观的高度,形成唯智史观或主智主义(Intellectualism):

> 吾闻之,春秋三世之义,据乱世以力胜,升平世智力互相胜,太平世以智胜……世界之运,由乱而进于平;胜败之原,由力而趋于智。故言自强于今日,以开民智为第一义。①

广义的"智",除指知识、智慧外,还包括品德或人格等理性品格。梁启超认为,由"力"趋"智"是人类历史演化的模式,"智"是一个社会发展的主要动力,是决定一个社会强弱贫富的根本因素,是确定一个社会文野高下的主要标志。

正是依据这种唯智史观,梁氏在政治思想上引申出"权生于智"的理论,即主张政治参与程度取决于国民程度或国民素质。他在《论湖南应办之事》中写道:

> 今之策中国者,必曰兴民权。兴民权斯固然矣,然民权非可旦夕而成也。权者生于智也,有一分之智,即有一分之权;有十分之智,即有十分之权……是故权之与智,相倚者也。昔之欲抑民权,必以塞民智为第一义;今日欲伸民权,必以广民智为第一义。②

梁氏又于《湖南时务堂札记批》中写道:"凡权利之与智慧,相依者也。有一分之智慧,即有一分之权利;有百分之智慧,即有百分之权利;一毫不容假借者也。故欲求一国自立,必使一国之人之智慧足可治一国之事,然后可。"他在联系中国现实时,进一步指出:"今日之中国,其大患总在民智不开。民智不开,人材不足,则人虽假我以权利,亦不能守也。士气似可用矣,地利似可恃矣,然使公理公法之学不明,则虽有千百忠义之

---

① 梁启超:《饮冰室合集》,文集之一,林志钧编,中华书局1989年版,第14页。
② 梁启超:《饮冰室合集》,文集之三,林志钧编,中华书局1989年版,第41页。

人,亦不能免于为奴也。诸君既共识此意,急求学成,转教他人,一而十,十而百,百而千,千而万,使人咸知有公理公法之学,则或可以不亡也。"①

我们说,"以开民智为第一义"的观点,"权生于智"的理论,强调民主政治制度对国民素质的依赖,具有相当的历史合理性。在相对落后的国家中进行以追赶外国先进国家为主要目标的近代化运动,必然面临一个极其严峻的启蒙教育任务。中国近代化的动力,首先来自外部挑战所引起的民族生存危机。最先高度觉悟到这种民族生存危机的是具有较深中学底子而又对西方文化有较多接触和了解的少数人。他们抛弃民族中心主义观念,率先深入了解宇宙知识、世界大势、西方情形,并使其西学知识与有关传统特质之间进行有效交流,扎下根须。②他们迫切需要把其觉悟传导给那些继续生活在旧模式中、对外部世界还懵懂无知或知之甚少的多数人,以减少近代化的阻力,增加近代化的动力。所以,"开民智"(梁氏所谓"新义凿沌窍,大声振聋俗"③)成为变法维新运动顺利开展的首要前提。就像梁氏说的,"发端经始,在开广风气,维新耳目,译书印报,实为权舆"。④

在中国近代化的过程中,梁启超始终贯彻"开民智"思想,并在此思想指导下进行了大量活动。他也因此获得了"天才的宣传家""近代中国最卓越的启蒙大师""中国文化走向现代的无可争议的先驱者"等称号。但是这种"以开民智为第一义"的

---

① 李华兴、吴嘉勋编:《梁启超选集》,上海人民出版社1984年版,第61~62页。
② 19世纪90年代,正是通过改良运动中的弄潮儿康、梁等人的巨大努力,"西学和传统文化之间建立起具有重大意义的文化交流……因此,19世纪90年代的改良运动是一场真正的思想运动"。参见张灏:《梁启超与中国思想的过渡(1890~1907)》,崔志海、葛夫平译,江苏人民出版社1993年版,第3~4页。
③ 丁文江、赵丰田编:《梁启超年谱长编》,上海人民出版社1983年版,第33页。
④ 梁启超:《饮冰室合集》,文集之一,林志钧编,中华书局1989年版,第131页。

思想,极易滑向历史观上的唯智论。

唯智史观,作为一种历史观,有其致命的缺陷。唯智史观,在强调重视培育人的知识智慧与理性品格的同时,却忽视了在漫长的历史中自然(无意识中)形成的外在社会生存条件及其对主体素质的基本影响。从社会的角度看,梁氏不够重视经济基本生活方式对社会政治、文化制度的基本制约作用,对主体素质的基本决定作用。从主体角度看,梁氏不够重视非理性、无意识、物质利益要求对主体活动的基本驱动性或基本制约性。已有一些中国历史研究者注意到这方面的问题。萧公权先生曾论述道:

> 民主不可能随叫随到,即使最有决心的改革派与革命派也难立致。如历史可提供线索,建立民主的捷径,除了良好的环境与领袖外,要有许多像1775年在美国殖民地争取自治的、普利斯顿队长(Captain Preston)一样的农民,虽然他们从未听到哈林顿、薛地尼、洛克等人所倡导的"自由的真谛"。①

台湾学者张朋园先生在《梁启超与民国政治》一书中,也论及梁氏"一向有意无意忽视中国的土地问题","未能及时注意到农村的土地问题","未尝真正深入民间发现疾苦",在政治舞台上因"毫无凭借""没有实力后盾"而导致失败。② 尽管张先生论述的是民国时期梁启超的政治生涯,但其所揭示的唯智倾向

---

① 萧公权原注:"对 Judge Mellen Chamberlain 在1842年所提出的问题:'什么因素促使农夫在1775年起而作战?'康科特(Concord)91岁的老兵普利斯顿(Preston)队长回答说:'我们自治,一向如此,他们没有告诉我们必须如此。'他们对抗英军,既非由于反对的感觉,也非'读了哈林顿、薛地尼、洛克等人关于自由真谛的著作'。"(萧公权:《近代中国与新世界:康有为变法与大同思想研究》,汪荣祖译,江苏人民出版社1997年版,第227页。)

② 张朋园:《梁启超与民国政治》,台北食货出版社有限公司1981年再版,第203、224、300、301页。

及其政治后果在梁氏一生中是具有典型意义的。

戊戌变法时期康、梁政治思想具有基本的相同性。按照梁启超自己比较夸张的说法,"启超之学,实无一字不出于南海"。① 康有为对梁启超的思想影响,在戊戌变法时期,具有根本性的意义,主要表现在"以群为本,以变为用"的学说。然而,即使在戊戌变法时期,康梁思想也已表现出相当的差异。萧公权曾指出:"任公思想,自始即非南海所能范围。后此康梁分手,乃裂痕之逐渐增阔,而非突然背弃师说。"② 联系史实,笔者以为这一说法是合理的。③

思想创新,是人类创造性行动的前提,是社会创造性事业走向成功的基础。任何重大的社会文化变革和政治制度改造都必须首先确立其理论前提,对于中国这样有着厚重历史文化传统的后发外生型现代化国家来讲,更是如此。

美国政治社会学研究者安东尼·M.奥勒姆强调了政治信念对政治活动方式及其变迁、近现代国家建设过程的巨大重要性。他说:"政治研究者最重要的题目之一是政治信念或政治思想。人们如何思考政治世界、他们认为什么样的理想是有意义的、什么样的领袖和制度是值得重视的——所有这些政治信念,都在很大程度上影响了政治活动的方式。"他又说:"政治这个'彼岸'世界,并不是与我们无关的存在物。相反,它是由我们思考它的方式设立起来的。因而,要改变世界,就意味着要改变我们思考这个世界的方式;要改变政治,就要改变我们政治思想的性质。"他继续说:"无论政治社会学的哪一部分,都不如国家建设过程更生动地说明了观念的重大意义……事实上,

---

① 《汪康年师友书札》(二),上海古籍出版社1986年版,第1862页。
② 萧公权:《中国政治思想史》(二),商务印书馆1948年版,第364页。
③ 关于戊戌变法时期康有为、梁启超思想的异同,可参阅龚郭清:《追求民族富强和人性圆满——戊戌变法时期梁启超政治思想透视》第七章第三小节"试论戊戌变法时期康梁之异同",西北大学出版社2003年版,第232~242页。

有些观察家认为,确定和维持一批共同信念,是长期曲折的斗争,是国家建设的中心。"奥勒姆还特别指出铸造现代政治信念这一历史使命的挑战性或艰巨性——"是促成国家建设的最困难的方面","是国家建设中最有挑战性的方面"。①

　　在本章介绍的戊戌维新时期四位主要思想家中,梁启超尚未形成自己独立的思想体系,他主要宣传"南海先生"的思想主张,是一位优秀的宣传家。谭嗣同的思想最激烈,但尚不为人所知,其主要代表作《仁学》于戊戌政变后才问世。严复对西学所知最深,其《天演论》影响巨大,但其较少直接参加政治活动。戊戌维新时期指导维新运动的领袖人物是康有为。在康、梁、谭、严之外,还活跃着其他一些改良主义思想家,如陈虬、陈炽、宋恕、何启等。

---

① [美]安东尼·M.奥勒姆:《政治社会学导论——对政治实体的社会剖析》,董云虎、李云龙译,张妮妮校,浙江人民出版社1989年版,第348、380、396、397页。

第三章　社会维新运动

一、公车上书运动

"公车"即官车,汉代实行征聘制度,士大夫应举到京做官,由公车备车接送。后来以"公车"代指入京应试的举人。上书,是指向皇帝上书言事。公车上书即入京应试的举人向皇帝上书之意。

1895年是清朝每三年举行一次的科举考试之期,参加者为举人,考取者为贡士,经殿试合格后成为进士。为此,各省举人于当年4月云集京师。4月17日,李鸿章与日本签订《马关条约》,包括割让台湾、澎湖列岛和辽东半岛,赔款二万万两白银等空前苛刻条款,"电至京师,举国哗然",[①]群情激愤,舆论沸腾。条约须经两国中央政府批准方能生效,皇帝尚未盖玉玺,还有一丝挽回的希望。

据康有为《我史》称,"李鸿章求和,议定割辽、台,并偿款二万万两。三月二十一(4月15日),电到北京,吾先知消息"。[②]

---

① 沪上哀时老人未还氏:《公车上书记》,中国近代史资料丛刊《戊戌变法》第二册,上海人民出版社、上海书店出版社2000年版,第154页。
② 茅海建:《〈我史〉鉴注》,三联书店2009年版,第63页。

此类消息,很可能是政治高层有选择地向外透露的,想让下层官员及公车们上书反对条约、反对李鸿章甚至要求拒和再战。按照当时的规定,没有直接上奏权的京官上书,由本衙门堂官代奏;而没有直接上奏权的外官及民人上书,皆由都察院代奏。代奏的京官衙门与都察院须查明上书是否有"悖逆"字样,并用馆阁体抄录进呈。至于未通籍的外省公车,亦须有本省京官出具甘结。因此,公车们的上书拖至四月六日(4月30日)才由都察院代奏。

根据军机处相关档册,1895年春入京会试的公车有着大规模的上书活动:各省单独或联名的公车上书为31次,加入人数为1555人次;公车参加官员领衔的上书为7次,加入人数为135人次。①

受到《马关条约》震动的不仅是天下布衣,还有众多的官吏。据《军机处随手登记档》,从4月16日(条约签字的前一天)至5月7日(烟台换约的前一天)22天中,各级官吏所上反对缔结《马关条约》的奏折、条陈共69件,恳请皇帝拒绝签约。②短时间内,如此众多官吏上书言事,发表不同政见,在以前是极为罕见的。他们大都出于忠君爱国的传统观念,但在朝廷内形成了一股拒约的气氛,使维新派不至于孤立;其中一些大胆开明者,开始与维新派接近,成为皇帝了解民情的桥梁。

四月七日(5月1日)天津出版的《直报》,以《同深共愤》为题刊文:

> 三月二十八日,都察院署前,拦舆联名递呈者,有三十余名之多,皆系京官。三十日,又有递呈者六十余名,闻系各省在京就职及孝廉诸公。同具公呈,恳请代奏,诸公情愿捐饷,自行攻剿,至议和各节,断不

---

① 茅海建:《〈我史〉鉴注》,三联书店2009年版,第67页。
② 林克光:《革新巨人康有为》,中国人民大学出版社1990年版,第139～143页。

可从,大略相同。①

民情鼎沸,但声势还不够。各省分别上书,毕竟给人一种散乱的感觉,应该有一次联合的行动,大震朝廷一下,使深宫中的皇帝知道京城到底发生了什么。康有为与弟子们经过策划,决定联合全国18省的举人来一次大集会、大上书,地点定在京师宣武门外达智(炸子)桥胡同12号的松筠庵。

松筠庵原是明朝爱国忠臣杨继盛(1516~1555,字仲芳,号椒山)的故居。杨氏因先后上书弹劾宁侯仇鸾和奸相严嵩,两次入狱,受尽严刑拷打,坚贞不屈,终于被害。乾隆年间,人们将其故居修葺一新,作为祭祀他的祠堂;道光中,将其当年书写弹劾严嵩奏章的书房,由3间扩建为5间,称为"谏草堂",将其弹劾仇鸾、严嵩的谏言草稿,刻石嵌于东西两壁,一直保存完好。这里环境清幽,交通方便,向为文人雅士集会、议论时政、游宴赋诗之所。康有为选择松筠庵的谏草堂作为各省举人集会商讨联名上书的地点,让举子们置身于前朝忠臣充满正气的遗迹之间,不能说是没有深意的。

集会期定于5月1日、2日、3日连续三天,方式是到会之人"传观"一份一万八千字的上皇帝书(《上清帝第二书》或《公车上书》)并在上面签字。② 这是康有为用一天两夜时间奋笔疾书而成,边写边请梁启超、麦孟华缮写的。中日代表原定于5月8日在烟台换约,康有为等人打算赶在条约批准之前,于5月4日递交都察院代奏。根据前敌主帅的敌我态势判断、津沽海啸及俄国等国的态度,光绪帝于2日批准《马关条约》。至4

---

① 茅海建:《〈我史〉鉴注》,三联书店2009年版,第69页。
② 公车上书人数,各种记载多有出入。《康南海自编年谱》称1200余人;梁启超《戊戌政变记》、沪上哀时老人未还氏《公车上书记序》均称1300余人;康有为公车上书记事诗、梁启超《三十自述》又均称3000人,可能是把各省分别上书的人数计算在内。《公车上书》所附签名录则仅有吉林、直隶、江苏、安徽、山西、陕西、甘肃、福建、江西、湖北、湖南、四川、广东、广西、云南、贵州16省602人。因途中取回"知单",故仅得此数。

日,来人已甚少,联省公车上书的行动自然中止。都察院并没有如康有为宣称的"以既已用宝,无从挽回,却不收",而是康有为根本没有去投。①

这次大规模的公车上书虽未实现,但康有为撰写的上皇帝书,人们争相传抄,"遍传都下",②"煌煌之文,惊天地泣鬼神",③起到了振聋发聩的作用。该文在各省公车的心田播下爱国、变法的种子,并通过他们播向全国各地。美国公使田贝在5月3日即向康有为索取上书稿,传至海外。会试结束,南方各省举人南下至沪,宣传公车上书的盛况,传布上书抄本,很快就有《公车上书记》刻本广为流传,产生了启蒙作用,促进了思想解放运动。

笔者以为,由于没有把上书递呈到皇帝案上,所以未能阻止清政府批准条约,有人说"公车上书"作为一次历史事件或一场历史运动未完成或"夭折",有一定的道理;但从更广大的社会史、文化史角度来看,从当时所产生的广泛的社会影响来说,"公车上书"走向社会并发生重大影响,比送交皇帝御览,实现了更大程度上的"完成"。

把公车上书说成"知识分子的联合政治运动"④或"中国近代史上所发生的第一次学潮",⑤似乎都没错。但更全面的说法似乎应是:公车上书运动使酝酿多年的维新思潮开始发展成为实际的政治运动,是近代中国维新派独立发动、领导的第一次群众性的政治运动,是近代新型知识分子登上政治舞台的标志。公车上书中的主张,较全面地反映了新兴知识分子的社会政治要求,后来成为戊戌变法的基本纲领和主张。所以说,公

---

① 茅海建:《〈我史〉鉴注》,三联书店2009年版,第69~75、78页。
② 楼宇烈整理:《康南海自编年谱(外二种)》,中华书局1992年版,第26页。
③ 沪上哀时老人未还氏:《公车上书记》,见康有为:《康有为全集》第2集,姜义华、张荣编校,中国人民大学出版社2007年版,第46页。
④ 郭廷以:《近代中国史纲》,中国社会科学出版社1999年版,第300页。
⑤ 唐德刚:《晚清七十年》,岳麓书社1999年版,第303页。

车上书运动,是戊戌维新运动的开端,是戊戌变法的先声,并确立了康有为作为维新变法运动领袖的地位。

二、创立"学会"

1. 创立强学会

公车上书失败后,灰心者四散离去,勇猛者再接再厉。5月22日朝考后,康有为又把公车上书中关于变法部分加以引申充实详及用人行政之本,撰写《上清帝第三书》,以进士的身份,于5月29日递交都察院,呈请代奏。都察院于6月3日代奏。第三书是光绪帝第一次读到康有为的上书,也是戊戌前五次上书中唯一上达御览的一次,受到光绪帝的高度重视,以"另缮同折"当时不多见的方式来处理。① 通过这次上书,康成为向皇帝提出开议院建议的第一人。

鉴于第三书"仅言通变之方,未发体要及先后缓急之宜",康有为又以工部主事身份,于6月30日撰《上清帝第四书》,结果根本没有到达皇帝跟前。康有为想回广州继续讲学著书,户部郎中、军机章京陈炽,刑部郎中、总理衙门章京沈曾植,极力挽留,认为"时有可为,非仅讲学著书之时"。② 按照梁启超在《戊戌政变记》中的说法,康有为感到,"望变法于朝廷,其事颇难,然各国之革政,未有不从国民而起者,故欲倡之下,以唤起国民之议论,振刷国民之精神,使厚蓄其力,以待他日之用"。③ 这里所说的"国民",主要是指官僚士大夫阶层,为了唤起他们觉醒,康有为特别重视报纸和学会的作用。康有为在《康南海自编年谱》中谈到为什么要在京师创立强学会时说道:"中国风气,向来散漫,士夫戒于明世社会之禁,不敢相聚讲求,故转移极难。思开风气,开知识,非合大群不可,且必合大群而后力厚

---

① 茅海建:《〈我史〉鉴注》,三联书店2009年版,第96~99页。
② 楼宇烈整理:《康南海自编年谱(外二种)》,中华书局1992年版,第28页。
③ 梁启超:《饮冰室合集》,专集之一,林志钧编,中华书局1989年版,第126页。

也。合群非开会不可。在外省开会,则一地方官足以制之;非合士夫开之于京师不可,既得登高呼远之势,可令四方响应,而举之于辇毂众著之地,尤可自白嫌疑。故自上书不达之后,日以开会之义,号之于同志。"①

康有为创立强学会的活动,得到了与他声气相求的帝党官僚陈炽的帮助。陈炽(1855~1900),江西瑞金人,官任军机处章京,身居枢要而不忘天下利病。曾游历天下,考察政俗,深知吏治腐败,不改革不足以言富强。公车上书遭守旧党破坏而失败后,陈炽感慨万分,说道:"京师者,天下之首善也。移风易俗,必自根本起。"②陈炽非常受翁同龢的信任,③可在思想上与康有为更为接近。他是翁、康两派的桥梁人物。1895年北京强学会成立,他热情参加,重要性仅次于康有为。④ 有史料表明,1895年秋,即成立强学会前夕,康、陈之间已有相当密切的关系。除此之外,由于翁同龢等帝党高层官员的暗中介绍和康有为自己的多方联络,康有为、梁启超等维新派与京中不少开明官员建立了联系。

北京强学会成立的具体情形,还不十分清楚。茅海建、汤志钧等人根据相关资料,得出大体结论:第一,强学会最初由杨锐、张权(张之洞长子)、康有为、沈曾桐、沈曾植、陈炽、袁世凯、陈允颐等人发起,时在7月底8月初,最初集款约"两千"。其正式成立时间为10月,地点在北京宣武门外后孙公园。康有为于8月底离开北京,虽没有参加该会的实际工作,但有倡导之作用。第二,强学会,似又可称强学书局,以陈炽、丁立钧、沈曾植、张孝谦为总董,沈曾桐、文廷式为副董,张孝谦(军机大臣

---

① 楼宇烈整理:《康南海自编年谱(外二种)》,中华书局1992年版,第29~30页。
② 赵柏岩:《陈农部传》,赵树贵编:《陈炽集》,中华书局1997年版,第385页。
③ 1895年4月17日,即马关谈判最关键之时,翁同龢以陈炽的《庸书》与汤震的《危言》同时进呈光绪帝。(陈义杰整理:《翁同龢日记》第五册,中华书局1997年版,第2795页。)
④ 王栻:《维新运动》,上海人民出版社1986年版,第59页。

李鸿藻的得意门生)主其事。加入其中的京官数量甚多。第三,北京强学会成立后,每隔十天集会一次,康有为等人发表演说,宣传变法图强。强学会的主要工作是编刊、译书,其刊《中外纪闻》以汪大燮、梁启超为主笔。第四,强学会内部成分复杂,"局中意见各不相下"。①

强学会内主要有三种势力:一是康有为、梁启超、麦孟华等维新派,为强学会的发起者;二是陈炽、文廷式、沈曾植等帝党小官僚;三是袁世凯、张孝谦、张仲炘等一批政客。此外,还有一些以传教士为主体的欧美人士,如李提摩太、李佳白、毕德格等。②

1895年下半年,康有为、梁启超等人联络帝党官僚在京师发动成立了强学会,民间的维新派和朝廷中的同情变法者开始携起手来,风雨同舟,共度时艰。强学会是中国维新势力仿照欧美政党形式建立起来的全国第一个公开合法的政治性团体,是他们有组织地在社会上公开从事政治活动的开端。

1895年10月17日,康有为出京南下,赴沪去创立强学会的分支机关——上海强学会。11月,康有为曾到南京,"居二十余日,游说张香涛(张之洞)开强学会。香涛颇以自任"。③ 时署两江总督的张之洞,对康有为评价很高,"许为杰出的人才","极倾倒之"。④ 张之洞捐私款五百两,拨公款一千两,作为上海强学会的创办经费。强学会以"专讲中国自强之学"⑤号召四方。中国积弱积贫,人心思变。一些稍知时势、讲求"洋务"的官僚也愿意加入强学会,张之洞、李鸿章、袁世凯都是这样的一批人。

---

① 茅海建:《〈我史〉鉴注》,三联书店2009年版,第129~133页;汤志钧:《戊戌变法史》,上海社会科学院出版社2003年版,第167~190页。
② 闵杰:《戊戌风云》,上海书店出版社1998年版,第48页;汤志钧:《戊戌变法史》,上海社会科学院出版社2003年版,第179~186页。
③ 茅海建:《〈我史〉鉴注》,三联书店2009年版,第150页。
④ 茅海建:《〈我史〉鉴注》,三联书店2009年版,第152页。
⑤ 茅海建:《〈我史〉鉴注》,三联书店2009年版,第153页。

上海是晚清时期中国与西方世界联系的窗口,是当时中国风气最开通的地方,革新派势力比较强大,强学会的成立进展顺利。11月下旬,上海强学会定会址于跑马场西头的王家沙一号。12月,康有为撰《上海强学会序》,借张之洞的名义,在《申报》等报刊上发表,号召人们入会,合群体之力,共图维新大计。随后,又与黄体芳、梁鼎芬、龙泽厚等16人发布"公启",宣布该会宗旨是"专为中国自强而立"。① 1896年1月,上海强学会正式成立,张謇、蒯光典、陈三立等江南名士和江浙维新派几乎尽入其中,因此,上海强学会的锐气强于京师强学会。②

强学会开天下集会结社风气之先。最初筹办时,所有的发起人在讨论使用什么名称时,都不赞成用"会"这个字眼,因为"会"与"社"代表着"结党",为清代200多年的法令所严禁。康有为坚持要用"会"字来为强学会这个新成立的组织定名、定性。梁启超在1901年12月发表的《南海康先生传》中写道:"强学会之开也,余与其役。当时创议之人,皆赞此举,而惮会之名号,咸欲避之,而代以他字,谓有其实不必惟其名也。而先生斷斷持之,不肯迁就。余颇怪焉。先生曰:'吾所以办此会者,非谓其必能成而有大补于今时也,将以破数百年之网罗,而开后此之途径也。'后卒如其言。先生之远识大胆毅力,大率类是。乙未、丙申以后,先生所欲开之学风,渐萌芽浸润于全国矣。"③

康有为力排众议,强学会堂而皇之地亮出了会名。以后的事实证明,众人的担心并非多余,而康有为的识见更高人一筹。

强学会成立后,谤议四起,只因有帝党支持,有李鸿藻等几位重臣为后援,顽固派一时不便有所动作。但强学会得罪了李鸿章。李鸿章想入会博取声誉,但其名声不佳,被拒之门外。

---

① 康有为:《康有为全集》第2集,姜义华、张荣编校,中国人民大学出版社2007年版,第93页。
② 刘志琴主编:《中国近代社会文化变迁录》,闵杰著第二卷(1895~1911),浙江人民出版社1998年版,第11~12页。
③ 梁启超:《饮冰室合集》,文集之六,林志钧编,中华书局1989年版,第62~63页。

李怀恨在心,当时正奉命出国,咬牙切齿扬言:"若辈与我过不去,我归,看他们尚做得成官否?"①1896年1月21日,李鸿章儿女亲家、御史杨崇伊②上弹劾强学会("强学书院")之折,即"京官创设强学会大干法禁据实纠参折",称"流弊所极,必以书院私议干朝廷黜陟之权,树党援而分门户"。同日,光绪皇帝下谕"查明封禁"京师强学会("强学书院")。③ 1月26日,上海《申报》刊出"强学停报":

> 昨晚七点钟,南京来电致本馆云:自强学会报章未经同人商议,遽行发刻,内有廷寄及"孔子卒后"一条,皆不合现规,各人星散,此报不刊,此会不办。同人公启。④

此电系张之洞授意所发,借以向社会公开宣布上海强学会已经停办。由此可知,上海强学会于1月25日停办。⑤ 这里所指"内有廷寄及'孔子卒后'",是指《强学报》创刊号,封面上公然注明"孔子卒后二千三百七十三年",冠于"光绪二十一年"之前,以及刊录光绪二十一年闰五月二十七日之"上谕"。这种做法,确实有点离经叛道,"不合现规"。康有为曾在书信中说:"纪年事,南皮原面许,今一切全翻。"又说:"或谓沪局之停,知京朝有此消息,故借端于廷寄、纪年之事而誓散云。"⑥即称张之洞等人有变,是因为听闻京师强学会被劾,"廷寄、纪年"只是其借口。

张之洞显然属于洋务派。作为洋务派大吏,他为什么会支

---

① 汪大燮:《致汪康年、贻年书》,《汪康年师友书札》(一),上海古籍出版社1986年版,第731页。
② 杨崇伊之子杨云史娶李鸿章孙女(李经方之女)。茅海建:《〈我史〉鉴注》,三联书店2009年版,第144页。
③ 茅海建:《〈我史〉鉴注》,三联书店2009年版,第146~147页。
④ 《强学停报》(消息),《申报》,光绪廿一年十二月十二日(1896年1月26日)。
⑤ 刘志琴主编:《中国近代社会文化变迁录》,闵杰著第二卷(1895~1911),浙江人民出版社1998年版,第12页注①。
⑥ 康有为:《康有为全集》第2集,姜义华、张荣编校,中国人民大学出版社2007年版,第100、101页。

持维新运动？这是因为当共同面对民族生存危机时，洋务派与维新派都有"求变"的想法，在变革的内容与方法上有某些共通之处。如《劝学篇》就不反对变法，认为除了三纲四维，除了民权，"虽孔、孟复生，岂有议变法之非者哉？"①张之洞提出一整套变科举、设学堂、改学制、派游学、广译书、开矿藏、修铁路、讲求农工商学、发展近代工业等主张。张之洞这些追求"变通之利"的主张与维新派的某些具体变法主张是共通的。这就不难理解张之洞对初期的维新运动的支持和持合作态度了。梁启超后来讲："甲午丧师，举国震动。年少气盛之士，疾首扼腕言'维新变法'。而疆吏若李鸿章、张之洞辈，亦稍稍和之。"②所谓"稍稍和之"，就是一定程度的共鸣与合作。康有为在政变后也曾致书李鸿章，称李在维新运动中"助吾革政"，是"维新之同志"。③当然，由于张之洞坚持"夫不可变者，伦纪也……圣道也……心术也"，④反对"民权"，宣称"民权之说，无一益而有百害"，⑤拒绝"悖道之害"，与维新派的变法主张、变法目标存在根本性分歧，最终不免分道扬镳，甚至相互为敌。⑥

　　强学会以"会"立名，给了顽固派镇压的口实。但即便改用

---

① 苑书义、孙华、李秉新主编：《张之洞全集》第十二册，河北人民出版社1998年版，第9749页。
② 梁启超：《清代学术概论》，《梁启超论清学史二种》，朱维铮校注，复旦大学出版社1985年版，第79页。
③ 汤志钧编：《康有为政论集》上册，中华书局1981年版，第430页。
④ 苑书义、孙华、李秉新主编：《张之洞全集》第十二册，河北人民出版社1998年版，第9747页。
⑤ 张之洞：《劝学篇·内篇正权第六》，苑书义、孙华、李秉新主编：《张之洞全集》第十二册，河北人民出版社1998年版，第9721页。
⑥ "有变通之利，无悖道之害"之说，见张之洞1898年8月6日致黄绍箕电。[茅海建：《戊戌变法期间张之洞之子张权、之侄张检、张彬的京中密信》，《中华文史论丛》，2010年第3期（总第九十九期），第40页。]1898年6月9日，张之洞干脆称："康徒，乃邪教会匪。"茅海建通过研究诸多"张之洞档案"，得出最突出印象："到了戊戌变法的关键时刻——'百日维新'阶段，张已视康为政敌。"（同上文，第63、64页）

别称,镇压也是迟早之事。京师是君主专制统治的中心,辇毂之地,岂容人"植党营私"("封禁"谕旨中语),开天下结社之风?然而,近代中国的一大特点是:社会风气一旦开,统治者的一纸禁令就很难阻止它继续前进。在此后的三年间,维新派又成立了百个左右的社会团体,绝大部分使用了"会"这种名称。所以梁启超不无感慨地说:"我国之有协会,有学社,自此始也。"①

自有强学会,中国新型知识分子再不是一盘散沙。书生议政的背后,是一股有组织的群体力量。

2. 戊戌学会概述

"戊戌学会",是对戊戌维新时期创立的倾向维新的社会团体的总称,其中有些激进的学会还略带一点政党的味道。

为什么当时要称社会团体为"学会"?

"会"是聚合之意,指结社,指团体,指组织。"学",指学问。因此,从字面上理解,"学会"就是切磋学问的会社。同样,强学会就是探讨有关"中国自强之学"的会社。

康有为创办强学会时,因用了一个"会"字,招来了取缔的麻烦;但倘若强学会没有一个"学"字,它根本就创立不起来。所以,打出做学问的旗号,称会社为学会,维新派的第一个用意,就是在封建禁令的严密控制下,使这些团体能够顺利组织起来。法律不准民间集会立社,中国人如一盘散沙。通过立会,可以使涣散的个人转变为凝聚的群体。借助于纵横连贯的大大小小的"会",构成社会、国家新的基础。对外可以增强中华民族的凝聚力,与列强争胜;对内可以成为变法维新的社会中坚,与政府抗争。

事情还不仅限于此,维新派还要"寓学于会"。"学"包括学术研究、学术讨论、学术传播,重点是研究、讨论和传播"中国自

---

① 梁启超:《戊戌政变记》,梁启超:《饮冰室合集》,专集之一,林志钧编,中华书局1989年版,第127页。

强之学"。"学",有"中学""西学"之别。维新派也主张"中学为体,西学为用",但他们反对"洋务式"的"中学为体,西学为用"。与主要指传统"三纲""纲常名教"和传统社会政治制度的洋务派"中学"不同,维新派心目中的"中学"(散发着人性光芒、寄寓着理想价值的"经史"——"必通经史,乃厚本原"①),以古代经义中仍然保存的全人类共通或"暗合"的普遍理想价值或"元价值"(如"仁智勇"或"真善美"的人文理想价值,"天下为公"的社会太平大同理想,或天地万物人我一体共生的仁道理想;康有为说:"师古人之意,不师其器也。"②)为核心成分;与主要指自然科学技术或"机器"的洋务派"西学"不同,维新派心目中的"西学"(承载着、体现着19世纪末世界大潮的"时变"或"时务"),既包括近代西方自然科学技术,又包括近代西方社会政治学说和社会政治制度("内政、外交乃时务之切要"③)。④

在当时的用语中,"西学"相当于"西方文化"。它包括三个层次:物质文化或称"器物"文化,如军舰、机器、科技产品;制度文化,如民主共和制、君主立宪制;观念文化,指西方的各种社会政治学说。三个层次由低到高,当时维新派为变法需要,特别强调制度文化,但并不忽略其他两个层次,他们认为三者是个统一体,学"西学",应该是全部都学,正如同变法,不变则已,

---

① 康有为:《长兴学记 桂学答问 万木草堂口说》,楼宇烈整理,中华书局1988年版,第15页。

② 康有为:《康有为全集》第1集,姜义华、张荣编校,中国人民大学出版社2007年版,第52页。康有为以"仁"为"道本"(康有为:《康有为全集》第2集,姜义华、张荣编校,中国人民大学出版社2007年版,第389页),而张之洞则以"三纲四维"为"道本"(《劝学篇·外篇变法第七》,《张之洞全集》第十二册,河北人民出版社1998年版,第9749页)。

③ 《请酌定各项考试策论文体以一风气而育人才折(代徐致靖拟)》,汤志钧编:《康有为政论集》上册,中华书局1981年版,第315页。张之洞在《劝学篇》中也讲"变法"或"西政为要",但他主张的是局部的行政制度或法律制度改革,而非根本的政治制度改革。

④ 龚郭清:《论戊戌变法时期康有为会通中西的贡献》,《浙江师范大学学报》,2004年第6期。

要变就全变一样。

所以,概括起来说,维新派兴办学会的目的,就是组织人民,教育人民。谭嗣同指出:"今日救亡保命,至急不可缓之上策,无过于学会者。吾愿各府州县,就所有之书院概改为学堂、学会,一面造就人材,一面联合众力,官民上下,通为一气,相维相系,协心会谋。"①

清代社会结构,由官、绅、民组成。官是统治阶层,民指下层群众,绅即绅士,指已经取得功名身份的读书人。绅是介于官与民之间的一个阶层。取得功名,并不一定能授予官职,这时,他属于不当权的在野派,但有很高的社会地位;一旦授官,则成为统治者。绅有大绅士与中小绅士的区别。大绅士往往是已经退职的官僚,不仅与官府有千丝万缕的联系,而且地方官对他们还十分畏惧。中小绅士社会地位低得多,与民比较接近。

维新派办学会,主要是想把绅士这个社会中间阶层组织起来,特别是中小绅士。他们认为,平民处于愚昧状态,而且人数太多,不易组织。要教育和组织他们,必须通过绅士。所以梁启超曾经讲过:"欲兴民权,宜先兴绅权;欲兴绅权,宜以学会为之起点。"②他的意思是说:要给人民以民主自由的权利,首先应给绅士阶层,通过学会讲讨、教育,使他们懂得如何运用民主权利,而后才能去组织民众;通过学会讲讨、教育,去除绅士头脑中的封建观念,更新他们的思想,才能通过他们去教育普通民众。

在官、民两大阶级对立的传统社会中,中小绅士基本上又归属于民这一阶层。所以维新派所说的开民智中的民,主要指的是中小绅士。他们创立的学会,大多数成员是中小绅士;他们创办的报刊,基本的读者对象也是他们。

---

① 蔡尚思、方行编:《谭嗣同全集》,中华书局1981年版,第405页。
② 李华兴、吴嘉勋编:《梁启超选集》,上海人民出版社1984年版,第75页。

在维新派广开民智的兴学会、办报刊和建学堂三项工作中,兴学会是最艰难的,因为它直接触及封建禁令,①但又是当务之急,不得不办。梁启超说:"夫能齐万而为一者,舍学会其曷从于斯?!"②这里指的是组织民众。梁启超说:"今日欲振中国,在广人才;欲广人才,在兴学会。"③这指的是"寓学于会",教育民众。正因为学会有这样两大功能,它便成为维新派广开民智首当其冲的"要着"。谭嗣同赞美学会,"大哉学会乎!所谓无变法之名,而有变法之实者","无议院之名而有议院之实"。④帝党官员和光绪帝之所以重视康有为,除他拥有较系统的变法思想之外,还因为他的背后有着大批各地学会的支持,他们代表着一支不容忽视的组织起来的社会力量。

从1895至1898年的3年中,维新派究竟成立了多少学会?经初步考证,闵杰认为比较可靠的戊戌学会至少有72个。另外,个别学会还附有分会。⑤《历史教学》1982年第9期封三还有个数字:103个学会。

如此众多学会的涌现,表明士人头脑中的禁锢已经在一定

---

① 清朝鉴于明末党争激烈,早在顺治九年(1652),礼部即定有学宫条款,严禁诸生"纠党多人,立盟结社"。此一条款,未能遏止结社的风气,到顺治十七年(1660),礼部给事中杨雍建上书言事,评论朋党之害,清廷遂有严禁结社的上谕:"士习不端,结订社盟,把持衙门,关说公事,相煽成风,深为可恶,着严行禁止。"(谢国桢:《明清之际党社运动考》,台北商务印书馆1967年版,第251~253页。)其后,迄于雍正、乾隆之世,复有文字狱兴起,士人噤若寒蝉。然以文会友的集结仍陆续出现。不过,这些名为"社"或"会"的小团体,只是进行些诗文唱和的活动,不是学会。戊戌时期的学会,在性质上更多的是依照西方学会,而不是由传统的诗社、文社、画社演变而来。(张玉法:《戊戌时期的学会运动》,《历史研究》,1998年第5期。)
② 梁启超:《致伍秩庸星使书》,《饮冰室合集》,文集之二,林志钧编,中华书局1989年版,第64~67页。
③ 李华兴、吴嘉勋:《梁启超选集》,上海人民出版社1984年版,第19页。
④ 蔡尚思、方行编:《谭嗣同全集》,中华书局1981年版,第437、438页。
⑤ 闵杰:《戊戌学会考》,《近代史研究》,1995年第3期。例如,不缠足会在全国共有27家,闵杰只算上海不缠足会1家。

程度上被解除了。这些学会大致可以分为三种类型:第一,政治性团体,如强学会、南学会、保国会等。第二,学术性、教育性团体,如湘学会、苏学会、化学公会、格致学社、舆算学会、三江学会等。第三,改良社会风俗性团体,如不缠足会、戒烟公会、延年会等。可见,当时办学会以启民智为目的,已涉及政治、学术、教育、风俗各个方面,内容是相当广泛的。

  细心的读者不难发现,有些团体并未标上一个"学"字,为何称为学会?须知,"学会"一词,是维新派对戊戌时期他们成立的社会团体的总称。初创时,为减少官方阻力和士人担心"结党"的顾虑,特意标明自己是"学会"而不是其他的什么"社""团"。未标明"学"字的学会,大多出现于1897年以后,此时,社会风气已开通2年,官方对民间办学会也已默认。而且这些团体大都是改良社会风俗的,如戒烟公会、不缠足会等,一则不甚犯忌,二则这些事情本来并不属于"学"的范围,加一"学"字,名实不符,有画蛇添足之嫌。到1898年学会林立,风气大开之际,一些政治性团体也竟敢不标"学"字了,如该年4月17日在北京成立的保国会。保国会是当时规模最大的政治性团体,有会员百余人,并准备以京师为总会,在各省遍立分会,合全国四万万人共振中华。保国会旗帜鲜明地亮出了它的政治意图,"按其章程,属政治团体,即'政党'",①所以难怪被别有用心者冠以"保中国不保大清"的罪名,并进行弹劾,要求"查禁"。

  湖南的南学会是一个很有特色的政治团体,它是1898年2月21日由维新志士熊希龄、谭嗣同等人发起,在本省巡抚陈宝箴、署按察使黄遵宪的支持下成立起来的,是一个全省性的团体,在浏阳、沅州、邵阳、岳州、武冈建立了分会。它当时的主要活动是演讲和办报刊,企图通过这两种方式,开湖南民智,长湘人才干,新湖南民德,然后慢慢使它过渡成为湖南省的地方议

---

① 茅海建:《〈我史〉鉴注》,三联书店2009年版,第372页。

政机关,湖南的一切地方兴革大事,都要交南学会会员讨论,议决后与地方官协商处理。这一设想因政变发生后南学会遭取缔未能实现,但在创办人的计划中,这个团体隐寓着地方议会的性质。

还有一些学会当时并不著名,但用历史的眼光来看,意义却不一般。例如,浙江的化学公会,是中国化学团体的始祖。创办人吴宗濂、邵章等说:"欲图自强,在兴格致;欲兴格致,在兴化学。"①这个团体每个月做两次化学实验,以验证所学。又如,杭州驻防旗营中的同学会("联合同志,一同学习"之意),是中国军队中最早出现的学会组织,创办时有会员40多人,都是满族旗营中倾向维新的士兵。上海的格致学社,是著名的自然科学家组成的社会团体。实际上,当时的许多学会在各自的领域中,都具有这种开风气之先的性质。

3. 主要学会社会政治功能分析

原先,人们主要把戊戌维新看作近代中国的第一场启蒙运动,兴学会、办报刊、建学堂是启蒙的三种主要形式,其中,兴学会居于中心地位。以此之故,戊戌学会一直为维新运动研究者所关注。20世纪80年代以来,随着中国社会史研究的深入开展,人们从社团史的角度对戊戌学会这批中国最早建立的现代意义上的社会团体也产生了浓厚的兴趣,戊戌学会由此成为中国近代史专题研究的一个分支。但目前的学者,在基本分类上还是倾向于将"兴学会"当作"开民智"的三种主要方式之一来对待。②

我们说,作为"人才乏绝,百举俱废"的19世纪末中国社会过渡时代的产物,戊戌时期的"学会"功能繁杂,包含有浓厚的学术内涵(学术讨论,知识传递)或改良社会风俗的意图(如不

---

① 董祖寿:《化学公会缘起》,《经世报》第5册。
② 闵杰:《戊戌风云》,上海书店出版社1998年版,第75~120页。

缠足会等），但也具有明显的政治功能。就维新派人士极力倡立的若干主要学会（强学会、保国会、南学会等）而言，我们可以说，它们已初步具备近代政党的基本功能：组织政治参与。① 康有为曾自注："开强学会于京师，以为政党嚆矢。"② 台湾学者张朋园先生认为，南学会"是一种双元功能的组织，既推动政治参与，复从事新知普及教育"。③ 1899 年，梁启超在第 26 册《清议报》发表的《自由书·传播文明三利器》一文中说："自强学会之后，各省倡立会名者，所在皆是，可谓极一时之盛。然不知外国所谓会者，有种种之类别，故将学会与政党、与协会、与演说会混而为一……中国此风，正在萌芽，亦无怪其然也。"④

　　1912 年 10 月 31 日下午，梁启超在《莅北京大学校欢迎会演说词》中说："盖强学会之性质，实兼学校与政党而一之焉。"⑤ 笔者以为，戊戌学会是介于古代"学校"（有人称黄宗羲《明夷待访录》中"所谓学校，宛如代议政体中的议会功能"⑥）与近代政

---

① ［美］塞缪尔·P.亨廷顿：《变化社会中的政治秩序》，特别是第七章《政党与政治稳定》。王照曾说："丁酉冬康有为入都，倡为不变于上而变于下之说，其所谓变于下者，即立会之谓也。"［中国史学会主编：中国近代史资料丛刊《戊戌变法》第四册，上海人民出版社、上海书店出版社 2000 年版，第 331 页。］此之"会"，即为保国会之类的"学会"，而非国会。（孔祥吉在《〈戊戌奏稿〉的改篡及其原因》一文中作此误解，见郭汉民主编：《中国近代史实正误》，湖南人民出版社 1989 年版，第 255 页。）所以，戊戌变法时期康梁等人设会的目的即是组织社会力量参与政治，以图"变于下"。
② 汤志钧编：《康有为政论集》上册，中华书局 1981 年版，第 163 页。
③ 张朋园：《中国现代化的区域研究：湖南省（1860～1916）》，台北近代史研究所 1983 年初版，第 189～190 页。又参见第 133、423 页。
④ 梁启超：《饮冰室合集》，专集之二，林志钧编，中华书局 1989 年版，第 41 页。
⑤ 梁启超：《饮冰室合集》，文集之二十九，林志钧编，中华书局 1989 年版，第 38 页。
⑥ 小岛博士语，转引自［日］小野川秀美：《晚清政治思想研究》，林明德、黄福庆译，台湾时报文化出版事业有限公司 1982 年初版，第 212 页。又可参季学原、桂兴沅：《明夷待访录导读》，巴蜀书社 1992 年版，第 63 页。

党之间的一个过渡环节。① 我们可以把康梁等人组织的若干主要戊戌学会(强学会、保国会、南学会等)定义为:以近代绅士为主体、②吸收部分开明官僚参加,③以救国、强国为宗旨,以政治改革及启蒙教育、社会改良④为目标的政治性集社,⑤它已具近代政党的雏形。⑥

1912年,梁启超曾在一次演说中回顾强学会成立的历史时说:"彼时同人固不知各国有所谓政党。"⑦此语恐不尽属实。1997年1月13日,《时务报》第17册公开发表了译自日本杂志的《政党论》一文,大声疾呼:"政党之与立宪政治,犹如鸟之双翼耳……英为一帝之国,美法为二共和之国,皆地球之雄邦,文明之中枢也,然观其所以能转大政、理国务者,未尝不因二大政党之力也。由是观之,政党与国运相关,以增长其进益,岂不伟哉?"⑧政治嗅觉灵敏的守旧派人士,常常比维新派人士更能一

---

① 《上海强学会章程》:"今设此会……略仿古者学校之规……"(中国近代史资料丛刊《戊戌变法》第四册,上海人民出版社、上海书店出版社2000年版,第389页。)梁启超说,"建立政治学校"是强学会"所办之事"的"五大端"之一。(梁启超:《饮冰室合集》,专集之一,林志钧编,中华书局1989年版,第127页。)
② 梁启超谓"士群","士立学会"。(梁启超:《饮冰室合集》,文集之一,林志钧编,中华书局1989年版,第102页。)
③ 《南学会总会章程》第三条称:"本会为官绅公有之权。"《湘报类纂》,长沙校经书院1902年编,丁集上第6a页。
④ 梁氏谓"智民而利国"。(梁启超:《饮冰室合集》,专集之一,林华书局1989年版,第29页。)
⑤ 梁氏于1912年曾称之为"政社"。(梁启超:《饮冰室合集》,文集之二十九,林志钧编,中华书局1989年版,第1页。)
⑥ 台湾学者张玉法写道:"在术语上,'会''社'为政党组织最初的形式之一,当时有意组建政党者,多以'会''社'为名,此本书使用'党会'一词的由来('社'之名较'会'为少),与传统性的秘密结社之称为'党会'有别。"(张玉法:《清季的立宪团体》,台北1985年再版,自序。)
⑦ 梁启超:《饮冰室合集》,文集之二十九,林志钧编,中华书局1989年版,第1页。
⑧ 《时务报》,光绪二十二年十二月十一日第17册。

针见血地指出新生事物的本质。文悌指斥保国会"其会规设议员,立总办,收捐款,竟与会匪无异";梁鼎芬指斥康梁等人"名为讲学,实与会匪无异"。①

郭嵩焘、薛福成、宋育仁等出使西国人员,都曾不同程度地介绍了西方政党制度及"公会""协会"等社团组织的社会政治妙用。② 但在神州大地上真正扎下根须的却是戊戌时期维新派创立的"学会"组织。戊戌学会,作为近代社团组织(其中绝大多数)和近代政党的雏形(其中少数几个),是戊戌时期最具现代性的制度因素或组织形式(亨廷顿指出:"现代政体区别于传统政体的关键乃在其民众政治意识和政治介入的幅度……现代政体的独具制度因此就是政党。"③)。创建、推广学会是戊戌时期康梁维新派的一大历史贡献。梁氏在1901年底撰就的《南海康先生传》中说,以康有为为首的戊戌维新派已经认识到"自近世严禁结社,而士气大衰,国之日屡,病源在此。故务欲破此锢习,所至提倡学会,虽屡遇反对,而务必达其目的然后已。其见忌于当世,此也一原因也"。由于维新派的不懈努力,终于"学会之风遍天下,一年之间,设会百数,学者不复以此为大戒矣"。④ 康有为"破数百年网罗"之开创之功不可没,梁启超、谭嗣同等大声疾呼的鼓吹之功和身体力行的开拓之绩也有目共睹。

原载于1898年7月31日和8月1日《国闻报》、被认为是严复所作的《论中国分党》一文,指出了甲午战后在中国精英阶

---

① 苏舆编:《翼教丛编》,上海书店出版社2002年版,第31、155页。
② 参见《郭嵩焘日记》第三卷,湖南人民出版社1982年版,第469~470页。《薛福成选集》,上海人民出版社1987年版,第592、603页。宋育仁:《泰西各国采风记》(《小方壶舆地丛钞》第十一帙再补编本),第19~20页。
③ [美]塞缪尔·P.亨廷顿:《变化社会中的政治秩序》,王冠华等译,沈宗美校,三联书店1989年版,第83页。又参塞缪尔·P.亨廷顿在《政治发展与政治衰朽》一文中关于"政党之首要性"的论述。见 Ikuo Kabashima and Lynn T. White III, eds., *Political System and Chang* (Princeton University Press 1986), pp. 133—139.
④ 梁启超:《饮冰室合集》,文集之六,林志钧编,中华书局1989年版,第62页。

层形成的"分党之势":"自甲午以后,国势大异。言变法者稍稍多见,先发端于各报馆,继乃昌言于朝,而王大臣又每以为不然,于是彼此之见,积不相能,而士大夫乃渐有分党之势矣。"①虽然从近代西方政党的标准来看,作者认为西人眼中的当时中国之三党["守旧党""中立党"(当时中国人所称的主变法的维新党)和"维新党"(以孙中山为首的革命党)]在实际上皆"不能成党",但毕竟描绘出甲午战后中国近代基本政治分野形成和中国近代政党运动发端的真实历史画面。

我们可以说,中国近代政党的两大源流,革命党与维新党,都发源于甲午战后民族危机空前严重之时。冯自由曾写道:

> 及甲申(清光绪十年)甲午(清光绪二十年)二役之败,割地丧师,民怨沸腾。有识之士,渐知非变法不足以图强,非革命不足以救国,于是有所谓革命、维新之政治团体出焉。主张驱逐满族创立民国之政治团体,曰兴中会,其首领为孙文、杨飞鸿;主张保存清王室变法图存之政治团体,曰强学会,其首领为康有为。孙杨康三氏皆粤人也。其初两派对于国事,宗旨颇接近。②

1894年11月,孙中山在海外檀香山创立兴中会,这是中国近代第一个革命组织,属秘密团体。而康有为创立的强学会是中国近代仿照西方"政党"形式成立的第一个公开合法的政治性团体,是以民族现代化为己任的中国近代新兴社会力量在社会上公开从事政治活动的开端。

还有,在康梁维新派利用"学会"从事"保中国不保大清"的政治活动③的同时,以孙中山为首的革命派也于1895年在广州

---

① 《严复集》第二册,中华书局1986年版,第487页。
② 冯自由:《中华民国开国前革命史》上册,良友印刷公司1928年版,第1页。
③ 可参阅黄彰健《论康有为"保中国不保大清"的政治活动》,见其著《戊戌变法史研究》上册,上海书店出版社2007年版,第1~67页。

"外假农学会名义"进行革命活动,而"农学会"成为一个掩护革命的机关。① 所以,吴其昌的说法有其道理:"甲午以后,国内各地各种'学会'已风起云涌。这种'学会',都是造成维新党与革命党的苗圃。"②所以,戊戌变法时期社会上、政坛上"论者纷纷疑会即为民主",是有较充分理由的,倒并不是维新人士在公开场合自辩时说的"不察之甚"。③

戊戌时期的梁启超认为,学会是近代政治体系的题中应有之义,是西方各国强大的奥秘之一,也是近代中国走向富强的重要社会政治前提——"实中国剥极而复一大键也"。④

三、创办维新报刊

1. 强学会创办机关报

1895年8月17日,康有为在北京创办了全国第一份维新报刊《万国公报》,后又在上海创办《强学报》,成为维新派的南北两大喉舌。

自1815年8月5日,世界上第一份中文近代刊物《察世俗每月统记传》⑤在马六甲创办以来,至1895年,整整80年,中国的报界舆论权多操于外国人之手。其间虽有中国人自办的报

---

① 冯自由:《革命逸史》,中华书局1981年版,初集第47页,第四集第10~11页。又参陈锡祺主编:《孙中山年谱长编》上册,中华书局1991年版,第85~87、90~91页。
② 吴其昌:《梁启超》,胜利出版社1945年再版,第99页。李桂海、黄兴涛《戊戌百年祭:一个近代化视角的思考》:戊戌学会组织"实际成为日后各种资产阶级政党组织的先导"。(《文史知识》,1998年第6期)
③ 中国近代史资料丛刊《戊戌变法》第四册,上海人民出版社、上海书店出版社2000年版,第383页。
④ 《会报叙》,《时务报》,光绪二十三年八月十一日(1897年9月7日)第38册。
⑤ 英国传教士马礼逊创办,麦都思、梁发、米怜等主办,内容以阐发基督教义、宣传自然科学知识为主,1821年停刊。见戈公振:《中国报学史》,三联书店1955年版,第65页;又见方汉奇、谷长岭、冯迈编:《近代中国新闻事业史事编年》,载《新闻研究资料》第8辑。

刊,如王韬在香港创办《循环日报》,伍廷芳在香港创办《中外新报》,陈蔼亭在香港创办《华字日报》,艾小梅在汉口创办《昭文新报》等,但因其影响较小或过早停刊,不足以打破外人在华垄断报业的局面。1895年6月,即维新派第一份报刊创办前两个月,上海《申报》介绍当时中国报刊大势时说:"自通商以来,西人来华者日众,中国风气较开。香港、广东、福建、上海、汉口、天津等处,先后开设报馆。又有教会各报及月报、七日报等,不下数十种。通上下之情,知四方之事,凡国家政教之损益,民间风气之厚薄,无不备载于中。阅之者,由此而知各省及各国紧要之事,其益匪浅……所惜者,中国之报究未广行。就现在所出之各报,而以四百兆人数计之,则阅报者恐不及千分之一。又况铁路未开,报亦难于畅远,是为美中不足。"①这些报刊在传播西学新知、开通社会风气方面,具有很大的作用,但缺乏维新运动所需要的政论性、战斗性篇章,难以激起人民革新政治的热情。

康有为自"公车上书"后,着力组织强学会。当时风气未开,官僚士大夫思想闭塞,要办学会,首先要开官智、开绅智,然后开民智。在讨论京师强学会的进行步骤时,陈炽主张,"办事有先后,当以报先通其耳目而后可举会"。② 所以,康有为于1895年8月17日,创办《万国公报》,为维新派之舆论机关。

该报由梁启超、麦孟华任编辑,为双日刊,每期登论文一篇,着意宣传康有为的变法主张;或转引其他报刊文章,介绍西方政教风俗。主要篇目有《地球万国说》《通商情形考》《论西国邮政》《报馆考略》《美国四百年大事记略》等。因上海广学会的《万国公报》刊行有年,在清政府官绅中有较大影响,康有为遂袭用其名,以利推广,由此也可见外国传教士对维新派的影响。

---

① 《论阅报有大益于人》(论说),《申报》,光绪廿一年五月二十日(1895年6月12日)。
② 楼宇烈整理:《康南海自编年谱(外二种)》,中华书局1992年版,第30页。

《万国公报》初时每期发行 1000 份,后增至 3000 份,随《京报》分送在京王公大臣和士大夫,不取报费。报纸发行后,影响甚大。康有为自述:"报开两月,舆论渐明,初则骇之,继则渐知新法之益。"①

《万国公报》共发行 45 期。强学会成立后,它于 1895 年 12 月 16 日改称《中外纪闻》,作为强学会的机关报,双日刊。

《中外纪闻》以梁启超、汪大燮为主笔,仍为双日刊,在内容上较《万国公报》有扩充,设有阁抄、译英国路透电报、选译外国报、摘录各省报等栏目,以介绍西方资本主义政治经济情况为主,兼及自然科学知识,并提出政治改革建言,起启人耳目的作用。最后一册是 1896 年 1 月 17 日,共刊行 18 期。

从《万国公报》的创刊到《中外纪闻》的停办,前后不足半年,却标志着一个新时期的开始。清代中前期,文字狱极为严酷,令人谈虎色变,直至清末,人们仍余悸未消,无人敢议朝政。辇毂之下,更噤若寒蝉。《万国公报》的创办,打破了无人敢在京师创办新报的局面,使北京地区第一次出现了中国人主办的近代化报刊。

《强学报》是上海强学会的机关报,1896 年 1 月 12 日创刊,似为五日刊,共出三号。②康有为创办,康门弟子徐勤、何树龄任主笔,内容以论说为主,政治色彩比前述北京的两份报纸更鲜明。主要论述有《开设报馆议》《孔子纪年说》《毁淫祠以尊孔子议》《变法当知本原说》《欲正人心先修法度说》等。它不仅标榜西学,而且直接提出"立议员,以通上下之情",公开表明开设议院的政治主张。《强学报》创刊号封面上公然注明"孔子卒后二千三百七十三年",冠于"光绪二十一年"之前,敢冒"不奉今王之正朔"的灭族之罪,实为惊世骇俗之举。康有为等人倡导"孔子纪年",暗寓康氏"托古改制"之意,更是对王朝体系或君

---

① 楼宇烈整理:《康南海自编年谱(外二种)》,中华书局 1992 年版,第 30 页。
② 汤志钧:《戊戌变法史》,上海社会科学院出版社 2003 年版,第 196~198 页。

主专制制度的一种突围之举。台湾学者黄彰健认为,康有为用孔子纪年,主张"改朔为合群之道",是其"保中国不保大清"的显证,"实对清朝存有异志"。① 沙培德(Peter Zarrow)认为:"中国历史中心从王到圣人的转移,为独立于王朝体系之外的中国认同创造了新空间。"② 1月25日,张之洞解散上海强学会,《强学报》同时停办。

维新派所办的上述三报,是中国近代知识分子最早创办的政治性报刊,它们存在时间虽短,却开风气之先。随着维新运动的深入,新学大倡,创办报刊因广开民智的重要性日益为人们所认识,终使中国人自办的报刊数量逐渐超过在华外人所办报刊数量,中国近代知识分子也由此成为舆论的主角。

2. 维新派创办《时务报》

由维新派自办报刊运动的发起,风气所及,中国人自己创办的报刊如雨后春笋在各地涌现。

京师、上海两个强学会的机关报《中外纪闻》和《强学报》被顽固派封禁后,维新派在上海创办了影响更大的《时务报》。

《时务报》于1896年8月9日(光绪二十二年七月初一)创刊,馆址在上海四马路,每十天出一期,每期七十页,由汪康年、黄遵宪、梁启超等人发起。汪康年任报馆总理,梁启超任报纸主笔。

汪康年(1860~1911),字穰卿,浙江钱塘人。1890年任张之洞幕僚兼武昌两湖书院教习,1892年中进士。除《时务报》外,他还创办了《时务日报》(后改名《中外日报》)、《京报》、《刍言报》,成为中国新闻业的先驱。

戊戌维新运动中,康、梁齐名。如果说康有为是维新运动

---

① 黄彰健:《戊戌变法史研究》,上海书店出版社2007年版,第6~7页。
② Peter Zarrow, "The Reform Movement, the Monarchy, and Political Modernity," in *Rethinking the 1898 Reform Period: Political and Cultural Change in Late Qing China*, ed. Rebecca E. Karl and Peter Zarrow(Cambridge, Mass.: Harvard University Press 2002), p.45.

的主帅,那么梁启超就是舆论的号手,开民智工作的主将。梁氏主笔《时务报》时期是其发皇期,前后发表文章达60篇,并使该报带有明显的梁氏风格特征。他以一支犀利之笔,运用半文半白的通俗文体,大声疾呼废科举,兴学校,解剖时弊,痛斥守旧,振奋了中国人心。他笔端常带感情,论事酣畅淋漓,所述所论不知倾倒了多少青年人。他所运用的那种半文半白的通俗文体,在文言文一统天下的局面中,竟不胫而走,被称为"报章体"。

《时务报》力倡变法维新,广泛介绍西方的政教风情,大受欢迎。当年发行量达每期7000份,1897年增加到1万份,这是中国自有报刊以来从未有过的数字。浙江、湖南、直隶、山西、江苏、安徽等省官府发出通告,要求本省官员和书院学生阅读《时务报》以"讲求时务"。《时务报》风行全国,几乎无省无之。1898年7月26日,光绪帝下令,将维新派自办的《时务报》改由官府接办,以进一步扩大影响,后因政变发生,未能实现。

《时务报》是中国大众传媒最早公开倡导民权的报刊。1896年10月,汪康年在此报第9期上发表《中国参用民权之利益》的论文,介绍了西方的民主制度,呼吁在中国的现行体制中采用民权,逐步渗入西方的民主制度。"民权"一词,是晚清学者对西方自由民主观念的一种表述。民权观念在维新派和他们的先行者的私家著述中屡见不鲜,但在直接与大众见面的报刊上出现,则始自《时务报》。此后,中国报刊上探讨民权的文章日见其多,借助于报刊的传播渠道,民权观念越来越为人所熟知。至1903年,中国报刊几乎无不话民权,自由与民权成为当年报刊使用最多、最耀眼的两个词汇。

关于《时务报》之巨大影响,世人有目共睹。维新派人士热烈称赞道:"两年以来,民间风气大开,通达时务人才渐渐间出,惟《时务报》之功最多,此天下之公言也。"①1898年8月26日,

---

① 宋伯鲁:《奏改时务报为官报折》(光绪二十四年五月二十九日),中国近代史资料丛刊《戊戌变法》第二册,上海人民出版社、上海书店出版社2000年版,第350页。

严复在《国闻报》上发文说:"自乙未东事弛严,而中土有识,争自磨厉,士大夫昌言时政得失,不少忌讳,盖自《时务报》始也。当是时,人心久痹思起,久郁思达,而《时务报》饷食于已饥之余,激矢于持满之后,义例精严,名称正大,翕然响应,天下与之,解褚投眙,雷动满盈……自梁卓如解馆以来,而《时务报》之文劣事懈,书丑纸粗,大不餍海内之望。"① 守旧派人士则极力诋毁《时务报》的社会影响:"以痛恨时局为忠,以极诋时事为愤。于是两年以来,内而京曹,外而大吏,以及县府,几于人人日手一编,以为是真识时务之奇杰也;而感之益深,信之益笃",② "自时务馆开,遂至文不成体"。③ 胡思敬(1870~1922)在其所著《戊戌履霜录》中写道:"甲午款夷后,朝政多苟且,上下皆知其弊,以本朝文禁严,屡兴大狱,无敢轻掉笔墨讥时政者。自时务报出,每旬一册,每册数千言,张目大骂,如人人意所欲云;江淮河汉之间,爱其文字奇诡,争传诵之,行销至万七千余册。由是康门之焰张,而羽翼成,党祸伏矣。"胡氏指出,在当时发行的报刊中,"时务报蔓延最广,论者至比之《明夷待访录》……识者谓新党之议论盛行,始于时务报"。④

戊戌维新时期较著名的维新报刊还有:1897年2月22日在澳门创刊的《知新报》,至政变发生时出版了66册;1897年10月26日在天津创刊的《国闻报》,日报;1898年3月7日在长沙出版的《湘报》,日报,同年10月15日停刊,共出177号。

受维新风气的推动,1896年中国人自己创办的报刊约10种。其中有:钟荣光为鼓吹新学在广州创办的《博闻报》,李伯元为繁荣文学创作在上海创办的《指南报》,以及胡铁梅创办、

---

① 《严复集》第二册,中华书局1986年版,第492~494页。
② 《江西道监察御史熙麟折》(光绪二十四年十一月二十九日),《戊戌变法档案史料》,中华书局1958年版,第493页。
③ 王先谦:《致陈右铭中丞》,《葵园四种》,岳麓书社1986年版,第856页。
④ 中国近代史资料丛刊《戊戌变法》第一册,上海人民出版社、上海书店出版社2000年版,第373、366~367页。

后来名声大震的《苏报》，台湾的第一份报刊《台湾新报》等。1897年，新创办的报刊数量翻了两番，达40种。1898年更上一层楼。在戊戌时期创办的报刊有百余份。① 新闻史专家写道："戊戌变法时期，在维新派的带动下，国人自办报刊如雨后春笋般地在各地涌现，形成了国人创办近代报刊的第一个高潮。据统计，1895～1898年，主要是1897、1898年两年，国人新办报刊达94种，分布于20多个城镇。其中上海最多，40余种……居主导地位的是时政性综合报刊和讲求新学的报刊。"②

3. 梁启超等近代志士论报刊的社会政治作用

光绪二十一年（1895）五月间，时在北京的梁启超给友人写信说："此间亦欲开学会，颇有应者，然其数甚微，度欲开会，非由报馆不可，报馆之议论既浸渍于人心，则风气之成不远矣。"③ 关于办报与立会之间的内在联系，在戊戌时期梁启超等维新派人士心目当中，是明白无误的。梁氏在有关论述中一再提到强学会封禁与时务报创办之间的联系——"改办报以续会事"，"愤学会之停散，谋再振之，亦以报馆为倡始"。④

在1896年8月9日出版的《时务报》第1册上，梁启超发表了《论报馆有益于国事》一文，集中阐述了近代报馆对近代国体形成所起的不可或缺的作用。梁氏认为，"通"是衡量一个国家生命活力的主要标志，是决定国家智愚强弱的一个基本原因："觇国之强弱，则于其通塞而已。"传统中国之所以在西人步步进逼面前不断落败受辱，其中一个基本原因是"不通"或

---

① 闵杰：《戊戌风云》，上海书店出版社1998年版，第96页。
② 方汉奇、张之华主编：《中国新闻事业简史》，中国人民大学出版社1995年版，第92页。
③ 《汪康年师友书札》（二），上海古籍出版社1986年版，第1833页。
④ 梁启超：《创办时务报源委》，中国近代史资料丛刊《戊戌变法》第四册，上海人民出版社、上海书店出版社2000年版，第524～528页。梁启超：《三十自述》，《饮冰室合集》，文集之十一，林志钧编，中华书局1989年版，第17页。

"塞":"上下不通,故无宣德达情之效,而舞文之吏,因缘为奸;内外不通,故无知己知彼之能,而守旧之儒,乃鼓其舌。中国受侮数十年,坐此焉耳。"要造成一种"通"的社会政治局面,近代报馆起着巨大的、不可取代的作用:"去塞求通,厥道非一,而报馆其导端也","阅报愈多者,其人愈智;报馆愈多者,其国愈强。曰:惟通之故"。所以,国人应根据中国当时的实际情况,参考西方国家的有关实践,以"天下兴亡,匹夫有责"的社会责任感,充分发挥报馆"大声疾呼""去塞求通"的社会作用。

在戊戌时期的有关论述中,梁启超认为,近代报馆,既具有"识时务,知四国""浸渍于人心""开风气"、转移社会"重心力量"等国民教育、引导大众舆论的政治启蒙和政治动员作用,又可以发挥"通上下"、观察政府"真相""庶人市谏""言者无罪,闻者足兴"政治沟通和政治监督等功能,成为国民参与国家政治生活(监督政府、影响决策等)的一条基本途径。梁氏说道:"报馆之开风气、裨国政,夫人而知之矣。"①他心中非常明白,"专制之国家最恶报馆"。②

严复等人在1897年10月26日《国闻报》创刊号上发表的《〈国闻报〉缘起》一文中写道:"《国闻报》何为而设也?曰:将以求通焉耳。夫通之道有二:一曰通上下之情,一曰通中外之故……今日谋吾群之道将奈何?曰:求其通而已矣……上下之情通,而后人不自私其利;中外之情通,而后国不自私其治。人不自私其利,则积一人之智力,以为一群之智力,而吾之群强;国不自私其治,则取各国之政教,以为一国之政教,而吾之国强。此则本馆设报区区之心所默为祷祝也。"③

"新闻纸""报馆"在近代国家政治生活中的巨大作用,受到很多近代志士仁人的高度重视,可以被看作近代中国人民参与

---

① 梁启超:《饮冰室合集》,文集之三,林志钧编,中华书局1989年版,第6页。
② 梁启超:《饮冰室合集》,专集之一,林志钧编,中华书局1989年版,第35页。
③ 《严复集》第二册,中华书局1986年版,第453~455页。

政治生活的基本途径之一,可以被认为是近代政治体系的基础之一部分。魏源在《海国图志》中就已注意到,"英国……刊印逐日新闻纸,以论国政,如各官宪政事有失,许百姓议之,故人恐受责于清议也";①洪仁玕有"设新闻馆,以收民心公议"②之说;邵作舟认为,国有大事,则诏下内外有司,"先以其事本末刊之日报,遍示海内,使上至公卿、下至庶人举得竭其思虑,条其利害,限以日月,达诸圣听";③陈炽认为,设立报馆,可以做到"公是公非,实足达君民之隔阂","天下之人同参共证","所以防壅蔽而恤痌瘝","所以尊国体而绝乱源也";④郑观应认为,报馆之益,不胜枚举,欲通民隐、达民情,"莫如广设日报",并认为报馆之设立,有助于议院正常、健康地发挥作用,"复于各省多设报馆,以昭议院之是非";⑤宋恕更是重视报馆,认为"学校、议院、报馆三端,为无量世界微尘国土转否成泰之公大纲领……三大纲领既举,则唐虞、三代之风渐将复见,英、德、法、美之盛渐将可希";⑥宋育仁认为,"西国之上下通情,得力于协会(亦称社会),而辅之以报馆",说议院、协会相辅而行,再"辅以新闻纸,则四通八达,如在一堂";⑦康有为在1895年6月所撰的《上清帝第四书》中认为,"设报达聪……民隐咸达,官慝咸知。中国百弊,皆由蔽隔,解蔽之方,莫良于是";⑧唐才常认为,"广开

---

① 魏源:《海国图志》一百卷本,光绪戊戌年文贤阁石印本,卷五十一。
② 洪仁玕:《资政新篇》,《中国近代政治思想论著选辑》上册,中华书局1986年版,第180页。
③ 邵作舟:《广延纳》,《邵氏危言》卷下,第15页。转引自熊月之:《中国近代民主思想史》,上海人民出版社1986年版,第175页。
④ 陈炽:《庸书》外篇卷上《报馆》,赵树贵编:《陈炽集》,中华书局1997年版,第105～106页。
⑤ 《郑观应集》,第345、313页。
⑥ 宋恕:《六字课斋卑议·议报章》,见《砭旧危言——唐才常 宋恕集》,辽宁人民出版社1994年版,第187页。
⑦ 宋育仁:《泰西各国采风记》(《小方壶舆地丛钞》第十一帙再补编本),第19～20页。
⑧ 汤志钧编:《康有为政论集》上册,中华书局1981年版,第158～159页。

报馆……始脑筋震荡,人人有权衡国是之心,而谋变通,而生动力",①主张"报馆宜立,先于议院";②谭嗣同认为,报纸具有开启民智、开新风气的重要作用,此外,报纸还是"是非与众共之之道",他庆贺《湘报》的发行是"国有口矣",③如此等等,都反映了近代志士仁人对近代报馆重大政治功能的重视,多把报馆视为广义的政治体系之一部分。

在当代西方发达国家的政治生活中,大众传播媒介仍起着巨大的作用,被称为"第四权力"。在19世纪末中国,传统君主专制制度仍占统治地位,议院尚未成立,政党尚在萌芽,报馆的政治作用更加明显。戊戌时期的梁启超等人经过艰苦的探索与实践,以自己的"报馆生涯"使报馆在近代政治生活中的作用发挥到前所未有的程度。

四、创建新式学堂

1. 戊戌兴学概况

1896年6月12日,刑部左侍郎李端棻根据梁启超替他拟定的奏折(李端棻因欣赏梁启超的才华,将堂妹嫁给了他,受梁影响很大),请光绪帝下令,自京师以下,各省省会及府、州、县都开设学堂,以开民智而育人才。

维新派办的学堂,以新的教学方法教授学生以新的内容。除过去洋务派零零星星开办过几所新式学堂外,现代的学校制度,正是始于戊戌时期维新派的提议。清代沿袭前朝,在中央设有国子监,各省省会及府、州、县设有书院,乡间设有蒙学馆,这整套教育制度都是围绕科举制度进行的。维新派要以京师大学堂取代国子监成为全国最高学府,各省省会设立大学堂取

---

① 唐才常:《湘报序》,《唐才常集》,中华书局1980年版,第137页。
② 唐才常:《学新法须有次第不可太骤说》,《唐才常集》,中华书局1980年版,第29页。
③ 谭嗣同:《湘报后叙》,蔡尚思、方行编:《谭嗣同全集》,中华书局1981年版,第418~419页。

代大书院,各府、州、县设立中小学堂。所有的学堂,既要讲中学,更要讲西学,以现代教育制度取代科举取士制度。

科举制度始于隋朝,经唐、宋、元、明,一直沿用至清,是国家选拔人才、任命官吏的主要途径,因此读书人把科举看得特别重,皓首穷经孜孜以求。清代的科举考试分为三级。第一级称为岁试、科试,考取者为生员,俗称秀才。考试由省级管教育的官员学政主持,学政在三年任期内,共考两次,第一次为岁考,第二次称科考,统称为院考,通过其中的一次考试者,即可成为秀才。"科举发动,始于秀才",秀才为进身之始阶。

读书人欲取秀才资格,在参加院考前,还要通过县考与府考两级考试。县考共五场。第一场考四书(《论语》《孟子》《大学》《中庸》)文一篇,时文一篇,试帖诗一首。发榜后,未取者不得入第二场。第二场考五经(《易经》《尚书》《诗经》《春秋》《礼记》)文一篇,时文一篇,试帖诗一首。不取者不得进入第三场。第三场考八股文一篇,史论一篇,试帖诗一首。不取者不得进入第四场。第四场考时文一篇,律赋一首,古体诗数首。不取者不得进入第五场。第五场考时文等内容。通过县试的童生集中到府应试,也须考五场,内容同县试。

经过岁考、科考,全国每三年共录取秀才2万~3万人,一般大县收20人左右,小县收10余人,当时全国约有2000个县。

第二级考试称乡试,由中央政府派正、副主考官各一人至省主持,乡试考场称贡院。乡试每三年举行一次,考取者为举人,全国共取1000名以上。

第三级为会试,于乡试翌年春季在京师举行,由礼部主持。考取者称贡士,300~400名。经殿试合格,分出一、二、三甲。一甲三人,依次称状元、榜眼、探花,赐进士及第。二甲若干人,赐进士出身。三甲人更多,赐同进士出身。乡试、会试的考试内容与岁、科二试同,题目出自四书五经,以八股文为主要形式。

正因为科举取士制度和围绕它进行的整套教学方法和内容都是以四书五经等古人之言禁锢读书人的头脑,所以从清初的顾炎武直到龚自珍,莫不痛诋之。尤其是其中的八股文,更被斥为"牢笼志士,驱策英才"之术,是"以学术杀天下后世"。约在19世纪20年代,龚自珍认为,科举制度具有十分明显的弊端:在胸中"未有感慨""其才武又未能达于言"的情况下,"必使鬐吅之子弟执笔学言","强使之言",结果造成"天下之子弟,心术坏而义理锢",导致心术欺、言语伪,不能"收真才"。所以,龚氏要求"变功令""改功令"。① 西学东渐后,一边是西方的"有用之学",一边是传统的"无用之学",废科举的呼声更高。作为第一步,首先要求废除其中的八股取士制度。为此,在维新派的一再陈说下,1898年6月23日,光绪帝颁布了废除八股文的谕令。

既除旧又布新,是维新运动区别于洋务运动的重要特点。取代旧教育制度的是建立新式的学堂制度。他们要以小学堂取代蒙学馆,以中学堂取代府、县两级的旧书院,以大学堂取代省会的大书院。以中西并重、西学为主的课本,取代四书五经。

在开民智的三项工作中,兴学会、办报刊是由维新派自己做的;而建学堂的工作只能由他们提出建议,具体靠政府来办。建立全国大、中、小学的新式教育系统绝非一日之功,戊戌时期只做了很少的一部分,到1902年才全面规划与推行,作为"清末新政"的一部分。

据桑兵说:"1895~1899年,全国共举办学堂约150所,其中1895年3所,1896年14所,1897年17所,1898年5月以前14所,戊戌变法期间达106所,估计全盛期学生总数达到万人……尽管政变后一度出现倒退,但趋势已定,不可逆转。1899年,仍增设了7所官办公立学堂。"②桑兵又说:"1895年以

---

① 《龚自珍全集》,上海人民出版社1975年版,第123~124、344页。
② 桑兵:《晚清学堂学生与社会变迁》,学林出版社1995年版,第40页。

前,学堂仅仅分布于沿海7省。1899年扩展到包括云、贵、川、陕等内陆地区的17个省。"①

戊戌时期维新派和开明官僚所创办的学堂,大都具有示范作用,不乏开拓的意义。仅举两例:

(1)京师大学堂

1898年7月3日,经光绪帝下谕,京师大学堂创办。这是当时全国的最高学府,也是清朝中央教育机关——学部1905年设立前的全国最高教育行政机关。

京师大学堂的创办,从1896年6月李端棻上奏起历时两年。这期间,光绪帝一再命令军机大臣和总理衙门大臣拿出具体方案,但他们拖延不办。1898年6月26日,经康有为一再催促,光绪帝声色俱厉地命令中枢大臣们"毋稍迟延",事情才落实下来。此后,梁启超仿照日本学校制度,起草了《京师大学堂章程》,共8章54节,以"中西并用""实事求是"为两大教育方针。7月3日,光绪帝批准了这个章程,任命孙家鼐为管理大学堂事务大臣。经孙推荐,任命翰林出身、曾长期出使欧洲的许景澄为中学总教习,外国传教士丁韪良为西学总教习。

按照梁启超所拟的《京师大学堂章程》,共设有经学、理学、外语、数学、政治学、矿学、商学、医学等25门课程,为一所多学科的综合性大学。京师大学堂一旦设立,各省所有学堂都归它管辖。

慈禧发动政变后,京师大学堂没有停办。当年12月,京师大学堂开学,因此时顽固派已重新掌握朝政,全国禁言西法,学校仅开设了《礼记》等经学课程,形势转缓后,逐渐增设科目。至1910年已有经科、文科、法政科、商科、农科、格致科、工程科7个专科,学制四年,已初具综合性大学的规模。1912年5月1日,中华民国教育部下令,改称北京大学。

---

① 桑兵:《晚清学堂学生与社会变迁》,学林出版社1995年版,第3页。

京师大学堂从一开始创立就是中国的最高学府,维新派与守旧派,新学与旧学在其中的斗争特别激烈,最终以顽固派的步步退让和国子监的取消而告结束,在中国流传了一千多年的封建高等教育制度被近代大学制度所取代。

(2)中国女学堂

中国女学堂是中国人自己创办的第一所女子学校。1898年6月1日正式开学。创办人经元善,字莲山,浙江上虞人,曾从事洋务运动,先后任上海机器织布局会办、上海电报局会办、上海南市钱业公会董事。1897年,他在汪康年、康广仁、梁启超的鼓动下,得到上海商界头面人物严信厚、施则敬的支持,开始筹办中国女子学堂。

戊戌维新时期的女权运动,以戒缠足和兴女学为两大内容,前者主要从体力上解放妇女,后者从智力上开化妇女。梁启超一再说:"女学最盛者,其国最强,不战而屈人之兵,美是也;女学次盛,其国次强,英、法、德、日本是也;女学衰,母教失,无业众,智民少,国之所存者幸矣——印度、波斯、土耳其是也。"[①]所以,维新时期,人们向"女子无才便是德"的旧观念发起猛烈冲击。中国女学堂应运而生。

中国女学堂设在风气开通的上海。尽管如此,人们仍免不了对女子走出深闺步入学堂产生好奇心理,围观、窥探者无日无之,以致不得不由上海县令出示禁止围观。中国女学堂发展很快。1898年开学时有学生20余人,第二年便增加到70余人。课程中西并重,除传统的儒学课外,还有英文、音乐、工艺、医学、体操、绘画等。1900年,经元善反对慈禧太后"立储",遭缉捕,避走香港。中国女学堂遭牵连停办。

一般来说,戊戌时期的学堂都是有志新式教育者用心去办,为国家为本省开风气、作示范的,不像清末时期奉令而行,

[①] 梁启超:《饮冰室合集》,文集之一,林志钧编,中华书局1989年版,第43页。

一哄而上,有名无实。仅以1897年为例。当年的重要学堂有:张元济在北京创办的通艺学堂,张之洞在湖北设立的武备学堂,盛宣怀在上海创设的南洋公学,浙江巡抚廖寿丰在杭州开设的中西书院(不久改称浙江求是学堂),熊希龄等创办的湖南时务学堂,都是当时很有影响的新式教育的摇篮。其中上海的南洋公学,开中国师范教育之先河。

应该说,戊戌维新派当时最用心创办、影响最大的新式学堂,是直接为变法维新运动服务的"政治学院",以万木草堂、时务学堂(详见下章"湖南维新运动")为代表。

桑兵说:"戊戌兴学的意义,不在于直接招收了多少学生,而是最终以朝廷名义正式确立西式教育的趋向,向社会预示了学堂科学取代旧学教化的前景,从而进一步增强士林对科举制的离心力。"①

2. 近代学校的政治意义——"议院以学校为本"

建立新式学校或近代学堂,是为了培养近代社会生活所需要的专业人才,也是为了培养近代政治生活所需要的国民素质。但在早期康有为的心目中,学校教育还可以成为重建近代政治价值理想的基地,成为近代社会政治理性的发源地和重要依托。

1898年春天,康有为在京师保国会演说时说:"泰西立国之有本末,重学校,讲保民、养民、教民之道,议院以通下情,君不甚贵,民不甚贱,制器利用以前民,皆与吾经义相合,故其致强也有由。"在这里,康有为指出,近代西方学校具有讲求"保民、养民、教民之道"、塑造近代政治价值理想的重要功能。"保民、养民、教民之道"是近代民主政治的价值内核,而"议院"不过是实行"保民、养民、教民之道"的制度外壳。所以,将"学校"放在"议院"之前。康有为在京师保国会演说中紧接着说:"吾

---

① 桑兵:《晚清学堂学生与社会变迁》,学林出版社1995年版,第40页。

兵农学校皆不修,民生无保、养、教之道,上下不通,贵贱隔绝者,皆与吾经义相反,故宜其弱也,故遂复有胶州之事。"①在中国传统社会,"学校不修",是"民生无保、养、教之道"的一个基本原因,国家理所当然地走向衰弱。1897年春,时在广西桂林的康有为,主张"兹设大义塾,特聘通人掌教,以育冠髦之士,课以经学为本,讲求义理经济,旁及词章与泰西各学"。② 所谓"以经学为本",就是以孔子的"仁学"为本。

征诸古代中国史实,康有为以为,"学校"为孔子所立;"学校"是"教主"孔子"以仁为主"的学说或"仁学"的重要依托,是"素王"孔子移风易俗、塑造政治的重要工具。康氏说:"封建、学校、井田皆孔制,皆从仁字推出。"③他又说:

> 昔春秋以前,治成于君,政教之迹,实茫昧无可考,此夏、殷所以无征也。尼山崛起,教术肇兴,参天地以赞化,托先王以明权,故三纲五伦,井田学校,孔子所立。何者为善?何者为恶?孔子所定。道之原起也如此。④

赋予"学校"以重大的政治功能,是戊戌时期康有为政治思想的重要部分。然而,这在近代中国并非康氏一人的独见。

陈炽在1893年撰就的《庸书》内篇上《学校》一文中,赋予"学"以"范围天地,曲成万物,省刑罚,偃兵戎"等广泛作用,还特别强调其"所以联上下为一心,合君民为一体"的重要政治功

---

① 《京师保国会第一集演说》,汤志钧编:《康有为政论集》上册,中华书局1981年版,第238页。
② 康有为:《康有为全集》第2集,姜义华、张荣编校,中国人民大学出版社2007年版,第269页。
③ 康有为:《长兴学记 桂学答问 万木草堂口说》,楼宇烈整理,中华书局1988年版,第112页。
④ 康有为:《康有为全集》第1集,姜义华、张荣编校,中国人民大学出版社2007年版,第328页。

能。①宋育仁认为,"顾人才聚于议院,而其源出于学校。……西治之最可称者,惟议院、学校二者相经纬"。②宋恕更是重视学校,认为"学校、议院、报馆三端,为无量世界微尘国土转否成泰之公大纲领……三大纲领既举,则唐虞、三代之风渐将复见,英、德、法、美之盛渐将可希矣";③再联系先秦"郑人游于乡校,以议执政,子产弗禁"④的历史先例,及清初黄宗羲《明夷待访录》中关于学校"养士""必使治天下之具皆出于学校","公其非是于学校"⑤的思想。所以说,戊戌时期康有为有关学校具有重大政治功能的思想,是有其广泛的社会背景和深厚的历史渊源的。

近代国民素质与近代政治人才的培养,离不开近代学校的建立。学校在戊戌维新时期梁启超心目中占有极其重要的位置:"变法之本原,曰官制,曰学校",⑥"官制学校,政所自出"。⑦梁氏一再强调日本的成功经验:"变法则独先学校,学校则首重政治,采欧洲之法,而行之以日本之道,是以三十年而崛起于东瀛也。今中国而不思自强则已,苟犹思之,其必自兴政学始。"⑧梁氏甚至数次强调建立专门的"政治学院"以培养变法人才:"今日欲兴学校,当以仿西人政治学院之意为最善。"⑨

康有为本人以广州"万木草堂"为基地,培养出一批献身维新变法事业的得力人才。所以有学者认为,"康有为的万木草

---

① 赵树贵编:《陈炽集》,中华书局1997年版,第29页。
② 宋育仁:《泰西各国采风记》,《小方壶斋舆地丛钞》第十一帙再补编本,第5页。
③ 胡珠生编:《宋恕集》上册,中华书局1993年版,第137页。
④ 梁启超:《饮冰室合集》,文集之一,林志钧编,中华书局1989年版,第95页。
⑤ 沈善洪主编:《黄宗羲全集》第一册,浙江人民出版社1985年版,第10页。
⑥ 梁启超:《读西学书法》,《西学书目表》(三卷附一卷读西学书法),清光绪丁酉年沔阳卢氏刊慎始基斋丛书本,第7页。
⑦ 梁启超:《饮冰室合集》,文集之一,林志钧编,中华书局1989年版,第24页。
⑧ 梁启超:《饮冰室合集》,文集之一,林志钧编,中华书局1989年版,第63页。又参见第105页。
⑨ 梁启超:《饮冰室合集》,文集之三,林志钧编,中华书局1989年版,第13页。

堂非为普通教育而是革命教育（引者按：似乎说'维新教育'更妥），即培养其党徒的康有为主义讲习所",①"万木草堂成为维新思想者的汇集之地"。② 康氏弟子梁启超在《湖南时务学堂学约》中又说："今中国所患者，无政才也。"③梁氏在其主讲湖南时务学堂时期曾经身体力行，并取得相当成就。唐才质称："时务学堂课程以孟子、公羊为主，兼亦宣讲孔子改制之说，旨在为中国改良政治创造条件……诸生入堂，一面讲学，一面论政，意志非常兴奋。"④梁氏自谓其中培养出来的学生"强半死于国事"。⑤湖南守旧绅士指称，"自……梁启超主讲时务学堂，以康有为之弟子大畅师说，而党与翕张，根基盘固，我省民心顿为一变"。⑥叶德辉痛心疾首地指责，时务学堂导致"士风败坏"，"斯亦学校之奇祸也"。⑦

　　假若了解传统教育体制或传统人才培养、选拔机制亦即科举制在传统政治体制中的重要性，我们就能更充分理解戊戌变法时期梁启超对学校政治功能的强调。在《公车上书请变通科举折》中，梁启超等人写道："夫近代官人皆由科举，公卿百执，皆由此出，是神器所由寄，百姓所由托，其政至重也。"⑧再加上在近代中国外患内乱的社会危机时刻与新陈代谢的社会转型时期，由于缺乏成熟的近代经济体系和政治体系（尤其是成熟

---

① 茅海建：《戊戌变法史事考》，三联书店2005年版，第300页。
② 宋德华：《岭南维新思想述论——以康有为、梁启超为中心》，中华书局2002年版，第11页。
③ 梁启超：《饮冰室合集》，文集之二，林志钧编，中华书局1989年版，第28页。
④ 唐才质：《湖南时务学堂略志》，陈学恂主编：《中国近代教育史教学参考资料》上册，人民教育出版社1986年版，第403页。
⑤ 梁启超：《鄙人对于言论界之过去及将来》，文集之二十九，第2页。
⑥ 苏舆编：《翼教丛编》，上海书店出版社2002年版，第144页。
⑦ 叶德辉：《觉迷要录叙》，叶德辉编：《觉迷要录》，光绪辛丑冬孟编撰，乙巳夏刊行。
⑧ 梁启超：《饮冰室合集》，文集之三，林志钧编，中华书局1989年版，第21～22页。

的近代政党体系),在近代政治实践中,学校的政治功能凸显。除培养出一大批近代国民、近代政治人才和各种专门人才之外,近代学校还成为近代政治体系中相当重要的一个环节。① 在中国近代史上,特别是五四前后,除不断的教授干政外,政治舞台上不是一次次地出现波澜壮阔的学生政治运动吗?这些学生政治运动以及教授干政事件,客观上起到了用社会理性(以近代学校为依托)制约政治实践的重要政治作用。

《变化社会中的政治秩序》一书作者、美国学者亨廷顿曾论述道:在普力夺社会(政治参与程度高而政治制度化程度低的社会)中,"大学的特点是学术职能居次而政治自主性居首","处于现代化之中的国家的大学及其成员"构成"一种现代化国家所没有的政治根据地"。② 杨荫杭(1878～1945,20世纪20年代《申报》主笔)在1920年底曾说:"今日中国新文化,有'逆水行舟,不进则退'之势。他国学生出全力以求学问,尚恐不及。中国学生则纷心于政治,无一事不劳学生问津,而学殖安得不荒?则知今日中国新学风,有江河日下之势。"③ 尽管亨廷顿和杨荫杭似乎并不欣赏这种学校或学生干政的现象,但学校在处于现代化过程之中的国家中具有的政治功能的客观现实无法回避,而且他们似乎忽视了这种现象在特定社会历史环境下的基本合理性。

应该说,以往的学者比较重视近代"学校"的教育功能,相对忽视其政治功能;而在教育功能中,又比较重视近代科学教育的功能,又相对忽视近代政治教育的功能。即使顽固守旧派

---

① 戴维·伊斯顿(David Easton)认为,政治体系的边界线,由那些或多或少与有约束力的决策的作出直接相关的活动组成。见 Ikuo Kabashima and Lynn T. White III, eds., *Political System and Chang* (Princeton University Press 1986), p. 25.
② [美]塞缪尔·P.亨廷顿:《变化社会中的政治秩序》,王冠华等译,沈宗美校,三联书店1989年版,第193页。
③ 《申报》1920年12月20日,收杨荫杭:《老圃遗文集》,长江文艺出版社1993年版,第163页。转引自罗志田:《思想观念与社会角色的错位:戊戌前后湖南新旧之争再思——侧重王先谦与叶德辉》,《历史研究》,1998年第5期。

官员,也相当清楚地意识到新创学堂是"乱党"藏身之地、"逆谋"隐蓄之所。一道写于1898年11月1日的奏折还这样说:

> 康有为等显构之逆案虽破,其隐蓄之逆谋犹在新创各学堂之中……学堂之中仅存中学名目,而西学乃所服膺。入其彀中,无不奉其教,习其礼,服其迷心之药,甘心从逆而不改。闻信从康有为者,康有为皆投以药,谓之益智丸,盖即西学传授之邪术。观其党与众多,咸属衣冠之列,岂圣朝二百余年之泽化不敌康有为一时之蛊惑乎?若非邪药迷心,断不至此。今首逆远扬,其党与之幸逃显戮者,布在京外,不可胜数。著名者人固皆知,暗通者殊难识别,谅无不以新创学堂为藏身之地,且必以听民自便为词,辗转传习,煽惑迷诱,共衍无父无君之法,勾结他族为外援,益思肆其毒而泄其忿,深可虑也。倘不早图而豫为之所,坐使羽翼长成,一朝窃发,则无往非康有为之类矣。是学堂之设,不特不能培植人才,正所以作养乱党也,其祸患可胜言哉!……臣伏愿皇太后、皇上洞烛机先,明降谕旨,除同文馆、武备学堂、机器局留备实用外,所有京外新创之大中小各种学堂,已立者一律裁撤,未立者停止举行,以杜乱萌而绵国祚。并请饬下步军统领、顺天府五城及各直省将军、督抚,随时随地,明查暗访,如有私肆西学、谬称讲求时务者,立即严拿,奏明重惩。庶浸淫西学甘心从逆之徒,无所凭依,即无从蛊惑。斯学术端而人心正,祖法不至再变,圣道不至再乱,而巨患可潜消矣。①

梁启超约于1903年,逃亡日本期间,曾作诗《大同同学录题辞四十韵》,诗中道:"大道久陵夷,礼阙求诸野。司成失其

---

① 《戊戌变法档案史料》,中华书局1958年版,第484~485页。

职,学统斯在下……况自海禁开,域外梯航跨。学军不自张,万古将长夜……"①这里,我们应注意到,梁氏认为,在外患内乱、社会失范与社会转型的历史条件下,发源于民间社会("野""下")的原创性学术(以知识分子为主要体现者),将成为社会规范重构和国家政治重建历史过程中的生力军和先锋队。②

五、努力构建近代政体的社会基础

在以康有为为首的戊戌维新派人士心目中,学会、学堂和报馆,既相互区别,各自奏功,又相互关联,三位一体。

据梁启超晚年学生、《梁启超》一书作者吴其昌介绍,"那时的梁氏早已经明白:'学校的对象,是培植青年后起人材。学会的对象,是联络成年智识分子。报纸的对象是启发社会一般民众'的原理了"。③ 这是就服务对象而把三者加以区别。有日本学者指出,在湖南维新运动时期,梁启超、谭嗣同等维新派人士,"暗中试图将湖南变成近代国家的雏型","学堂、学会与报馆,位于三位一体的关系上"。④ 这是就社会政治功能而把三者加以联系。《湘报馆章程》坦然地说明了这一点:"本报与学堂、学会联为一气。"⑤谭嗣同在《湘报后叙》中写道:"其所以为新之具不一,而假民自新之权以新吾民者,厥有三要。一曰:创学堂,改书院……二曰:学会……三曰:报纸……"⑥唐才常在《湘报序》中也有类似说法。⑦ 当然,主张"变于下""倡之于下",同

---

① 梁启超:《饮冰室合集》,文集之四十五(下),林志钧编,中华书局1989年版,第22页。
② 关于近代学校政治功能的论述,可参阅龚郭清所撰:《"学校"与近代中国政治》一文。(《浙江师范大学学报》,2001年第4期)
③ 吴其昌:《梁启超》,胜利出版社1945年再版,第65页。
④ [日]小野川秀美:《晚清政治思想研究》,林明德、黄福庆译,台湾时报文化出版事业有限公司1982年版,第159、228页。
⑤ 《湘报类纂》,长沙校经书院1902年编,丁集上第1b页。
⑥ 蔡尚思、方行编:《谭嗣同全集》,中华书局1981年版,第418~419页。
⑦ 《唐才常集》,中华书局1980年版,第136~137页。

时开展学会、学校和报刊三项基本工作,甚或集三项工作于一体,是以康有为为首的维新派的一贯做法。据梁启超介绍,强学会"所办之事为五大端",其中包括"刊布新报"和"建立政治学校"两项。① 又如,光绪二十三年正月初十(1897年2月11日),康有为再次抵达桂林,居桂林景风阁达半年之久,除讲学和畅游之外,主要做了三件事:组织圣学会,创办《广仁报》,开设广仁学堂。②

笔者曾在拙著《追求民族富强和人性圆满——戊戌变法时期梁启超政治思想透视》中论述说,戊戌时期梁启超所设计的"国体",由上层的政治构造(包括以议院为核心的官制)与下层的社会基础(学校、学会、报馆等)两大部分构成。梁氏对新型上层政治机构的建立是有保留、有条件(如"民智已成")的,但对新国体的下层社会基础的培育则是无保留、无条件的。在长远的历史意义上,戊戌变法维新派所做工作,特别是其中的社会启蒙与民间组织工作,无论如何估价都不过分。缺乏至高权力的光绪皇帝之倾向于变法改革,只是加剧了变法运动的"急激"倾向,使变法维新运动表面化、肤浅化、形式(上谕)化,某种程度上中断了维新派的社会基础工作。③

显然,以康有为为首的维新派,做了"自下而上"与"自上而下"的两手准备。在光绪二十四年七月二十七日都察院代奏的上书中,湖南举人曾廉指责康梁等人:"皇上不用,则开会聚党以鼓其邪说;皇上用之,则维希合以坚皇上之心……而假公行私,假权行教,风示天下也。"④核以史实,曾廉的说法倒非空穴来风。1897年5月12日(光绪二十三年四月十一日),康有为

---

① 梁启超:《饮冰室合集》,专集之一,林志钧编,中华书局1989年版,第127页。
② 马洪林:《康有为评传》,南京大学出版社1998年版,第50~51页。
③ 龚郭清:《追求民族富强和人性圆满——戊戌变法时期梁启超政治思想透视》,西北大学出版社2003年版,第110~112页。
④ 中国近代史资料丛刊《戊戌变法》第二册,上海人民出版社、上海书店出版社2000年版,第492页。代奏时间据茅海建著《戊戌变法史事考》,三联书店2005年版,第283页。

弟子麦孟华,在发表于《时务报》上的《民义自叙》一文中说:

> 变法之道有二:变之自上者,其效易而速;变之自下者,其效迟而大。日本二十年前,其守旧与我同,睦仁削去侯封,改用西法,十余年间,蔚为强国,此变之自上者也。嘉庆以前,英犹守旧之国也。道咸之间,民间立会,讲求农学,英廷仅贷金钱以给之;教会诸人,分建成学塾,国帑止拨二万以助之;其余一切工艺机器,皆民自兴创。今则农部、商部,设为专官,学校之费,岁逾百万,富强著效,遂冠欧洲,此变之自下者也。中国……上不变法以新民,下不得不兴利以自卫。诚能急为经营,善其纬画,十年而后,百弛毕张,民势既强,国体亦振,英之成效,亦可睹矣……与其仰司牧之代更化,毋宁自更化以济司牧之穷;与其赠它族以勃改革,无宁亟改革以拒它族之逼。①

1897年8月,康有为弟子欧榘甲在《知新报》第28、29册上发表了《变法自上自下议》一文,其中主张值得我们关注。欧榘甲说:

> 今日变法,人人皆有其责,人人当任其事。然变之之道有二:一曰变之自上,一曰变之自下。

> 变之自上者何?俄[彼得改革]、日[明治维新]是也……②

> 变之自下者何?泰西诸国是也。当美法之民之大变也,全球震荡,民智豁开。欧洲诸国,人人知有自主之权,人人知有当为之事,而哗然而起,英民尤甚……泰西之强也,民群强之也;中国之弱也,民不群弱之也。是故学校盛,则民智慧;善堂盛,则民仁善;

---

① 麦孟华:《民义自叙》,《时务报》,光绪二十三年四月十一日第26册。
② 欧榘甲:《变法自上自下议》,《知新报》,光绪二十三年七月二十一日第28册。

农织盛,则民富饶;工商盛,则民阗溢。之数者,民之有也,民之事也。民而甘为愚犷涸瘵,则可不事其事矣。如其不然,未有舍己而从人者也……夫以中国之大,成为无人之境,等于灭亡之野,岂不痛哉!其坐以待毙欤?抑思有以振之,而未得其道欤?思有以振之,则宜合群;思合群,则宜开会。学会者,士之群也;农会者,农之群也;工会者,工之群也;商会者,商之群也……夫上能变,则宜待之上;上不能变,则下宜自为之,非背上也。崦嵫已迫,雨雪其旁,毋宁自变焉,以塞狡谋而杜众口,或有补于上乎。①

显然,因为时局逼迫,百废待举,戊戌维新派还未来得及建立农会、工会、商会等社会组织,但他们主要通过上述的兴学会、办报刊、建学堂三项基本活动,为近代中国的社会维新和政治改革,做了大量开拓性工作,具有十分积极的历史意义,堪称"近代中国社会和文化发展的里程碑"。② 它们不但唤起普遍的民族危机感,推动人们努力重塑社会政治理想,而且将这种危机感和理想价值传输到、体现于要求变法的直接和协调的社会实践运动中。1897年3月17日,宋恕在所撰《自强报》公启中写道:"今天下竞言自强矣,自强之源在学校、议院、报馆。"③当代海外学者张灏认为,存在于孤单个体中的民族主义意识可往

---

① 欧榘甲:《变法自上自下议》,《知新报》,光绪二十三年八月初一日第29册。
② [美]费正清、刘广京编:《剑桥中国晚清史(1800~1911)》下卷,中国社会科学院历史研究所编译室译,中国社会科学出版社1985年版,第343页。
③ 宋恕:《宋恕集》上册,中华书局1993年版,第260页。笔者注意到,除思想教育和政治改革上的"三位一体"作用外,戊戌维新时期还有人已提及"学堂""学会"和"报章"在实现民族经济现代化过程中的"三位一体"作用:"西法效征专门,官有学堂,民有学会。一邦创之,列邦因之。每得一新法、造一新器,无不刊列报章,以资考证。"(《工部郎中福润片》,《戊戌变法档案史料》,中华书局1958年版,第458页。)

前追溯数十年,但作为一种思想运动和群体意识的民族主义,很清楚只是在 1895 年之后才出现;学校、学会尤其是精英报刊,使作为一种思想运动和群体意识的民族主义之出现,成为可能。①戊戌变法运动被认为是中国现代政治文化形成的转折点。②

尽管还存在种种局限,③维新派通过上述的兴学会、办报刊、建学堂三项基本活动,为近代中国的社会维新和政治改革,做了大量开拓性工作,具有十分积极、极其长远的历史意义。

---

① John K Fairbank, and Kwang—ching Liu, eds. *The Cambridge History of China*. v. 11. Later Ch'ing, 1800—1911, pt. 2. (Cambridge: Cambridge University Press 1980), pp. 335—336.

② Peter Zarrow, "The Reform Movement, the Monarchy, and Political Modernity," in *Rethinking the 1898 Reform Period: Political and Cultural Change in Late Qing China*, ed. Rebecca E. Karl and Peter Zarrow(Cambridge, Mass.: Harvard University Press 2002), p. 18.

③ 例如,除不缠足会之外的绝大多数戊戌学会"规模狭小,设会地点多为大城市";即使"不缠足会是戊戌时期规模最大的学会组织","不缠足运动已经突破社会上层的局限,在部分地区深入到基层民众",戊戌时期的不缠足运动主要分布在两个地区:一是从广东至江苏的东南沿海地区;二是从上海到四川的长江流域数省。(闵杰:《戊戌维新时期不缠足运动的区域、组织和措施》,《贵州社会科学》,1993 年第 6 期。)

第四章 光绪帝更张图强与湖南维新运动

一、光绪帝更张图强的失败(甲午战后至1896年初)

爱新觉罗·载湉,1871年8月14日出生,其父奕譞是道光帝的第七子,其母是慈禧的胞妹,1875年1月12日(同治十三年十二月初五)入宫,1875年2月25日(同治十三年正月二十日)登基。光绪十三年(1887)正月十五日举行亲政典礼,但仍由慈禧太后"训政"。光绪十五年(1889)二月初三又举行亲政大典,慈禧太后"撤帘归政",但仍掌握大权。

4岁入承大统的光绪帝,他的宝座和他的国家一样摇摇欲坠。国家的积弱,列强的侵凌,慈禧太后的淫威,使他深感压抑难伸之痛。1889年(光绪十五年)亲政后,本想有所作为,"而慈禧如电之眼光,仍无时不鉴临,以为监督"。① 所谓"亲政",有点名不副实,每有重要决策,必先向慈禧太后禀明,取得同意。内外臣工的重要奏折必须"恭呈慈览"。这一切就像"紧箍咒"一样束缚住光绪帝的手脚。光绪十五年二月初十日(1889年3月11日),翁同龢在日记中写道:"现在办事一切照旧,大约寻

---

① 容闳:《西学东渐记》,湖南人民出版社1981年版,第121~122页。

常事上决之,稍难事枢臣参酌之,疑难者请懿旨。"①

随着时间的推移,光绪帝先后阅读了一些早期维新派的代表作,接触到一些新思想,渐趋开明,而慈禧却日益守旧。② 光绪帝不愿当亡国之君,不愿当傀儡,希望实现外雪国耻、内争实权的大志。他与慈禧太后的政见分歧、权力争夺愈演愈烈,支持光绪帝的"帝党"和拥戴慈禧太后的"后党"两个政治集团逐渐形成。

甲午战争的爆发,使帝、后党争激化,帝党坚决主张对日作战,后党一味主和。帝党本企图通过对日战争取得胜利,摆脱列强的侵略,并乘机扩大帝党的权力。可惜,结果一败涂地,慈禧太后迫使光绪帝批准《马关条约》。光绪帝迟迟不肯用宝,曾说:"台割则天下人心皆去,朕何以为天下主?!"③但迫于形势,光绪帝忍痛于5月2日批准了条约。翁同龢承旨时"战栗哽咽",进入书斋(毓庆宫),"君臣相顾挥涕"。④

甲午战争的失败,对中国产生了划时代的影响,一方面加深了中国的半殖民地化,中国面临被列强瓜分的严重危机,中华民族陷入危亡的境地;另一方面暴露了清王朝的腐败无能,加深了清王朝的统治危机,它已不能照旧统治下去了。中国向何处去、清朝向何处去的尖锐问题,历史地摆在中国人民的面前,同时也摆在年轻的光绪皇帝面前。甲午战争促进了人们的觉醒,"我们被日本打败,大家从睡梦里醒过来,觉得不能不改革了"。⑤"战争和赔款迫使中国人民相信他们之所以不如日

---

① 陈义杰整理:《翁同龢日记》第四册,中华书局1992年版,第2262页。
② 有学者称,慈禧太后"实际上是中国走向近代的重要领路人之一"。(马勇:《1898年中国故事》,中华书局2008年版,第35页。)可是,我们却看不到有关慈禧太后改革言论的发表,也看不到其主动改革行为的展示。
③ 陈义杰整理:《翁同龢日记》第五册,中华书局1997年版,第2797页。
④ 陈义杰整理:《翁同龢日记》第五册,中华书局1997年版,第2800页。
⑤ 张元济述:《戊戌政变的回忆》,中国近代史资料丛刊《戊戌变法》第四册,上海人民出版社、上海书店出版社2000年版,第323页。

本,是因为日本采用了新法,所以有今日的强盛",①维新变法促使一股强大的社会潮流形成。战争的失败对光绪帝无疑是一次沉重的打击,是奇耻大辱,"每言及国耻,辄顿足流涕"。②作为一朝之主的光绪帝,没有因甲午惨败而恢心丧志,也没有因签订《马关条约》含恨受怨而消极后退,却是在失败中冷静反省,重新振作精神,继续进取,不愿做亡国之君。这就是光绪帝同他以前几位清朝皇帝品格的根本区别,也是他值得后世称颂的一个方面。中日两国政府已批准的《马关条约》在烟台互换的两天后,四月十六日(5月10日)光绪帝发下朱谕一道,说明批准《马关条约》的"万不获已之苦衷":"将少宿选,兵非素练……战无一胜";"关内外情势更迫……陪都为陵寝重地,京师则宗社攸关";"慈闱颐养,备极尊荣,设一朝徒御有惊,则藐躬何堪自问";天津"海啸成灾,沿海防营多被冲没,战守更难措手"。对于战后之规划,光绪帝作了如下的表示:

> 嗣后我君臣上下,惟当坚苦一心,痛除积弊,于练兵、筹饷两大端尽力研求,详筹兴革,勿存懈志,勿骛空名,勿忽远图,勿沿故习,务期事事核实,以收自强之效。朕于中外臣工有厚望焉。③

光绪帝在发下这道朱谕的同时,命军机大臣:"交大学士、六部九卿、翰詹科道于十七日同赴内阁阅看。"④从此,京内外官员的上奏内容,从反对和约、惩办李鸿章,渐渐转向战后的改革。

七月初九(8月28日)李鸿章到京请安,入宫觐见。光绪帝顿生怒愤,诘责李鸿章:"'身为重臣,凡两万万之款从何筹

---

① 《政变对维新》,中国近代史资料丛刊《戊戌变法》第三册,上海人民出版社、上海书店出版社2000年版,第493页。
② 梁启超:《与夏穗卿书》,中国近代史资料丛刊《戊戌变法》第二册,上海人民出版社、上海书店出版社2000年版,第537页。
③ 茅海建:《〈我史〉鉴注》,三联书店2009年版,第85页。
④ 茅海建:《〈我史〉鉴注》,三联书店2009年版,第85页。

措,台湾一省送予外人,失民心,伤国体。'词甚峻厉,鸿章亦引咎唯唯,即命先退。"①光绪帝从中日战争中得到教训,注意到日本因明治维新所取得的进步,产生了取法日本实行维新的决心。他变法的倾向,当年乙未科"钦定"的殿试、朝考题已流露无遗。和约签订后,他痛定思痛,"日夜忧愤,益明中国致败之故,若不变法图强,社稷难资保守",②深感实行新政之必要。他先后发布了许多实行新政的上谕,例如前述5月10日上谕。6月18日,谕令户部咨行大学士、六部九卿及各省将军督抚,"各抒所见,如有可兴之利、可裁之费,能集巨款以应急需者,即行详晰陈奏,用备朝廷采择"。③7月5日上谕,令中外臣工保荐人才。7月14日上谕,命张之洞慎选委员、修造铁路等。

光绪帝的转变,与以翁同龢为中坚的帝党官僚倾向变法息息相关。翁同龢(1830～1904),江苏常熟人,字声甫,号叔平,晚号松禅,大学士翁心存之子,咸丰六年状元,是培养光绪帝成人的20多年的帝师,在毓庆宫行走,是唯一能与光绪帝朝夕相处、"造膝独对"的近臣。翁曾任军机大臣、工部尚书。"甲申易枢"后,退出军机处。时任户部尚书。光绪二十年再入军机处,并为督办军机处大臣、总理衙门大臣,权倾朝野。帝"每事必问同龢,眷倚尤重"。④1895年4月17日,即马关谈判最关键之时,翁同龢以陈炽的《庸书》与汤震的《危言》同时进呈光绪帝。光绪二十一年(1895)五月,梁启超在致夏曾佑书信中称:

> 本欲于月之初间出都,唯日来此间颇有新政,上每言及国耻,辄顿足流涕。常熟亦日言变法,故欲在

---

① 陈义杰整理:《翁同龢日记》第五册,中华书局1997年版,第2829页。又参见仲伟行:《〈翁同龢日记〉勘误录》,上海古籍出版社2010年版,第359页。
② 苏继祖:《清廷戊戌朝变记》,中国近代史资料丛刊《戊戌变法》第一册,上海人民出版社、上海书店出版社2000年版,第330页。
③ 清华大学历史系编:《戊戌变法文献资料系日》,上海书店出版社1998年版,第77页。
④ 《清史稿·翁同龢传》。

此一观其举措。

> 顷因此间颇有新政，一二同志又有所整顿，苦被相留，是以迟迟。①

这里的"常熟"，指翁同龢。此中的"一二同志"，很可能即是陈炽与沈曾植。陈、沈属翁同龢门下人物，与翁多有交往。梁称"常熟亦日言变法"，很可能是从陈、沈等人那里听来的。

在清政府战败蒙辱和随之群强紧逼、国势益衰的情况下，清统治营垒中的一些官员、士大夫也纷纷起来"急谋雪耻之方"。从而在清统治层内部，兴起一股"竞言自强之术"的热潮。

其中，应首推顺天府尹胡燏棻。

胡燏棻(1840～1906)，字克臣，号芸楣，安徽泗州人，祖籍浙江萧山。同治十三年(1874)进士，入翰林院，散馆后以知县用，报捐为道员，后出任天津道。光绪十六年(1890)天津水灾，燏棻尽力赈济灾民，督治南、北运河，使"民犹及种麦"，②稳定了民心。光绪十七年(1891)出任广西按察使。光绪二十年(1894)中日战起，为西太后的寿辰"祝嘏入京师，留管北洋军饷"。③当年冬，由于战事吃紧，经军机大臣翁同龢、李鸿藻奏请命其练兵。光绪二十一年(1895)，燏棻"按照西法"，④在天津小站练新军10营。同时，又参与了向西方采购军队装备等事宜。在练兵和采购军备的过程中，胡氏接触了一些西方强国的新事物。《马关条约》签订前夕，胡氏向朝廷提出"联俄、英"以抵日之"策"。⑤随后调任顺天府尹。

当"公车上书"的影响激荡京城之时，继康有为呈递《上清

---

① 丁文江、赵丰田编：《梁启超年谱长编》，上海人民出版社1983年版，第39页。
② 《戊戌变法》第四册，上海人民出版社、上海书店出版社2000年版，第2页。
③ 沃丘仲子：《近代名人小传》，中国书店1988年影印版，第124页。
④ 朱寿朋编：《东华续录(光绪朝)》第124卷，清宣统元年上海集成图书公司本，第3347页。
⑤ 陈义杰整理：《翁同龢日记》第五册，中华书局1997年版，第2795页。

帝第三书》，胡燏棻于6月9日（五月十七日）进呈了《因时变法力图自强条陈善后事宜折》。折曰：

  臣闻五帝殊时，不相沿乐，三王异世，不相袭礼，盖穷变通久、因时制宜之道不同也……

  日本一弹丸岛国耳，自明治维新以来，力行西法，亦仅三十余年，而其工作之巧，出产之多，矿政、邮政、商政之兴旺，国家岁入租赋共约八千余万元，此以西法致富之明效也。反镜以观，得失利钝之故，亦可知矣。今士大夫莫不以割地赔费种种要挟为可耻。然今时势所逼，无可如何，则唯有急谋雪耻之方，以坐致强之效耳。昔普法之战，法之名城残破几尽，电线、铁路处处毁裂，赔偿兵费计五千兆佛兰克，其数且十倍今日之二万万两。然法人自定约后，上下一心，孜孜求治，从前弊政，一体蠲除，乃不及十年，又致富强，仍为欧洲雄大之国……今中国以二十二行省之地，四百余兆之民，所失陷者不过六七州县，而谓不能复仇洗耻，建我声威，必无是理。但求皇上一心振作，破除成例，改弦更张，咸与维新。事苟有益，虽朝野之所惊疑，臣工之所执难，亦毅然而行之；事苟无益，虽成法之所在，耳目之所习，亦决然而更之。实心实力，行之十年，将见雄长海上，方驾欧洲。旧邦新命之基，自此而益巩，岂徒一雪割地赔费之耻而已……纵观世运，抚念时艰，痛定思痛，诚恐朝野上下高谈理学者，狃于清议，鄙功利为不足言；习于便安者，又以和局已定，泄沓相仍……今日即孔孟复生，舍富强外亦无立国之道，而舍仿行西法一途，更无致富强之术。①

---

① 中国近代史资料丛刊《戊戌变法》第二册，上海人民出版社、上海书店出版社2000年版，第277～279页。

在当时的清朝政界,胡燏棻较早地摆脱了只是为雪耻的单纯复仇倾向。他较为切实地分析了内外形势,看到了国家的衰弱,因此其在奏折中明确指出,中国只有"仿行西法"走维新"致富强"之路,除此而外别无他途。就此出发点而言,胡折与康有为的《上清帝第三书》有异曲同工之妙。然而,胡氏学习西方的维新观,却只限于"目前之急,首在筹饷,次在练兵,而筹饷、练兵之本源,尤在敦劝工商,广兴学校"。① 把政治领域的改革排除在外,是康、胡维新观的明显区别。不过,在敦劝工商方面,胡燏棻同样批驳了洋务派的"窒碍"政策,主张"劝立公司,准民间自招股本",②力求振兴社会经济,说明他并非要完全重蹈洋务派覆辙。总之,胡燏棻也把中国的衰弱视为战败受辱的症结,强烈要求化悲愤为力量,"仿行西法"力行变法维新,以期"国富民强"。胡氏的变法图强主张,在一定程度上反映了当时中国的迫切要求,亦不失为有识之见。

在此前后,其他一些朝士也相继为更新图强献计。

所以说,正当光绪帝、翁同龢将发愤厉行改革的时候,先后看到6月3日都察院代递康有为的《上清帝第三书》、6月9日广西按察使胡燏棻的《因时变法力图自强条陈善后事宜折》、6月29日南书房翰林张百熙的《急图自强,敬陈管见折》、同日委散秩大臣信恪的《请开办矿务折》、7月8日翰林院侍读学士准良的《富强之道铁路为先,请饬廷臣会议举办折》、7月11日协办大学士吏部尚书徐桐的《遵议兴利裁费敬陈管见折》、户部候补员外郎陈炽的《条陈茶政折》等奏折,受到很大的启发和鼓舞。7月19日,光绪帝发下他认为重要的胡燏棻、康有为、陈炽等所上九道改革奏折,并发下谕旨一道:

---

① 中国近代史资料丛刊《戊戌变法》第二册,上海人民出版社、上海书店出版社2000年版,第278页。
② 中国近代史资料丛刊《戊戌变法》第二册,上海人民出版社、上海书店出版社2000年版,第280页。

自来求治之道，必当因时制宜，况当国势艰难，尤应上下一心，图自强而弥隐患。朕宵旰忧勤，惩前毖后，唯以蠲除痼习，力行实政为先。叠据中外臣工条陈时务，详加披览，抉择施行。如修铁路、铸钞币、造机器、开矿产、折南漕、减兵额、创邮政、练陆军、整海军、立学堂，大抵以筹饷练兵为急务，以恤商惠工为本源，皆应及时举办。至整顿厘金、严核关税、稽查荒田、汰除冗员各节，但能破除情面，实力讲求，必于国计民生两有裨益。着各直省将军督抚，将以上诸条，各就本省情形，与藩、臬两司暨各地方官悉心筹划，酌度办法，限文到一月内，分晰复奏。当此创巨痛深之日，正我君臣卧薪尝胆之时，各将军督抚受恩深重，具有天良，谅不至畏难苟安，空言塞责。原折片均着抄给阅看。将此由四百里各谕令之。①

军机处随手登记档记载，上谕于7月19日分寄福建等10省，7月22日分寄四川等8省，7月23日分寄吉林等4省，均印封四百里马递，仅西藏、蒙古情况特殊未寄发。查军机处录副奏折，知陆续复奏的有江西、奉天、浙江、直隶、湖南、河南、陕西、两江、安徽、山东、广东、陕甘、四川、两广、湖北、山西，共17省19人。还有福建、云南、贵州、吉林、黑龙江5省未见复奏。

光绪颁发此上谕的本意，在于破除积习，因时变法，力行新政，以期国家振兴富强。上谕肯定因时变法和实行14项新政的必要性、正确性，"皆应立时举办"，要求各省"悉心筹划，酌度办法"，提出本省实行各项新政的具体办法和计划。不料各省却乘复奏之机，从是否需要变法的原则问题到能否实行各项新政的具体问题，纷纷提出反对意见。

关于要不要变法问题，除刘坤一、福润之外，大部分人不同

---

① 茅海建：《〈我史〉鉴注》，三联书店2009年版，第101～102页。

程度地反对变法。如山东巡抚李秉衡说:"法制未可轻变",变法"不过添一新奇之弊窦,开一方便之法门,于实政无与也"。广东巡抚马丕瑶也说:"自来贤圣之君,承帝王之薪传,守祖宗之法度……弗肯轻事纷更。"湖北巡抚谭继洵则认为变法是舍本逐末,声称:"人者本也,法者末也,变法者末之末也。"只要用人得当,原可不必变法。

他们反对学习西方,认为这是"离经叛道之谈",诬蔑主张学习西方的人是"奸民""贼子"。河南布政使额勒精额硬说胡燏棻的奏折必由洋人授意于奸细,奸细转交胡呈进的。把引进西方先进技术和文明视为"光天化日清明世界之中,又杂一魑魅燏魉之世界"。断言:"泰西之法,只可行之泰西诸国,若用于中国,是乱天下之道也。"总之,守旧派一提学习西方,就斥之为"以夷变夏","京中大僚皆称西学为鬼子学"。顽固地反对学习西方,实行变法。

关于要不要实行各项新政问题。上谕所提出的14项新政,并没有什么实质性的新内容,大多是过去洋务派已经局部实行过,或早已有人提倡过,只是把它集中提出来而已,但在当时还是有积极意义的,是切实可行的。各省督抚等各抒己见,有的就全部14项新政或大多数新政逐一表态,有的仅就其中一项或数项发表意见。赞成其中某几项新政者固不乏人,表示反对的也不在少数,未表态或不明确表态者则更多。由于14项新政基本上没有超出洋务运动的范围,故洋务派官僚如刘坤一等能赞成其中大部分项目,而顽固派则大都持反对态度。全部赞成14项新政者竟无一人,赞成人数在一半左右的项目有开矿产、修铁路、制机器、练陆军、整厘金等项;反对较多者有创邮政、立学堂,以及整海军、核关税、减兵额、汰冗员等项。表现出地方大吏的思想混乱,意见分歧。再从复奏的时间看,上谕"限文到一月内"复奏,能按期复奏的仅寥寥数人,75%以上的省超过了期限,山西巡抚竟迟至次年春才复奏。迟迟不肯复奏,说明大多数省份对此上谕采取拖延观望、敷衍塞责的态度。福建等5省未见复奏,若非奏折遗失,则显系置之不理。由此可见,地方大吏中守旧势力的强大和推行新政的艰难。

有些督抚对各项新政的反对强词夺理,令人啼笑皆非。例如,关于要不要修铁路问题,已争论多年,直至此时,仍有不少顽固派坚决反对,最典型的是河南布政使额勒精额。他说:"总之,不有铁路,则中国之民各业其业,而不致失其业;不有铁路,则泰西之人各界其界,而不越其界;不有铁路,则民教相安,少许多烧杀之祸;不有铁路,则纲常不紊,乐无穷太平之天。"简直把铁路咒为万恶之源,这种可笑的谬论反映了顽固派的愚蠢达到何种惊人的程度。

恢复海军,也遭到很多人的反对,就连著名的洋务派、两江总督兼南洋大臣的刘坤一也表示反对。理由:一是巨款难筹,二是将才难得,三是即使恢复了也难以制胜敌人,徒以资敌。他的思想很有代表性,反映了在反侵略战争中的失败主义情绪。额勒精额更是大放厥词,说什么"洋人生于海岛,如鱼龙,中国之人生于陆地,如虎豹,何不置鱼龙于陆地,而驱虎豹于大海也"。此种妄论足以暴露他的无知。

连创办学堂也遭到非议,这些封建卫道士最担心的是学堂学习西方知识,将冲击圣经贤传,冲破纲常伦理的命根子。用李秉衡的话说:"势将驱天下之才力聪明,并心一志专攻泰西之书,而加诸圣经贤传之上",致使"人心之陷溺已不可救"。如此等等,不一而足。总之,他们对每一项新政都横加攻击,妄加否定。①

尽管甲午战争创巨痛深,尽管战后的改革呼声极高,但涉及具体改革方案,各省大吏又玩起战前的旧把戏,"畏难苟安,空言塞责"。有学者指出:"甲午战后的中国政坛依然如旧,没

---

① 各将军、督抚对7月19日谕旨的反应,参见林克光:《革新巨人康有为》,中国人民大学出版社1990年版,第158~162页。

有新生气,只是各派实力稍有变化。"①

光绪帝在维新运动高潮的推动下,出于爱国、保位、争权的考虑,开始认识到不变法就没有出路,一口气提出14项新政,谕令各省议行。紧接着,于7月27日发布上谕,把翁同龢任尚书的户部所拟考核钱粮、整顿厘金、裁减制兵以及盐斤加价、重抽烟酒税等措施,发各省,令"一体实力奉行"。

康有为在《我史》称:"时常熟(翁同龢)日读变法之书,锐意变法。吾说以变先变科举,决意欲行,令陈次亮(陈炽)草定十二道新政旨意,将次弟行之。"②梁启超也在《戊戌政变记》中说:"其年六月,翁(同龢)与皇上决议,拟下诏敕十二道,布维新之令";"乙未五月,翁同龢拟旨十二道,欲大行变法之事,以恭邸未协而止"。③似乎这12道变法诏书已经草定,准备次第颁行。但茅海建说,还找不到相应的证据证明康、梁的有关说法。他认为,无论从当时军机处平时拟旨的程序,还是从翁同龢模糊不清的政治改革思想,此说较为可疑。④

甲午战争的屈辱和局,对于西太后来说,似乎大有庆幸之感。因此,随着战争的结束,西太后又终日在颐和园"或掉扁舟以游于湖,或听戏为乐,或以书画消遣",⑤什么国家的安危、民族的兴衰,她依然统统没有放在心上。

图强的辩论在朝内外继续进行着,光绪帝频频召见枢臣,筹议实施,日理万机,可西太后却深怀疑忌。光绪二十一年(1895)末,将倾向图强的帝党官员汪鸣銮及长麟革职。汪鸣銮,字柳门,浙江钱塘人,原以进士授翰林院编修,后历督陕甘、

---

① 茅海建:《戊戌变法期间的保举》,《历史研究》,2006年第6期。
② 茅海建:《〈我史〉鉴注》,三联书店2009年版,第118页。
③ 梁启超:《饮冰室合集》,专集之一,林志钧编,中华书局1989年版,第2、22页。
④ 茅海建:《〈我史〉鉴注》,三联书店2009年版,第121~123页。
⑤ [英]濮兰德、白克浩司:《慈禧外记》,陈冷汰、陈诒先译,张宪春整理,珠海出版社1995年版,第96页。

江西、山东、广东学政,迁内阁学士,光绪十四年(1888)任工部侍郎,二十年(1894)出任总理衙门大臣,二十一年(1895)改吏部右侍郎。在马关议和、朝内议论割台时,汪鸣銮"力争,谓海疆重地,不可弃",①维护了光绪帝反对割台的严正立场。战后,又与翁同龢一起积极支持光绪帝的图强意愿,每当被召见时,汪"奏对尤切直",②得到光绪帝的信任。长麟,字石农,满洲镶蓝旗人,时任户部右侍郎。长麟"素亢直",原为奕䜣的"倚用之人",③后又靠近光绪帝。当时,一些后党顽固官僚为参劾强学会和抵制帝、翁意欲图强已展开密谋,有人竟在"暗中谮于太后"。④ 于是,为预防西太后等阻挠图强,汪鸣銮、长麟便将此事"为帝言"。⑤ 当西太后闻知此情便勃然大怒,随即迫使光绪帝于1895年12月3日降谕,以所谓"屡次召对,信口妄言,迹近离间"⑥的罪名,将汪鸣銮、长麟一并革职,"永不叙用"。1895年12月18日,西太后又开始处置中日甲午战争时主战的帝党官员、礼部侍郎志锐,不让他在热河带兵,未久改任乌里雅苏台参赞大臣。时隔不久,1896年2月25日,又宣布太后懿旨,"书房(毓庆宫)撤",⑦解除翁同龢的帝师之任。其实这是拔除了帝、翁会面议事的据点。此后,事态仍继续扩大。

寇连材,档案中作寇连才(1877~1896),直隶昌平人。光绪十九年(1893)入宫,在奏事处为小太监。二十一年(1895)九月,调往储秀宫慈禧太后处当差。甲午战后,他"终日(忧)虑",感到"若日后再有别国生事,当如何也?"于是,寇连材在二十

---

① 闵尔昌编:《碑传集补》第5卷,燕京大学国学研究所印,第10页。
② 赵尔巽等:《清史稿》第四十一册,中华书局1977年版,第12430页。
③ 梁启超:《饮冰室合集》,专集之一,林志钧编,中华书局1989年版,第147页。
④ 苏继祖:《清廷戊戌朝变记》,中国近代史资料丛刊《戊戌变法》第一册,上海人民出版社、上海书店出版社2000年版,第330~331页。
⑤ 沃丘仲子:《近代名人小传》,中国书店1988年影印版,第138页。
⑥ 茅海建:《〈我史〉鉴注》,三联书店2009年版,第164页。
⑦ 陈义杰整理:《翁同龢日记》第五册,中华书局1997年版,第2878页。

年二月十五日(1896年3月28日),"冒死"向西太后跪谏,提出10条建议。其中第十条尤引人注目:"我国现今无嗣,就此可选天下文武兼全、才学广大者过继,不可按亲友过继。天下之人均有天分,有才即有分……自后国家再嗣者,均按才袭,有才准袭,无才不准封为王位。如选国嗣之,宜各村按十户选一归营,营选一再归县,选一再归省,选一由省归京。圣上亲自目看,按选一人做嗣。天下人等,前有利之贪,后有天分之贪,天下国号'大清'二字万无一失,永享太平永世在。日后不拘何人坐皇帝之位,永是大清之后代也。"①这一行动,完全是寇连材的一种善意劝告,流露出其作为一个中国人的爱国情怀。但西太后却以违制例,命内务府于二月十六日(3月29日)将寇连材杀害。接着又大搞株连,将接近光绪帝的"内侍"多人分别发遣、处死,制造了一起轰动京城的大血案。

在寇连材被杀害的次日(3月30日),西太后又以杨崇伊的"无实据"指控,以"常于松筠庵广集同类,互相标榜,议论时政,联名执奏"等罪名,将帝党官员、侍读学士文廷式"着即革职,永不叙用,并驱逐回籍,不准在京逗留"。②

文廷式,学识渊博,在文人士大夫中颇有影响,是帝党仅剩下的一名在前场支撑大局的中坚。他在战后既为光堵帝的图强竭诚献策;又为推动举人上书和协助康、梁等创建强学会而尽力。因此,文廷式的革职被逐,震动朝野,给有识之士以巨大的精神压力。从罢黜汪鸣銮、长麟和解除翁同龢的帝师任职到杀寇逐文,帝党受到毁灭性的打击(文廷式、汪鸣銮、志锐都是翁氏门下大将,当时名列"翁门六子"),使其基本陷入瓦解的状态。尤其"自是变法之议中止",③康有为怀着沉重的心情出京南归,使光绪帝的图治探索刚刚打开局面又出现了巨大的波

---

① 戚其章:《梁启超〈烈宦寇连材传〉考疑》,《历史档案》,1987年第4期。
② 茅海建:《〈我史〉鉴注》,三联书店2009年版,第169页。
③ 梁启超:《饮冰室合集》,专集之一,林志钧编,中华书局1989年版,第2页。

折。然而,变法革新已成为不可逆转的时代潮流。光绪帝的艰难探索也在继续进行中。

这场斗争是统治阶级内部维新与守旧的斗争,是帝党与后党的较量,实质上也是守旧派对刚刚兴起的维新运动的反对。其以帝党的失败、后党的胜利而告终。不但维新计划被取消,新政不能推行,而且帝党官僚志锐、汪鸣銮、长麟、文廷式等先后被谪戍、革职、撵出京师,连帝师翁同龢也被革去毓庆宫差事。于是"德宗羽翼已尽为孝钦所剪"。①怯懦无权的光绪帝步步退却,一时不敢再坚持变法。这场斗争可以说是戊戌变法的预演和缩影。

1895年10月31日,翁同龢记当日在总理衙门所见英国公使欧格讷语:"自中倭讲和,六阅月而无变更,至西国人群相訾议……今中国危亡已见端矣,各国聚谋,而中国至今熟睡未醒,何也?"②

二、湖南维新运动

康有为曾经说过:"中国变法自行省之湖南起。"③甲午战争失败后,湖南形成强烈要求救亡、变法的士风民气,主要省政官员支持维新变法,维新派人士也较集中于境内,"极一时之盛",成为维新运动时期"全国最富朝气的一省"。④湖南维新运动起步早,兴起快,措施广泛,成绩斐然,有力地推动着全国维新运动的发展,而其后期激烈的新旧斗争,也对戊戌政变的发生产生一定的影响。

湖南维新运动是整个中国戊戌维新运动的一个发展阶段。

---

① 胡思敬:《国闻备乘》,中国近代史资料丛刊《戊戌变法》第四册,上海人民出版社、上海书店出版社2000年版,第278页。
② 陈义杰整理:《翁同龢日记》第五册,中华书局1997年版,第2845页。
③ 康有为:《〈人境庐诗草〉序》,《康有为全集》第8集,姜义华、张荣编校,中国人民大学出版社2007年版,第409页。
④ 范文澜:《中国近代史》上册,人民出版社1955年版,第301页。

湖南在一段时间里成为全国维新运动的中心地区,或者说是全国维新运动的"实验省"。① 通过考察维新派各种思想主张在湖南维新运动中的实践及其反弹,有助于我们更加全面了解戊戌维新运动的面貌和更加深刻理解戊戌维新运动的命运。

1949 年以来,我国学术界对湖南维新运动的研究,基本上可以分为两个阶段:其一,20 世纪 80 年代中期以前,主要从"阶级斗争史观"和"改良主义模式"进行研究,比较强调维新人物的阶级属性和维新运动的定性,研究对象集中于谭嗣同、唐才常等主要维新人物;其二,20 世纪 80 年代末以来,出现新的研究趋势,不再专注于维新人物的阶级属性和维新运动的定性,开始较具体、实事求是地考辨各历史事件,较平衡地研究各种历史人物,并试图从区域的历史文化传统来理解维新运动的兴衰。

1. 湖南维新运动之历史背景

湖南在一段时间里成为全国维新运动的中心地区,自有其兴起的历史背景。总结学术界的相关研究,我们大致可以从四个方面作背景陈述。

(1)主要省政官员支持维新变法

19 世纪末,湖南基本上保持着传统的农业经济形态,也是当时中国极少数几个尚无通商口岸的省份之一(直到 1899 年才有岳州开埠)。历史表明,"19 世纪后期湖南是众所周知的绅士保守主义的堡垒"。② 在 1895 年出版的《中国社会》一书中,英国作者罗伯特提到,湖南作为一个省份,"长期以来总是以对外国人的极端仇视而著名,并且,至目前为止,成功地抵制可鄙的'野蛮人'入境"。③

---

① 钟叔河:《走向世界——近代中国知识分子考察西方的历史》,中华书局 2000 年版,第 399 页。
② [美]费正清、刘广京编:《剑桥中国晚清史(1800~1911)》下卷,中国社会科学院历史研究所编译室译,中国社会科学出版社 1985 年版,第 354 页。
③ Robert K. Douglas, *Society in China* (London: A. D. Innes & Co., Bedford Street,1895),p. 282.

但是,1895年10月陈宝箴就任湖南巡抚以及1894年翰林院编修江标任湖南学政,开明学者官僚的当政,使湖南状况有了很大改观。

谭嗣同在《与徐仁铸书》中深有感触地说:"溯自三十年来,湘人以守旧闭化名天下,迄于前此三年犹未疗,此莫大之耻也。愚尝引为深痛,而思有以变之。则苦力莫能逮。会江建霞学政莅湘……未几,义宁陈抚部持节来,一意振兴新学。两贤交资提挈,煦翼湘人,果始丕变矣。至今日人思自奋,家议维新,绝无向者深闭固拒顽梗之谬俗,且风气之开,几为各行省冠。"①谭嗣同的解释,可能不是问题的全部答案,但足以说明开明官僚在维新运动中的关键作用。与此对照的是广东的情况。由于戊戌变法时期"督、抚、藩、臬、学五台,皆视西学如仇耳,度风气之闭塞,未有甚于此间者也",②所以原为风气最开通的广东并未成为变法维新运动开展的主要地区。

在1998年发表的论文中,罗志田说:

> 过去对湖南新政的研究似有低估地方官吏的作用和高估士绅作用的倾向,其实湘省主要官吏的趋新才是新政得以推行的主导力量,湖南各州县新旧不一的情形也基本因此……湖南新派主要靠地方官支持,官吏换则一切均可变。③

(2)胶州湾事件后维新派策略的转变

1897年11月德军侵占胶州湾后,康有为撰写《上清帝第五书》,呈交工部,请求代奏。康有为认为,胶州湾事件已成为中国"瓜分豆剖"的导火索,"职恐自尔之后,皇上与诸臣,虽欲

---

① 蔡尚思、方行编:《谭嗣同全集》,中华书局1981年版,第269页。
② 梁启超:《致汪康年、汪洽年书》(光绪二十二年十月十一日、十三日),《汪康年师友书札》(二),上海古籍出版社1986年版,第1845页。
③ 罗志田:《近代湖南区域文化与戊戌新旧之争》,《近代史研究》,1998年第5期。

苟安旦夕、歌舞湖山而不可得矣,且恐皇上与诸臣,求为长安布衣而不可得矣"。康有为要求"变法"以"图保自存"。他提出推动政治改革的上、中、下三策:上策为"择法俄、日以定国是";中策为"大集群才而谋变政";下策为"听任疆臣各自变法"。"凡此三策,能行其上,则可以强;能行其中,则犹可以弱;仅行其下,则不至于尽亡。唯皇上择而行之"。①康有为在1901年给赵曰生的一封书信中说:"因陈右铭(宝箴)之有志,故令卓如(梁启超)入湘。当时复生(谭嗣同)见我于上海,相与议大局,而令复生弃官返湘。以湘人材武尚气,为中国第一,图此机会,若各国割地相迫,湘中可图自主。以地在中腹,无外人之交涉,而南连百粤,即有海疆,此固因胶旅大变而生者。诚虑中国割尽,尚留湖南一片,以为黄种之苗。此固当时惕心痛极,斟酌此仁至义尽之法也。"②

在胶州事变后外患孔亟、中央层面政治改革一时无望的背景下,维新派人士已纷纷考虑"亡后之图",主张"开绅智""重乡权""地方自治",追求湖南一省"自立"或"独立"及"东南半壁自立"。③

由上述两点可见,戊戌变法运动是少数爱国之士与一部分开明官僚(北京强学会、保国会的基本成分之一,湖南南学会的主要参与者与庇护者)互动或"相应和"的产物。

(3)特殊的社会阶级斗争背景

在《谭嗣同研究》一文(最初发表在1955年第7期《新建

---

① 康有为:《康有为全集》第4集,姜义华、张荣编校,中国人民大学出版社2007年版,第2~7页。
② 黄彰健:《戊戌变法史研究》上册,上海书店出版社2007年版,第2页。
③ 梁启超:《上陈宝箴书论湖南应办之事》,中国近代史资料丛刊《戊戌变法》第二册,上海人民出版社、上海书店出版社2000年版,第551~558页;梁启超:《戊戌政变记》,《饮冰室合集》,专集之一,林志钧编,中华书局1989年版,第138页;光绪二十三年十二月九日(1898年1月1日),梁启超致汪康年书信,见《汪康年师友书札》(二),上海古籍出版社1986年版,第1852页。

设》）中，李泽厚认为："湖南在变法运动中表现得很为突出，不能简单地把它仅归结为地方长官陈宝箴倡导的原故，如现在流行的说法那样……应该指出的是，比起广东江浙来，湖南的资本主义经济和政治势力并不算发达，但是在近代思想史上，湖南却一直是斗争特别尖锐激烈的场所，常常在思想界激荡起炫人心目的大火花。为什么会这样呢？这应该在湖南（特别尖锐激烈）的阶级矛盾阶级斗争去找根源。"[1]

王栻在《维新运动》一书中指出：当日湖南维新运动蓬勃发展的原因何在？诚然，湖南一部分官吏曾与维新人士合作，陈宝箴、黄遵宪、江标、徐仁铸等人在湖南维新运动上，曾起了不同的推动作用。但这绝不是主要原因。值得特别注意的是：在鸦片战争后、维新运动前，湖南境内革命斗争的形势相当尖锐。因此，在统治阶级中的一部分人看来，如不变法，则天下又要"大乱"了。鸦片战争前，中国本是广州一口通商。鸦片战争后，重心移至上海，原来走湖南及走江西的两条陆路交通线，都遭到严重的破坏。运输业、旅馆业等工人，大量失业。这样就扩大了这些地区天地会的发展。太平天国前夕，湖南会党起义特别多，不是没有原因的。再者，太平天国失败后，湘军兵士大半被遣送回家，美其名为解甲归田，事实上早已成了失业者。这批被解散的湘军兵士，也纷纷加入秘密会社，哥老会的势力更发展起来。所以，在鸦片战争之后、维新运动之前，湖南的革命斗争非常活跃，这就迫使当时统治阶级中最敏感的一部分人，要求自动变法，用以缓和形势。正是在这样的社会基础上，维新变法的号召，能在一部分上层的士大夫中，蔚然成为一种风气、一种运动。当然，湖南维新运动之所以蓬勃发展，民族危机的严重是一个主要原因，但也不能因此忽视湖南省特别的社会原因。[2]

---

[1] 李泽厚：《中国近代思想史论》，人民出版社1979年版，第190～191页。
[2] 王栻：《维新运动》，上海人民出版社1986年版，第165～166页。

上述说法,虽有"阶级斗争史观"的痕迹,但湖南的特殊社会背景应该值得关注,值得进一步研究。

(4)湖南地域文化的影响

到雍正二年(1724)始正式设立湖南省,领九府四州,成为全国十八行省之一。此前湖南不过是一个半边疆区域。钱基博注意到:清代湖南的交通不便和土地贫瘠使其"民性多流于倔强"。① 台湾学者张朋园搜辑了湖南省志和州县志中关于湘人性格的记载近20条,出现最频繁的字是"悍",次则为"劲"与"直",再次则为"刚"。②

梁启超在《戊戌政变记》中说:"中国苟受分割,十八行省中可以为亡后之图者,莫如湖南广东两省矣。湖南之士可用,广东之商可用;湖南之长在强而悍,广东之长在富而通。"在这里,"强而悍"也算是梁启超对湖南地域文化特点的认知。梁氏接着说:"湖南以守旧闻于天下,然则中国首讲西学者,为魏源氏、郭嵩焘氏、曾纪泽氏,皆湖南人。故湖南实维新之区也。发逆之役,湘军成大功,故嚣张之气渐生,而仇视洋人之风以起。虽然,他省无真守旧之人,亦无真维新之人。湖南则真守旧之人固多,而真维新之人亦不少,此所以异于他省也。"③

林增平说:"因清初移民的繁衍和生息教化,到清代乾嘉年间,渐次形成了湖南劲直尚气的民风和与之相应的朴质进取的湖湘士气。恰当其时,湮没百余年的船山学说开始广泛传播……从而进入近代就形成了……湖湘文化。此一文化的延伸外铄,遂在近代经世——维新——革命的三个历史阶段上,造成了令人瞩目的形势和成就,导致湖南获得近代功业之盛举

---

① 钱基博:《近百年湖南学风》,岳麓书社1985年版,第104页。
② 张朋园:《中国现代化的区域研究:湖南省(1860~1916)》,岳麓书社1985年版,第338~339页。
③ 梁启超:《饮冰室合集》,专集之一,林志钧编,中华书局1989年版,第129~130页。

世无出其右的声誉。"①

蔡尚思说:"戊戌运动,极端维新派的谭嗣同、樊锥、熊希龄、唐才常等和极端守旧派的王先谦、叶德辉、曾廉等,皆是湖南人;辛亥起义,湖南首先响应,而头一个为清朝殉节的将官黄忠浩,也是湖南人;洪宪称帝,最拥护帝制的筹安会领袖杨度和最反对帝制的讨袁军领袖蔡锷,也同是湖南人。"②

有学者认为,近代湖湘文化具有经世致用和维护道统的二重特征,前者构成接纳近代化的思想土壤,后者成为阻碍近代化的思想因素。近代湖湘文化的二重特征,有助于解释湖南维新运动骤兴骤停的过程。③

上述分析肯定是不完全的,但有助于我们更加全面、深入地认识湖南维新运动兴起的历史背景。

2.湖南维新运动之基本阶段

(1)湖南维新运动之发端

有学者认为,"湖南维新是从浏阳兴算开始的"。④ 1895年6月下旬,谭嗣同上书欧阳中鹄《兴算学议》,倡议在浏阳设立算学格致馆。10月3日,谭嗣同回浏阳,与欧阳中鹄等共同组织算学社,共16人。⑤ 这个算学社规模很小,影响有限,但对浏阳兴算学的活动产生了很大影响,尤其是后来湖南巡抚陈宝箴见到《兴算学议》,大为赞赏,"命印千本,遍散于各书院",⑥使得湖南风气渐开。

1895年10月,陈宝箴[1831～1900,字右铭,江西义宁(今修水)人]就任湖南巡抚。陈宝箴是一个有心变革的开明官员。

---

① 林增平:《近代湖湘文化初探》,湖南师范大学文史研究所编:《麓山论史萃编》,湖南人民出版社1988年版,第22页。
② 蔡尚思:《中国思想研究法》,湖南人民出版社1988年版,第19页。
③ 尹飞舟:《湖南维新运动研究》,湖南教育出版社1999年版,第51、26～27页。
④ 尹飞舟:《湖南维新运动研究》,湖南教育出版社1999年版,第68页。
⑤ 尹飞舟:《湖南维新运动研究》,湖南教育出版社1999年版,第238、239页。
⑥ 蔡尚思、方行编:《谭嗣同全集》,中华书局1981年版,第184页。

据其儿子陈三立说:"府君盖以国势不振极矣,非扫敝政,兴起人材,与天下更始,无以图存。"①陈宝箴到湖南后,首先推行的新政就是兴办近代工商实业。

首先,兴办矿业。1896年2月设矿务总局于长沙。两三年内,办了许多矿。矿务总局规定:由官督办、不招商股的,称为"官办";招商入股的,称为"官商合办";由商请办、官不入股的,称为"官督商办"。官办的和官商合办的,由总局派员主持;官督商办的,由商人自行经营,但总局要派人照章抽税。事实上,当时以官办为最多。在三种企业中,官办、官商合办的因官员徇私,经营不善,收效不大;而改为商办的,如益阳板溪锑矿,则获利甚多。

兴办实业的第二个方面是交通业,主要是兴办湘省内河行轮和争取粤汉铁路的修筑。经努力,1897年4月批准成立"鄂湘善后轮船局"。8月拟订《鄂湘善后轮船局合办章程》,分设南局和北局,北局设汉口,由鄂绅主持;南局设长沙北门外,由湘绅主持,于1898年4月正式开航。同时,修筑粤汉铁路的计划也提出。1898年2月,清政府正式诏准鄂、湘、粤三省绅商自办粤汉铁路。同年3月,张之洞等又奏准修筑自江西萍乡至株洲的萍潭铁路。

湖南维新时期兴办的实业之三是制造业。在陈宝箴的主持下,湖南出现了几个商办的近代工厂。如士绅梁肇荣等创办了湖南水利公司,准其专利10年。湘潭监生张本奎等创设化学制造公司,"先行蒸熬樟脑",批准"迅速开办","如果蒸造合式,可以销行","在湖南境内专利十五年,以示奖励,而资观感"。②此外,1895年11月陈宝箴与地方绅士张祖同、刘国泰、

---

① 陈三立:《皇授光禄大夫头品顶戴赏戴花翎原任兵部侍郎教察院右副都御史湖南巡抚先府君行状》,汪叔子、张求会编:《陈宝箴集》下册,中华书局2005年版,第2000页。
② 《抚宪批示》,《湘报》第一百三十五号。

杨巩等筹办了和丰火柴公司,资本3万两,其中官拨赈款1万两,张祖同等出资1.2万两,其余为散股。该公司于1896年正式开工生产火柴,日产火柴20余箱。1896年,他又与绅士王先谦、黄自元等集资创办了宝善成公司,拟"制造电气灯、东洋车及银元、矿务各局一切应用之件"。但"开办年余,拆阅较巨",遂由"官督商办"改为"官办"。当时陈宝箴为提倡电灯,曾"命宝善成公司创造电灯,自于抚署试然之,数月而善。乃令民间皆得同其利,取费又甚廉贱。由是长沙一城自学堂、报馆以逮通衢之大商肆,咸入夕炳炳然矣"。①

此外,湖南的电信业也在维新时期发端。1897年6月,湘鄂电线全线架成,长沙设立电报局,开始收发官、商电报。

1895～1897年,湖南的所谓"维新事业",除兴办实业之外,还有文教事业的改革。1894年,翰林院编修江标[1860～1899年,字建霞,号萱圃,一号师许,江苏元和(今苏州)人]任湖南学政。他在任期内以新学课士,两年后有人注意到湖南士风"一朝丕变",其转折正在于"自我吴江建霞太史衔命视学,一以阐发新学为心,而澧兰沅芷之乡,无不知研求时务为当务之急"。② 这就是说,甲午战败的刺激是全国性的,而湖南却因学政自上而下地以"利禄之途"导引,所以出现异于他省的变化。③ 江标还改革了长沙校经书院,在校经书院内建造书楼,添购了一些讲求时务的书籍,也添购了一些有关天文、舆地、物理、化学等的简单仪器。他教学生不仅要明经义,还要懂时务。他又在校经书院内设立舆地、算学、方言学会,鼓励学生从事这方面

---

① 《湖南近百年大事纪述》,湖南省志编纂委员会编:《湖南省志》第一卷,湖南人民出版社1980年版,第146～152页。
② 《读湘报》(不著作者),邵之棠辑:《皇朝经世文统编》卷106,上海宝养斋光绪二十七年版,第130页。转引自罗志田:《近代湖南区域文化与戊戌新旧之争》,《近代史研究》,1998年第5期。
③ 罗志田:《近代湖南区域文化与戊戌新旧之争》,《近代史研究》,1998年第5期。

的研究。

江标又于1897年4月22日主持创办《湘学新报》(自21册起改名《湘学报》),次年8月8日终刊,共出45册。旬刊,每月三期,每期一册。内容包括史学、掌故之学、舆地之学、算学、商学、交涉六类,主要介绍西方资本主义国家的政治、法律、文化等方面情况,也传播一些自然科学知识。该报出刊后,张之洞、陈宝箴分别札行湖北、湖南两省购阅。

自1895年夏秋谭嗣同、唐才常等在浏阳兴办算学社,到1897年11月梁启超、谭嗣同等入湘前,是湖南维新运动的发端阶段。外患的刺激及崇尚实学、讲求经世致用的文化传统,使素以守旧闻名的湖南社会风气发生了变化,官绅结合,切实举行了一系列新政,并引起了全国的注意。

但从1895年至1897年上半年陈宝箴、江标的措施来看,基本上仍未超出洋务运动的范围。他们在经济上既没有大力发展民营企业的决心,在政治上也没有要求"民权"思想的宣传。事实上,那时陈宝箴一点也没有康、梁所具有的"民权"思想。只是在不断加重的民族生存危机的刺激下,维新运动越往后发展,他越能跟着维新人物走;在依违动摇于新、旧两派的激烈斗争中,大体上是支持维新运动的。他只能算是一个开明绅士或开明官吏。江标的社会关系,似与帝党为近,在以后的百日维新时,他也只愿为新旧党作调解人。完全依靠这些人物,就很难有"民主"要求的维新运动出现。湖南真正的维新运动,实起于1897年下半年黄遵宪、梁启超、谭嗣同等相继到了湖南以后。

(2)湖南维新运动之兴盛

黄遵宪(1848～1905,字公度)于1897年8月到湖南,任盐法道,于9月下旬接臬印,兼署按察使(1898年4月回盐法道本任),掌管通省刑名。黄遵宪是广东嘉应人,举人出身,1877年出任驻日本公使馆参赞,1882年调任驻美国旧金山总领事,1889年任驻英公使馆二等参赞,1891年任新加坡总领事,1894

年回国任江宁洋务局总办。黄遵宪的经历极富特色,"在当时湖南维新派中是唯一受过西方资本主义大工业洗礼的人",①更具有鲜明的"立宪政体"思想和"民权"思想。② 1897年8月28日,清廷命徐仁铸(1863~1900,字砚父,江苏宜兴人,徐致靖之子)提督湖南学政,谭嗣同对此表示"笑乐不能自禁"。③黄、徐两人都是省中大吏,而且都支持维新运动。黄遵宪向陈宝箴推荐他在《时务报》的同志梁启超到湖南讲学。因此,11月间,梁启超也辞掉上海《时务报》的职务,到湖南的时务学堂讲学了。来的不仅是梁启超一个人,康有为的弟子如欧榘甲、韩文举、叶觉迈等也都来了。1898年2月,谭嗣同索性不再在南京候补知府,也回家乡去,专心一意领导湖南的维新运动。于是他的密友唐才常(1867~1900,字黻丞,后改佛尘,湖南浏阳人)也更活跃起来。熊希龄(1870~1937,字秉三,湖南凤凰人)那时也以翰林的身份与谭、唐在一起,参加这一运动。总之,自1897年下半年起,随着黄、梁、谭等一批维新骨干纷纷入湘,带来"地方自治"意识和"民权"思想,湖南的维新运动发展到一个新的阶段。在此以后,湖南维新运动明显以"民主"或"民权"思想为指导。所以湖南旧党的人说,湖南"自去夏以前(1897年夏天以前)固一安静世界也。自黄公度观察来,而有主张民权之说;自徐砚夫学使到,而多崇奉康学之人;自熊秉三庶常邀请梁启超主讲时务学堂,以康有为之弟子大畅师说,而党与翕张,根基盘固,我省民心,顿为一变"。④

当权官吏方面,除巡抚陈宝箴、署按察使黄遵宪、学政徐仁

---

① 郑海麟:《黄遵宪传》,中华书局2006年版,第372页。
② 黄遵宪在致汪康年信中写道:"西人所谓立宪政体,谓上下同受治于法律中也。"[《汪康年师友书札》(三),上海古籍出版社1987年版,第2348页。]他在"湖南商民请速办保卫局"的禀文中指示:"……欲视民事如己事,必当使吾民咸与闻官事……使诸绅议事而官为行事。"(《湘报》第三号)
③ 蔡尚思、方行编:《谭嗣同全集》,中华书局1981年版,第269页。
④ 苏舆编:《翼教丛编》,上海书店出版社2002年版,第144页。

铸外,陈宝箴的儿子陈三立,也以私人的资格在湖南,作为陈宝箴的重要助手。在不当权的人物方面,有谭嗣同、唐才常、熊希龄、樊锥、易鼐等以及他们的朋友广东人梁启超、韩文举、欧榘甲、叶觉迈等。湖南官吏与士绅合作推行维新运动,是当时湖南维新运动特异于其他各省而最为蓬勃发展的原因之一。张灏认为,"19世纪下半期,在各省官员势力增长的同时,绅士的政治地位也提高了。两者活动的结合,导致19世纪90年代湖南开始的一场维新运动"。①

从1897年下半年起至1898年9月政变止,湖南的维新运动,有几件事特别值得注意。

第一件事,是时务学堂的设立。

时务学堂于1897年11月29日(光绪二十三年十一月初六)正式开学。②

设立时务学堂的目的,在于培养一批青年的维新人才,以为担当维新事业的干部。创办者认为,维新事业就是救国事业,因为现在要"攘"的"夷","非若汉、唐之间,匈奴、回鹘之族,游牧之种……其政治具有条理,其学问具有本末……攘云攘云,盖其难哉!"照他们看来,唯一的办法就是效法日本。因为日本当时也受尽外国的侵略与压迫,而"明治维新,幡然改图。广开学校,悉师西法。十年之后,风气大成,遂有今日"。③ 这些维新人物,以日本的明治维新为他们的理想。

1897年11月(十月中旬),梁启超抵湘。如火如荼的场面,使易于动情的梁启超不能自持,迅速投入教学当中。他立刻亲手制定《湖南时务学堂学约十章》:一曰立志,要求学生以

---

① [美]费正清、刘广京编:《剑桥中国晚清史(1800~1911)》下卷,中国社会科学院历史研究所编译室译,中国社会科学出版社1985年版,第352页。
② 尹飞舟:《湖南维新运动研究》,湖南教育出版社1999年版,第92页。
③ 《湖南时务学堂缘起》,中国近代史资料丛刊《戊戌变法》第四册,上海人民出版社、上海书店出版社2000年版,第491页。

天下为己任，为救亡而献身。二曰养心，要破苦乐、破生死、破毁誉，威武不屈，富贵不淫，贫贱不移。三曰治身，忠信笃敬。四曰读书，要"上下千古，纵横中外之学"。五曰穷理，注意思考和观察。六曰学文。七曰乐群。八曰摄生，锻炼身体。九曰经世，寻找图强之道，说："今中学以经义掌故为主，西学以宪法官制为归，远法安定经义治事之规，近采西人政治学院之意。"十曰传教，宣扬孔子精神，谓："今设学之意，以宗法孔子为主义"，"今宜取六经义理制度、微言大义，一一证以近事新理以发明之，然后孔子垂法万世、范围六合之真乃见"，"当共矢宏愿，传孔子太平大同之教于万国，斯则学之究竟也"。① 这10条学则虽然充满儒家的治学立身精神，但其总目标是学以致用，全面发展，服务于救亡图存和变法维新。

随后，时务学堂又公布了学生功课详细章程，要求学生在读书中重思考，多实验，自由讨论，学用结合。所读书目有数十种，其中有《万国公法》《几何原本》《日本国志》《化学鉴原》《格致汇编》《万国史记》等较为新颖的图书10多部，同时强调学生读报，关心国内外时事。时务学堂功课分为两种：一曰普通学，其目有四："一曰经学，二曰诸子学，三曰公理学，四曰中外史志及格算诸学之粗浅者。"二曰专门学，其目有三："一曰公法学，二曰掌故学，三曰格算学。"入学6个月以前，读普通学；6个月以后，则各认专门，但普通学仍须兼习。学生所读之书，有涉猎之书，有专精之书。学习时学生须先研读《春秋公羊传》和《孟子》，钻研其中微言大义、民权思想，然后择取中外政治法律比较参证，使之明了维新变法的旨意。② 梁启超实际是以公羊学派为轴心，参以古典儒学、西洋科技、史地等，再发挥他的政治理想和学术宗旨，把康有为在万木草堂的教学方法搬来，使时

---

① 梁启超：《饮冰室合集》，文集之二，林志钧编，中华书局1989年版，第23～29页。
② 《时务学堂功课详细章程》，《湘报》第一百零二号。

务学堂变成为维新变法服务的速成政治学堂。

那时,谭嗣同、梁启超等人对时务学堂寄予极大的希望。如按他们的规划发展下去,这个学堂至少是 2000 人的规模。但是,实际上这学堂的规模并不很大。据考证,湖南时务学堂先后进行过 5 次招生考试,合计初选各类学生 264 人次,正式录取中文内课生 81 人,中文外课生 24 人,其他各类学生(包括备取内课生、留习中文者、调送北洋学堂者)共计 21 人。其中,兼习西文者(西文留课生)67 人。①

至于教师方面,熊希龄任提调,主持一切行政事务,梁启超任中文总教习,韩文举、叶觉迈等为中文分教习;李维格则为西文总教习,王史为西文分教习;许奎垣为数学分教习。1898 年春,梁启超离湘后,又添聘唐才常、欧榘甲担任中文分教习。可以说,时务学堂中的教师以康有为的弟子为骨干。

除课堂讲授之外,作读书笔记,由教习批答,然后师生交流心得,是时务学堂重要的教学方法。

梁启超此时刚 24 岁,风华正茂。他每天上 4 小时课,还要批改 40 多名学生的作业,有的批语上千言,往往工作到深夜,有时"彻夜不寐"。这些青年学生一个个精神焕发,胸怀一腔救国热血,苦苦思索救国救民的灵丹妙药,往往问题成堆,妙不可言。梁启超经常被他们包围,回答各种问题。现存的《总教习梁批》,记录了梁启超回答学生问题的主要批语,涉及政治、经济、文化、社会等多种领域,触及民权、议会、总统、君权、道德、习俗、官制等许多敏感的问题。但梁都能大胆发挥,圆满回答。例如,梁启超曾说:"议院虽创于泰西,实吾五经诸子传记随举一义,多有其意者。惜君统太长,无人敢言耳。"②教学之余,梁启超还和谭嗣同、唐才常、黄遵宪等维新志士谈吐志向,议论时

---

① 李玉:《湖南时务学堂学生人数考》,《近代史研究》,2000 年第 2 期。
② 《湖南时务学堂日记梁批》,见叶德辉编:《觉迷要录》,光绪辛丑冬孟编撰,乙巳夏五刊行,卷四,第 30 页。

政,诗歌互答,享受知己者难得的快慰。在时务学堂这片自由天地里,梁启超痛快淋漓地宣传自己的思想,无拘无束地展示个人的才华。这种幸福,一生不可多得。所以梁启超多次回想起时务学堂的日日夜夜,从中可以窥见时务学堂的风貌。请看梁氏《清代学术概论》记述:

> 嗣同与黄遵宪、熊希龄等,设时务学堂于长沙,聘启超主讲席,唐才常等为助教。启超至,以《公羊》、《孟子》教,课以札记,学生仅四十人,而李炳寰、林圭、蔡锷称高才生焉。启超每日在讲堂四小时,夜则批答诸生札记,每条或至千言,往往彻夜不寐。所言皆当时一派之民权论,又多言清代故实,胪举失政,盛倡革命。其论学术,则自荀卿以下汉、唐、宋、明、清学者,掊击无完肤。时学生皆住舍,不与外通,堂内空气日日激变,外间莫或知之,及年假,诸生归省,出札记示亲友,全湘大哗。先是嗣同、才常等,设"南学会"聚讲,又设《湘报》、《湘学报》,所言虽不如学堂中激烈,实阴相策应,又窃印《明夷待访录》、《扬州十日记》等书,加以案语,秘密分布,传播革命思想,信奉者日众,于是湖南新旧派大哄。①

由此看来,梁启超在时务学堂不仅教学认真,工作紧张,而且思想激进,赞同反清革命。他愤怒地揭露清廷"屠城屠邑,皆后世民贼之所为,读《扬州十日记》,尤令人发指眦裂,故知此杀戮世界,非急以公法维之,人类或几乎息矣"。② 据载,梁启超在和同事们议论国事时,曾提出四种主张:"一渐进法;二急进法;三以立宪为本位;四以彻底改革,洞开民智,以种族革命为本

---

① 梁启超:《清代学术概论》,《梁启超论清学史二种》,朱维铮校注,复旦大学出版社 1985 年版,第 69 页。
② 苏舆编:《翼教丛编》,上海书店出版社 2002 年版,第 146 页。

位。"①这里公然将反清革命作为解决现实问题的一种方法,而且梁启超比较赞同第二或第四种主张。1898年2月1日,皮锡瑞记:"在座江叔海、乔茂萱、梁卓如、邹元帆、张伯纯谈时务,多骇俗之语。"②可见,此时的梁启超思想颇为激进。用这种思想去教育学生,自然使时务学堂面貌一新,无怪乎顽固派攻击梁启超主讲时务学堂以来,"张其师说,一时衣冠之伦,罔顾名义……伪六经,灭圣经也;托改制,乱成宪也;倡平等,堕纲常也;伸民权,无君上也;孔子纪年,欲人不知有本朝也"。③这从另一个侧面说明了梁启超思想的进步,也反映出时务学堂正走向与封建主义相对立的道路。

时务学堂的影响,很是深广。

首先,培养一批新学士子,促使了他们的思想解放。

李炳寰讲:"我们求学,所为何事?但求起衰振敝,上利于国,下泽于民耳。"林圭讲:"朝廷纲纪败坏,达于极点……吾人今日求学,应以挽救国家为第一要义。"蔡锷也讲:"我们求学,是为了探孔教之精蕴,以匡济时艰,应淬励品德,做一个堂堂正正的男子,决不可随俗沉浮以自污!"唐才质曾回忆说:"我在时务学堂读书,学了一些新的功课,思想上得到很大启发,星期日又往南学会听讲,得周知国内外大事和古今学术源流,裨益尤多。"④李炳寰、林圭、蔡锷、唐才质都是时务学堂的高才生,他们明显地把求学和救国有机地结合起来了。时务学堂的许多学生,后来成为自立军起义的骨干,有的还参加了兴中会。

其次,促使湖南各地学校的设立和书院制度的改变。

陈宝箴、徐仁铸除赞助时务学堂外,又刊发《告示》:"凡我

---

① 丁文江、赵丰田编:《梁启超年谱长编》,上海人民出版社1983年版,第88页。
② 皮锡瑞:《师伏堂未刊日记》,湖南历史考古研究所近代史组整理,载《湖南历史资料》,1958年第4期。
③ 苏舆编:《翼教丛编》,上海书店出版社2002年版,序言。
④ 《唐才常和时务学堂》,《湖南历史资料》,1958年第3期。

髦士,自当及时砥砺,研求实学,期成远大之器,宏济艰难,庶不失为有志之士。"①湖南开明士绅在时务学堂的影响下,好多请求更改书院章程,如岳州府士绅郭鹏、方傅鸾等即请改变岳阳书院课程为经学、史学、时务、舆地、算学、词章6门。② 宝庆府武冈州拟将鳌山、观澜、峡江3个书院一律改课实学。③ 浏阳县准备将该县城乡6个书院合并,改为一所规模较大的致用学堂,因遭顽固分子反对,未获成功,就借南台书院为"讲舍",招收内课生40名,外课生80名;前者"习中学,兼治时务",后者"治西文,必兼中学",几乎完全效法时务学堂之所为。郴州也办了经济学堂。他们认为,"经济之道,因时变通。当今时事艰难,内政外交,均需达才",所以办了这个学堂。他们还拟订募捐办法。以100元为一名额,将来学堂开办,就可按照所捐名额,保送学生。④ 时务学堂的试题,也对各府州县教育产生很大影响。

时务学堂既把章程、试题、批覆、告示屡刊《湘报》,又与南学会相互表里,如张次宗询问学堂制度,答以"湖南时务学堂,二等学堂规制也。兴学伊始,实难骤建高等学堂,无足怪者。时务学堂以振新政艺为大宗,振新政艺以发明孔教嫡传为第一义"。⑤ 以致湖南各县有请时务学堂总教习代聘教习的,如永明县令何廷俊致书梁启超,请为濂溪书院聘请算学山长;⑥有函告梁启超,"欲行公之道,小试之一邑","敢接贵学堂质疑之例,开列事宜,另折呈请指授。贵学堂既宏答问之施,敝学院当在附庸之列"。赞誉梁启超来湖南主持风教,"诚湘人厚幸"。⑦ 时务学堂对湖南学风的转变,影响深巨。

---

① 《湘报》第一号。
② 《湘报》第四十三号。
③ 《湘报》第四十六号。
④ 参见王栻:《维新运动》,上海人民出版社1986年版,第162页。
⑤ 《湘报》第四十四号。
⑥ 《湘报》第九十八号。
⑦ 《湘报》第五十号。

第二件事,是南学会的成立。

南学会筹议于1897年冬,而正式开会则为1898年2月21日(光绪二十四年二月初一),是谭嗣同、唐才常等在湖南巡抚陈宝箴等的支持下组织成立的。

根据《南学会大概章程十二条》《南学会总会章程二十八条》《南学会入会章程十二条》等,①南学会是包括"官、绅、士、庶"在内的团体。这些人虽然社会地位不同,但规定入会后,"俱作为会友,一切平等,略贵贱之分,即以通上下之气,去壅阂之习。凡入会者务知此意"。这是倡导近代自由民主思想的表现。参加南学会的"会友"有三:一曰"议事会友",由南学会的创办者谭嗣同、唐才常、熊希龄等充任,议定会中事务章程;二曰"讲论会友",定期开讲,随时答问,推皮锡瑞主讲学术,黄遵宪主讲政教,谭嗣同主讲天文,邹代钧主讲舆地;三曰"通讯会友","远道寄函,随时酬答"。

南学会的主要活动方式是讲演,自2月21日正式开讲后,有讲学记录可查的,共13次。南学会开讲以后,大力宣传设立学会,"以联合之力,收群谋之益"②的必要性,进行变法维新的舆论宣传。

除讲学之外,南学会的另一重要活动就是问答,其方法与时务学堂师生批答相同。问答记录也在《湘报》上刊载,其中有针对主讲人所讲内容进行发问的,也有针对地方兴革进行议论的。多由主讲皮锡瑞批答,也有由谭嗣同等其他人批答。南学会还设有藏书楼。

南学会有几个特点值得注意:

首先,要求独立。1897冬,德国强占胶州湾,帝国主义瓜分中国的计划日益加紧,国家危在旦夕,瓜分的危机已发展到

---

① 分别载《湘报》第三十四号、第三十五号、第三十六号。
② 黄遵宪:《黄公度廉访南学会第一、二次讲义》,《湘报》第五号。

一个新的阶段,湖南志士纷纷"熟筹亡后之计",①"商一破釜沉舟、万死一生之策"。② 梁启超指出:"盖当时正德人侵夺胶州之时,列国分割中国之论大起。故湖南志士人人作亡后之图,思保湖南之独立。而独立之举,非可空言,必其人民习于政术,能有自治之实际然后可。故先为此会以讲习之,以为他日之基。且将因此而推诸南部各省,则他日虽遇分割,而南支那犹可以不亡,此会之所以名为南学也。"③所以,南学会是一个救亡御侮的政治组织。

维新派人士估计到中国可能会亡国,届时他们要以湖南一省作中流砥柱,自谋独立,不做亡国奴。谭嗣同说:"诸君诸君:我辈不好自为之,则去当奴仆、当牛马之日不远矣。时事我更不忍言,然求能与外人一战,无论智愚,皆知其不可。为今之计,惟有力保莫内乱,尚可为河西遗种处耳。"④

其次,要求民权。维新派人士认为,如果湖南不至于被瓜分,就不能只依靠上层少数人。他们必须做到上下一致、官民一心,才能发挥强大的救亡力量。因此,他们要"兴民权"。学会"欲将一切规制及兴利除弊诸事讲求",以"通民隐,兴民业,卫民生",于地方上重大兴革时加讨论,提出方案,供政府参考。所以南学会又是联结全省官僚士绅、讲求地方自治的政治组织。

正如梁启超所说,要使南学会"实隐寓众议院之规模"。⑤也正如谭嗣同所说:要使之"无议院之名,而有议院之实"。但是,他们所要求的民权,其实就是绅权。谭嗣同说:"苟有绅权,

---

① 蔡尚思、方行编:《谭嗣同全集》,中华书局1981年版,第280页。
② 梁启超:《上陈宝箴书》,中国近代史资料丛刊《戊戌变法》第二册,上海人民出版社、上海书店出版社2000年版,第533页。
③ 梁启超:《饮冰室合集》,专集之一,林志钧编,中华书局1989年版,第138页。
④ 蔡尚思、方行编:《谭嗣同全集》,中华书局1981年版,第405页。
⑤ 梁启超:《饮冰室合集》,专集之一,林志钧编,中华书局1989年版,第138页。

即不必有议院之名,已有议院之实矣。"①1897年12月14日,皮锡瑞记:"谭复生等禀请开学会,黄公度即以为议院。"1897年12月24日,又记:"(南学会)章程甚繁,以此为议院规模,利权尽归于绅,即右帅(陈宝箴)去,他人来,亦不能更动。"1898年2月15日,又记:"予以为诸公意,盖不在讲学,实是议院,而不便明言,姑以讲堂为名,以我不多事,借此坐镇。"②《湘报》第11号所载《南学会答问》中说:"议院有别:各国有上下议院,公议政事,此是国制,下不敢干;若府县市町村会,议员选举,本学会已略仿其意。"

日本学者小野川秀美认为,南学会"究其实,学会为其形式,实质则以议院为目标";"南学会所隐藏的主要目的在议院,且其指导精神在康有为、梁启超的主张,殆属不疑之事实"。③

再次,组织不以湖南一省为限,要扩大到广东、广西等南方各省。所以这个学会不叫湘学会,而叫南学会。他们尤注意湖南、广东两省维新人士的合作。他们认为黄遵宪、梁启超等广东人士来湖南,正是湘、粤两省合作的开端。谭嗣同说:"粤人黄公度(遵宪)廉访,梁卓如(启超)孝廉,来讲学于吾湘……湘人闻风,争自兴起……几有平五岭而一迤之心,混两派而并流之势。"又说"近日广东、广西、湖南三省学派极相同,此亦天地间一大奇"。④ 当时他们想象,只要他们合作,在亡国之时,他们还可以保住中国南部的半壁江山。

由于维新派的倡导和省府官吏的支持,南学会活动的开展和南学会章程的刊布,推动了全省各地风气的转变和学会的成立。就南学会的原来计划,各州县是要设立分会的。但各地分

---

① 蔡尚思、方行编:《谭嗣同全集》,中华书局1981年版,第438、471页。
② 皮锡瑞:《师伏堂未刊日记》,《湖南历史资料》,1958年第4期,第77、80、92页。
③ [日]小野川秀美:《晚清政治思想研究》,林明德、黄福庆译,台湾时报文化出版事业有限公司1982年版,第225、228页。
④ 蔡尚思、方行编:《谭嗣同全集》,中华书局1981年版,第444~445、516页。

会到底设了多少,很难说。樊锥在邵阳(宝庆)曾筹办了一个南学会分会,并被推为会长。但立刻遭到顽固派的反对,将他驱逐出境。其他各州县的分会,有岳州、衡州、浏阳、武冈、郴州、沅州等。梁启超说,各地分会本准备在总会成立后半年才成立。很可能,在政变以前,分会就只有这些。此外,在南学会总会的影响下,各州县又自发地先后成立了许多新学会。这些新学会,名义上,与南学会是兄弟学会,而实际上,却成为南学会的分会,使南学会的力量更深入全省。最著名者有浏阳群萌学会、郴州学会、常德明达学会、衡州任学会等。此外还有法律学会、不缠足会以及延年会。据说,全省成立了大大小小的学会15个。①

梁启超在《戊戌政变记》中生动地描述:

> 自时务学堂、南学会等既开后,湖南民智骤开,士气大昌,各县州府私立学校纷纷并起,小学会尤盛。人人皆能言政治之公理,以爱国相砥砺,以救亡为己任,其英俊沉毅之才,遍地皆是。其人皆在二三十岁之间,无科第,无官阶,声名未显著者,而其数不可算计。自此以往,虽守旧者日事遏抑,然野火烧不尽,春风吹又生。湖南之士之志不可夺矣。②

第三件事,是《湘报》的创立。

《湘报》的创立,是1898年3月7日的事,同年10月15日停刊,共出177号。由谭嗣同、唐才常等集资创办,陈宝箴从省库加以补助。每日一刊,与一年前出版的《湘学报》之为旬刊者有别,但相辅而行。其内容有论说、奏疏、电旨、公牍、本省新政、各国时事、杂事、商务等。这些新闻的来源,一方面由省政当局将一些可以公开发表的文件抄送报馆,另一方面由报馆派

---

① 尹飞舟:《湖南维新运动研究》,湖南教育出版社1999年版,第108页。
② 梁启超:《饮冰室合集》,专集之一,林志钧编,中华书局1989年版,第143页。

员出外采访。

《湘报》是由维新派"同志"集资合办、官府给予补贴的报纸。熊希龄是主要的创办者,唐才常是总撰述,蒋德钧、王铭忠、梁启超、李维格、谭嗣同、邹代钧、唐才常、熊希龄等人担任董事。①

《湘报》发表了不少宣传维新变法的论著,内中有些具有民权思想。例如,1898年3月29日刊行的第二十号《湘报》,发表了易鼐的《中国宜以弱为强说》,提出"中法与西法相参""西教与中教并行""民权与君权两重""黄人与白人互婚"等主张,认为中国"上权过重,民气不伸。民气不伸,国势亦因之而弱"。他主张清政府仿效英、德等国"君民共主之法。利之所在,听民自兴之;害之所在,听民自去之","朝廷坐享其成而已"。

除时务学堂、南学会及《湘报》《湘学报》外,当时湖南还创立了课吏馆、保卫局及迁善所、武备学堂,等等。

陈宝箴颇以"整顿吏治"为急,罢黜了一些昏庸贪墨的官吏。梁启超到湖南不久,在《上陈宝箴书》中,讨论湖南应办各事,提到课吏堂,建议由巡抚当校长,司道当副校长,"稽察功课,随时教诲",使之"实寓贵族院之规模",以开导督责一些"胸曾未有地球之形状,曾未有欧洲列国之国名,不知学堂、工艺、商政为何事,不知修道、养兵为何政"的守旧官僚。②陈宝箴赞同梁启超的主张,札示黄遵宪:"课吏馆之设,欲使候补各员讲求居官事理,研习吏治刑名诸书,而考其所得之浅深,用力之勤惰,第其等差,酌给奖资,寓津贴于策励之中,其才识高下亦因之可见。"并责成黄遵宪总理其事,"妥为拟议章程"。黄遵宪也以"时事当需才之秋,朝廷已深知不学无术之弊,若统全省官吏而课之,推科举之变格,宏课吏之规模,教于未用之先,询以方

---

① 尹飞舟:《湖南维新运动研究》,湖南教育出版社1999年版,第98页。
② 梁启超:《饮冰室合集》,专集之一,林志钧编,中华书局1989年版,第135~138页。

用之事,察克之外,兼以所学之浅深,课其政之殿最"。①

课吏馆中各课,分学校、农工、工程、刑名、缉捕、交涉6类。② 这些都与当时的新政相连:学校、农工、工程,与启迪"知识"有关;而刑名、缉捕,则与保卫局同旨,且明指"会匪"为缉捕对象;交涉又言"通商、游历、传教一切保护之法"。

最早提出设保卫局,并为之作出重大贡献的当推时任长宝盐法道并署湖南按察使的维新派官僚黄遵宪。他曾先后任清政府驻美、日、英等国使馆官员,这使他有机会了解西方近代政治制度特别是警察制度。黄遵宪等拟订了《保卫局章程》40余条,"意在官民合办,使诸绅议事,而官为行事"。③《湖南保卫局章程》中规定:"保卫局实为官绅合办之局",准备"设议事绅商十人,一切章程由议员议定,禀请抚宪核准,交局中照行。其抚宪批驳不行者,应由议员再议,或抚宪拟办之事,亦饬交议员议定禀行"。④ 维新派人士对此甚为称誉,认为"参以绅权",是"一切政事之起点,而治地方之大权"。⑤

保卫局经过官为之倡,"商为之助",于1898年3月1日成立。

保卫局制定了"条理精密"的各项章程。这些章程,见于《湘报》的有《湖南保卫局章程》《湖南迁善所章程》《保卫局增改章程》《保卫局公启》《保卫局分局员绅职事章程》《巡查长职事章程》等,对保卫局各级机构设置、人员配备、职能权责、待遇奖惩、办事程序等都作了严格而详密的规定。

按《湖南保卫局章程》规定,议事绅商(或称董事、议员)会议是保卫局的最高立法、议政机构。章程原来规定设议事绅商十数人。以后,在《保卫局公启》中又修改为每小分局公举董事

---

① 《黄公度廉访会筹课吏馆详文》,《湘报》第十一号。
② 《改定湖南课吏馆章程》,《湘报》第二十九号。
③ 《枭辕批示》,《湘报》第三号。
④ 《湖南保卫局章程》,《湘报》第七号。
⑤ 谭嗣同:《记官绅集议保卫局事》,《湘报》第二十五号。

4人，"合三十局共计一百二十人"。董事会议2年一届，"定期会议"，其职权是选举总局总办，制定和修改章程、讨论局政。

保卫局的机构分为三级，第一级是总局。总局设总办1人，会办员、绅各1人，会办员、绅下又设委员和委绅各4人，以分掌文案、审理和器物钱银等事务。第二级是大分局。原拟设5个大分局，但正式开局时增至6个大分局，即西城、北城、南城、东城、西城外、南城外分局。各大分局设局长和副局长各1人。小分局是保卫局的基层组织。原拟设30个小分局，正式开局时实设32个小分局，分别隶属于6个大分局，为第三级。每个小分局都有固定的辖地范围。每一小分局设理事委员和副理事委绅各一人。从总局到小分局各级机构都按照"官绅合办"的原则，正职由官吏担任，一般掌管拘传、讯问、发落案犯；副职由绅商担任，一般掌管内部事务、钱银器物等。

小分局直接管辖的巡查队伍是保卫局职责的主要执行者。每小分局设巡查长1人，巡查吏2人，巡查14人。巡查由所辖地区董事照章公举，再由总局考试，择优录用。巡查必须是年龄为20～40岁，"读书识字""身体强健""性质和平者"。另外必须"身家清白，无犯案不法之事"。这就保证了巡查队伍的素质，也是保卫局明显不同于保甲团练之处。

按《湖南保卫局章程》的规定，保卫局的职责是"去民害、卫民生、检非违、索罪犯"。具体来说，保卫局的主要职责是：清查户籍，巡查街巷，侦查探案，清疏交通，处理偶发事件，调解纠纷，等等。从其主要职责看，保卫局显然不同于传统的保甲组织，而与西方各类警察机构的职能相似，具有浓厚的近代化色彩。①

据说："保卫局自开办以来，各局员绅倍极勤慎，日夜严饬

---

① 关于保卫局成立时间、各级机构设置、人员配备、职能权责等，参阅彭平一：《戊戌维新时期的湖南保卫局》，《求索》，1993年第4期。

巡丁,梭巡街市,城中无赖痞徒,渐皆敛迹。"①它对保卫居民安全、工商业者利益和维持市区正常的生活秩序,是起了作用的。

保卫局又附设迁善所,收留"失业人"和犯人。所谓"失业人",是指"年轻失教,由其家长呈首者";"游荡无依,时在街市扰累讹索,有人指控者";"贫困异常,及懒惰不堪,由其族长姻戚引送者"。"拘传到所,责令学工",情节严重的则责充苦役。②

保卫局仿效的是资本主义国家的警察制度,课吏馆对整顿吏治、推行新政起过作用;开矿、制造、电报、轮舟等各种实业的开办,也有利于扶植民族资本的发展;再加上时务学堂、南学会的创设,《湘学报》《湘报》的舆论宣传。这样,湖南新政成为全国各省之冠;而新旧斗争,也在湖南进行得特别激烈。

（3）湖南维新运动之停滞与失败

1897 年下半年至 1898 年 9 月,是湖南维新运动搞得最起劲的时期,也是湖南守旧绅士不断抵拒和抗争的时期。

时务学堂是湖南维新派与守旧派斗争的焦点,在后来维新政局的发展中也是一个关键因素。斗争围绕着时务学堂学生札记批语而展开。这场由札记引起的风波主要是在 1898 年 1~2 月时务学堂放年假后发生的。时务学堂学生的札记渐渐在社会上流传,不仅因为学生们放假时把札记带往各地,而且因为长沙的一些书坊也在刊刻时务学堂的札记、考卷。这些札记引起社会"浮议"是必然的,并进而引起了抚院的注意。

1898 年 5 月,陈宝箴下令调阅时务学堂学生札记。调阅札记是湖南维新运动发生转折的关键性事件。它表明抚院对维新派的态度发生了变化。从这时起,湖南维新运动进入第三阶段,维新派与守旧派之间的斗争从此愈演愈烈,导致南学会停讲、《湘报》和《湘学报》改章、时务学堂总理易人,维新事业处于停滞状态。

---

① 《保卫近闻》,《湘报》第一百二十四号。
② 《迁善所章程》,《湘报》第八号。

由此，维新派与守旧派之间斗争的形势发生了重大变化。1898年5月以前，在维新派与守旧派之间的斗争中，维新派往往处于主动地位，任先觉之责，开地方风气，斗争一般是围绕开新与保守而展开。在此之后，由于掌握了"悖乱实迹"或"叛逆"实据，守旧派往往采取主动进攻的态势，指斥梁启超等维新派"阴行邪说"、煽惑人心、图谋叛逆。守旧派绅士反复强调他们与维新派之间的矛盾并非"新旧之争"，他们攻击维新派是为了捍卫纲常名教，忠于大清朝廷。

守旧派的主要代表人物，是当时湖南的两个大绅士：曾任国子监祭酒、此时主讲岳麓书院的王先谦（1842~1917），光绪十八年进士、曾授吏部主事的叶德辉（1864~1927）。追随他们的是一批思想保守的朋友及他们所主持的书院的学生。

守旧派绅士首领王先谦是《东华录》的编者，也是《汉书补注》的作者，旧学有一定根底，官职也不低，所以在湖南省能成为绅士阶层的代表人物。王先谦思想实有保守一面，但也不是一概反对"新"，似乎并不完全属于顽固派。他给毕永年的信说："今国之急务在海军，民之要图在商务……仆掷万金于制造，实见中土工艺不兴，终无自立之日。此心不为牟利，较然甚明。"①他给吴学兢的信又说："今日地球大通，各国往来，朝廷不能不讲译学……故声光化电及一切制造、矿学，皆当开通风气，力造精能。国家以西学导中人，亦是于万难之中求自全之策。督抚承而行之，未为过也；绅士和之，未为过也。故从前火柴、机器各公司，先谦与闻其事，确系中心之诚，以为应办，至今并无他说。"②他主张办海军、办工厂而力诋民权之说，则其思想与洋务派的思想为近。1895年的和丰火柴公司，就是陈宝箴与王先谦、张祖同、杨巩等搞起来的；1896年的宝善成公司，也是陈宝箴与王先谦、黄自元等搞起来的。初期，他是陈宝箴所谓

---

① 苏舆编：《翼教丛编》，上海书店出版社2002年版，第158页。
② 苏舆编：《翼教丛编》，上海书店出版社2002年版，第159~160页。

"新政"的合作者、协助者。不仅企业,就是时务学堂的创办,也首先是由王先谦建议的。1897年陈宝箴所作的《时务学堂招考示》说:"上年十二月间,正在筹虑之际,适据前国子监祭酒王绅先谦等呈请设立时务学堂前来,当经本部院批准先行立案。"①梁启超初到湖南办时务学堂,王先谦极为欢迎,后因学见政见分歧,反为其敌。王先谦的学生王猷焌在致王先谦信中说:"……康有为之弟子梁启超来湘主讲,专以民权、平等地、无君无父之说,为立教宗旨,论其罪状,何殊叛逆?!……当中丞(陈宝箴)""主持此事(指时务学堂等事)之始,吾夫子亦尝与闻,其悖谬之尤,败坏之极,又岂吾夫子与中丞之始意之所及料耶?"②要求整顿时务学堂的《湘绅公呈》具名中,除王先谦外,还有前云南补用道刘凤苞、编修汪檠、工部郎中蔡枚功、候选郎中张祖同、吏部主事叶德辉、工部主事郑祖焕、分省补用道孔宪教、前宁夏知府黄自元、前华容县教谕严家鬯等。其中张祖同、黄自元原是在陈宝箴的帮助之下,创办和丰、宝善成等公司的。而梁鼎芬在给王先谦的信中说:"请告张、黄、叶诸公,誓戮力同心,以灭此贼。"③则反对派中的重要人物,也就是王先谦、叶德辉、张祖同、黄自元等几个人。由此可见,反对派的阵营中,并不一定都是顽固派人物,很可能还有一些接近洋务派的人物在内。所以,在陈宝箴推行新政的初期,他们可以是合作者。

但无论是顽固派,还是洋务派,他们都是宗法社会组织和君主专制制度政权的拥护者,因此,在民权问题上,他们就毫不放松,不断发出反对的叫嚣。事实上,他们与维新派的斗争,集中在"民权"问题上。

南学会正在开创发展的时候,他们便赶走了主讲"学派"的

---

① 陈宝箴:《时务学堂招考示》,中国近代史资料丛刊《戊戌变法》第四册,上海人民出版社、上海书店出版社2000年版,第494页。
② 苏舆编:《翼教丛编》,上海书店出版社2002年版,第155~156页。
③ 苏舆编:《翼教丛编》,上海书店出版社2002年版,第155页。

今文经学大师皮锡瑞,认为皮锡瑞与康有为一样,讲素王改制之义,主维新变法之说。又认为他的儿子皮嘉祐所著《醒世歌》,说"若把地球来参详,中国并不在中央",①有乖圣人之说。这些士绅便斥皮氏父子"邪说煽惑",就将他们赶出湖南境。拔贡樊锥是邵阳(宝庆)的南学分会会长,主张民权,他们指使邵阳士绅"齐集学宫大成殿,祷告至圣孔子先师,立将乱民樊锥驱逐出境,永不容其在籍,再行倡乱"。并攻击樊锥,说他"直欲以我列圣以来乾纲独揽之天下,变为泰西民主之国……真汉奸之尤哉!"②

对于时务学堂,旧派的攻击尤为激烈。岳麓书院的学生宾凤阳等上书山长(院长)王先谦说:"今康、梁所用以惑世者,民权耳,平等耳。试问权既下移,国谁与治?民可自主,君亦何为?是率天下而乱也!"不仅省城受害,就是"上自衡、永,下至岳、常,邪说浸淫,观听迷惑",他们请王先谦函告巡抚陈宝箴,务必"从严整顿,辞退梁启超等",否则"他日学僮成立,皆持梁启超之说以教人,岂非误尽天下苍生耶?"③

王先谦接到这信后,即联系在籍案旧派士绅叶德辉、孔宪教等,向巡抚衙门递送所谓《湘绅公呈》,说"梁启超及分教习广东韩、叶诸人,自命西学通人,实皆康门谬种。而谭嗣同、唐才常、樊锥、易鼐辈,为之乘风扬波,肆其簧鼓。学子胸无主宰,不知其阴行邪说,自以为时务实然。丧其本真,争相趋附,语言悖乱,有如中狂。始自会城,浸及旁郡"。要求务必"严加整顿,屏退主张异学之人"。④王先谦、叶德辉等又煽惑岳麓、城南、求忠三书院的落后学生,商订所谓《湘省学约》,要青年们"正心术"、"尊圣教"、"辟异端"、"端士习",企图通过这些诫约,约束青年

---

① 《湘报》第二十七号。
② 苏舆编:《翼教丛编》,上海书店出版社2002年版,第141~144页。
③ 苏舆编:《翼教丛编》,上海书店出版社2002年版,第144~148页。
④ 苏舆编:《翼教丛编》,上海书店出版社2002年版,第149~150页。

知识分子,使其不敢从事变法维新运动,进而将湖南正在举办的新政全部取消。①

关于《湘报》与《湘学报》,他们通过张之洞来加以压制。1898年5月11日,张之洞给陈宝箴的电报说:"《湘学报》中可议处,已时有之。至近日新出《湘报》,其偏尤甚。近见刊有易鼐议论一篇,直是十分悖谬,见者人人骇怒……此等文字,远远煽播,必致匪人邪士,倡为乱阶……亟宜谕导阻止,设法更正。"②这还是比较客气的话。对于学政徐仁铸,张之洞就不客气了。同日,他致电徐仁铸说:"近日由长沙寄来《湘学报》两次。其中奇怪议论,较去年更甚。或推尊摩西,或主张民权,或以公法比春秋。鄙人愚陋,窃所未解……所有以前(湖北通省书院)报资,已饬善后局发给,以后请饬即日截止,毋庸续寄。另将《湘学报》不妥之处,签出寄呈察阅。学术既不敢苟同,士论亦不敢强拂,伏祈鉴谅。"③陈宝箴接到张之洞来电后,就决定对《湘报》进行改造。他于5月13日回电说,已嘱人纠正易鼐之论,并要求根本取消报首议论(社论)。这件事成了《湘报》《湘学报》的转折点。从此以后,《湘报》《湘学报》就失去原来的激进色彩,再也没刊登谭嗣同、唐才常等人的文章。《湘学报》从1898年5月20日第37期开始,连载张之洞的《劝学篇》,到该年8月8日出完第45期即终刊。《湘报》于戊戌政变后的10月15日停刊。

在省城南学会的讲学中,守旧派也开始起哄。于是,南学会"以天热为辞",暂停讲学,皮锡瑞于6月8日离湘赴赣。皮锡瑞离湘后,曾广钧、谭嗣同还坚持了两次讲学,此后南学会活

---

① 苏舆编:《翼教丛编》,上海书店出版社2002年版,第150～153页。
② 苑书义、孙华、李秉新主编:《张之洞全集》第九册,河北人民出版社1998年版,第7581页。
③ 苑书义、孙华、李秉新主编:《张之洞全集》第九册,河北人民出版社1998年版,第7582页。

动完全停止。①

在守旧派的激烈攻击下,时务学堂的正常教学活动早已受到破坏。学堂总理由熊希龄改为黄遵宪。黄也于8月奉旨北行。戊戌政变后,时务学堂改为求实书院。②

顽固派还企图挤垮湖南新政的主要庇护者陈宝箴。他们"联名函告京中湖南同乡官,谓陈帅紊乱旧章,不守祖宗成法,恐将来有不轨情事,不能不先事预防"。函中还牵连署按察使黄遵宪。湖南京官接到此函,即敦请湘籍高官时任左都御史徐树铭"据情揭参"。③ 徐树铭于1898年5月13日上两折两片。6月13日,湖南籍御史黄均隆上奏"湖南讲求时务有名无实折",攻击陈宝箴、梁启超、熊希龄、谭嗣同、黄遵宪等人,要求下旨湖南巡抚陈宝箴另择人主持时务学堂,并解散南学会、撤销保卫局。光绪帝当时正准备变法,因而对陈宝箴不仅不加以惩处,还于8月10日下诏说:"陈宝箴自简任湖南巡抚以来,锐意整顿,即不免指摘纷乘。此等悠悠之口,属在缙绅,倘亦随声附和,则是有意阻挠,不顾大局,必当予以严惩,断难宽贷。"④这是对顽固派的一个打击。但顽固派并未停止对维新派的攻击。

由此可见,当时旧派对于湖南维新事业的压迫与进攻,是从省内外两方面来的。张之洞的心腹梁鼎芬给王先谦的信,正是省内省外官员密谋联合镇压的宣言。梁鼎芬写道:

> 马关约定数年,又有胶州之事,四夷交侵,群奸放恣。于是崇奉邪教之康有为、梁启超,乘机煽乱,昌言变教,恰有阴狡坚悍之黄遵宪、轻谬邪恶之徐仁铸,聚于一方,同恶相济,名为讲学,实与会匪无异……上则欲散君权,下则欲行邪教,三五成群,邪说暴作……吾

---

① 尹飞舟:《湖南维新运动研究》,湖南教育出版社1999年版,第132~133页。
② 尹飞舟:《湖南维新运动研究》,湖南教育出版社1999年版,第134页。
③ 《湘抚被劾》,《国闻报》,光绪二十四年四月初六日。
④ 茅海建:《〈我史〉鉴注》,三联书店2009年版,第631~632页。

党君子……誓戮力同心,以灭此贼。①

张灏认为,湖南新政时期,湖南绅士反对以"平等"为核心的新思想运动,其中表现出来的激烈性质,"不禁使人想起19世纪后期一些教案的情景"。他指出,"基于实际的和意识形态的考虑,他们和朝廷是休戚相关的"。张灏进一步认为,"湖南维新派的失败说明,虽然到19世纪末变革已经开始,但变革的程度远不足以像20世纪头十年进行的改革那样改变绅士的基本社会政治倾向性。中国的政治秩序仍是由儒家的文化力量以及地方精英的社会力量在支撑着。各省占统治地位的社会和文化力量与国家的制度基础的一致性,使得在地方上进行激进的改革非常困难,而且使受到日本启发的由省到中央变法维新的路子几乎没有希望"。②

到19世纪末,湖南商品经济有某些发展,但输出的主要是谷米、茶叶、竹器、木材、鞭炮等农副产品,基本上保持着传统的农业经济形态。湖南也是当时中国极少数几个尚无通商口岸的省份之一(直到1899年才有岳州开埠)。落后的经济形态,加上较少接触外国人和外国文化,湖南本地之人仇洋排外心理较强,湖南士风保守,对洋务运动抵制甚力,反对轮船、电报。魏源、曾国藩、左宗棠、郭嵩焘、曾纪泽都是湖南人,也都是洋务运动的先驱或领袖人物。但是,他们的主要活动不在湖南,他们创办的洋务企业也都在外地,多数在东南地区。所以,尽管湖南出了许多洋务派领袖,但其洋务思想和洋务活动对家乡没有产生什么直接影响,湖南本土的洋务没有什么建树。1879年,李鸿章主持天津至大沽间的电线架设,是为中国近代通讯业之始,至1880年设立电报总局。但是,湖南直到1890年才

---

① 苏舆编:《翼教丛编》,上海书店出版社2002年版,第154~155页。
② [美]费正清、刘广京编:《剑桥中国晚清史(1800~1911)》下卷,中国社会科学院历史研究所编译室译,中国社会科学出版社1985年版,第366~370页。

由湖广总督张之洞提议架设电线,联通两湖。1891年奏报清廷后开工,但架设电线的工程受到当地绅民的重重阻挠,不久即告停工。直到1897年6月,长沙到湖北的电线才得以架成,开设了湖南第一家电报局。湖南在洋务运动中显得沉寂,没有受到多少近代工艺技术和新知识的冲击。甚至像郭嵩焘、曾纪泽这些近代中国颇有作为的驻外使节,皆为当时湘人所不容。①

随着湖南、京师等地形势的变化,"湖南的维新骨干出现了往京师聚集的趋势"。②

---

① 尹飞舟:《湖南维新运动研究》,湖南教育出版社1999年版,第30~39页。
② 尹飞舟:《湖南维新运动研究》,湖南教育出版社1999年版,第125页。

第五章 百日维新和戊戌政变

一、百日维新

1. 变法条件日趋成熟

1898年夏,经过长期酝酿,维新变法逐渐具备由宣传进入实践、由零星改革进入全面开展的条件,主要有如下四方面。

其一,民族矛盾和阶级矛盾激化,政治危机和经济危机并发,非变法无以摆脱困境。甲午战后,不但民族危机日益严重,城乡人民的反抗斗争也此起彼伏,既有农民、会党、回民起义,及以孙中山为首的革命派领导的广州起义,又有广泛的反教会斗争。1897年11月14日,德国借口两个德籍传教士在山东巨野被杀,派遣远东舰队占领胶州湾,夺占青岛炮台,清军未加抵抗而后退,史称"胶州湾事件"。而后,德国又强迫清政府签订《胶澳租界条约》,在"租借"的名义下强占了胶州湾,并把山东变成其势力范围。"胶州湾事件"发生后,西方列强在华争夺势力范围的活动空前加剧,各地报刊抑扬舆论,极言时危。正如康有为在约撰于1897年12月的《上清帝第五书》中所说:"万国报馆议论沸腾,咸以分中国为言……海内惊惶,乱民蠢动";

"乱机遍伏,即无强邻之逼,揭竿斩木,已可忧危。"①杨锐于光绪二十三年十一月二十六日(1897年12月19日)给汪康年信中称:"敌氛日恶,大局将溃,奈何奈何!长素条陈,透切时弊。"②据时任日本驻北京公使馆书记官的中岛雄观察,1897年11月德国占胶州湾,以及1898年3月俄国租借旅顺、大连海湾"这两件大事发生后,欧美各大报纸纷纷登载瓜分清国说的社论,中国国内由《时务报》首先翻译登载了这些评论。受这些舆论警示,原本就已经风声鹤唳、草木皆兵的北京朝廷看来,康的('不变法图强,则国运衰亡')言论也不再是危言耸听,倒像是预言一般地奉作神圣了"。③衰朽的清王朝,摇摇欲坠。严重的政治危机的并发症是严重的经济危机,大量赔款,使清政府财政匮乏,④民生凋敝,度日维艰。这一切在客观上都对变法起了催化作用,险恶的处境使越来越多的人产生变法的紧迫感,"于是国人大哗,志士愤起,痛论变法之不可缓"。⑤

其二,维新运动掀起高潮,形成不可遏止的洪流。维新运动的旗手和主帅康有为,从1888年第一次上书开始,努力发动维新变法,至1898年,整整10年,甲午战后3年更是不遗余力。由于他坚持不懈,不怕挫折,不顾安危,勇往直前,通过不断上书争取光绪帝转向变法,广泛联络官僚士大夫,争取他们的支持,撰写

---

① 康有为:《康有为全集》第4集,姜义华、张荣编校,中国人民大学出版社2007年版,第2、4页。
② 《汪康年师友书札》(三),上海古籍出版社1987年版,第2408页。
③ 日本外务省外交史料馆藏:中岛雄《随使述作存稿》第9册,杨洋译,第81页。转引自孔祥吉、村田雄二郎:《一个日本书记官见到的康有为与戊戌维新——读中岛雄〈随使述作存稿〉与〈往复文信目录〉》,《广东社会科学》,2009年第1期。
④ 白寿彝总主编:《中国通史》第19册(上海人民出版社1999年版),第670页:"甲午战争后,清廷财政支出恶性膨胀,与财政收入差距日益扩大。光绪二十一年(1895)到庚子赔款前,每年约差2000万两。"
⑤ 黄鹤寿:《清史记事本末》,中国近代史资料丛刊《戊戌变法》第四册,上海人民出版社、上海书店出版社2000年版,第256页。

变法理论批判守旧思想,创办学校培养维新志士,发行报刊宣传维新思想,成立学会团结维新力量等卓有成效的工作,自上而下和自下而上的发动相结合,争取了越来越多的人同情和支持变法,推动维新运动一步步走向高潮,变法呼声一浪高过一浪。"胶州湾事件"后,"京师人人震恐,惧分割之即至……于是康有为既上书求变法于上,复思开会振士气于下"。①

据康有为《我史》中称,1898年1月5日,康有为策动在京广东籍京官及应试举人数十人,在南海会馆宣布成立粤学会。各省旅京志士纷纷成立区域性的维新团体,如闽籍内阁中书林旭等人成立闽学会,山西、陕西旅京人士宋伯鲁等发起成立关西学会,川籍内阁中书杨锐、川籍刑部主事刘光第等人发起成立蜀学会,等等。在此基础上,康有为认为,需"成一大会,以伸国愤"。由康有为主之,黄绍箕、李盛铎等助之,积极筹建全国性政治团体——保国会。1898年4月17日下午一点,保国会首次开会于粤东会馆,与会者至少有127人。②《保国会章程》的第一条称:"本会以国地日割、国权日削、国民日困,思维持振救之,故开斯会以冀保全,名为保国会。"③保国会成立后,保滇会、保浙会、保川会等相继成立。一度消沉的知识分子再度活跃,掀起创办新式学会及学堂的第二次高潮,为维新派人士从事变法活动提供更加广阔的舞台。

至戊戌年春夏间,维新运动蓬勃发展,不但维新派及其追随者竭力鼓吹变法,洋务派甚至顽固派的许多人,也相继提出某些改革的具体建议。

据军机处随手登记档记载,从戊戌年初至百日维新的4个

---

① 梁启超:《饮冰室合集》,专集之一,林志钧编,中华书局1989年版,第74页。
② 茅海建:《〈我史〉鉴注》,三联书店2009年版,第238、303~305、357~367页。
③ 康有为:《康有为全集》第4集,姜义华、张荣编校,中国人民大学出版社2007年版,第54页。

月中,内外臣工所上有关变法的折片累计达百余件。① 虽然上折的人不一定都赞成,甚至反对维新派变法,这些奏折所提新政建议也大都集中在经济、文教和军事方面,基本上没有超出洋务运动的范围,但至少他们承认祖宗之法在某些方面是需要改革的。这些有关变法的折片,反映了维新变法已成为人们关注的中心问题,成为一股不可抗拒的社会潮流。

其三,帝党与维新派结合,形成领导变法的基本力量。尽管帝党和维新派的认识有差异,变法的动机、办法和目的也有所不同,但积极要求变法并企图通过变法改变国家积贫积弱的现状、追求富强,则基本上是一致的。帝党需要联合当时十分活跃、颇有社会影响的新生力量维新派,壮大自己的势力,以对抗后党的压制;维新派则要援引帝党作为进身之阶和实现变法夙愿的依靠力量。于是,他们在爱国、变法的大前提下,在甲午战后一步步结合起来。其中帝党的中坚和主将翁同龢与康有为之间的相互了解、彼此信任,是两派结合的关键。

康有为一向积极争取翁同龢的支持。翁自甲午战后也对康刮目相看,对他的志向和变法主张有所了解,并一再向光绪帝推荐。戊戌政变后,光绪二十四年十月二十一日(1898 年 12 月 4 日),光绪帝在朱笔中称,"翁同龢……今春又密保康有为";军机大臣根据光绪帝朱笔而扩展成的"内阁奉朱谕"中称:"翁同龢……今春力陈变法,密保康有为,谓其才胜伊百倍,意在举国以听。"②在戊戌政变初起时,翁同龢曾致书密友,吐露他荐举康梁的真情:"弟之举康梁也,衷心无一毫不能告人处,足下所知,而世人所共见也。康梁有其经世之才,救国之方,此弟

---

① 林克光:《革新巨人康有为》,中国人民大学出版社 1990 年版,第 221 页。
② 军机处《上谕档》,光绪二十四年十月二十一日。转引自茅海建:《〈我史〉鉴注》,三联书店 2009 年版,第 423~424 页。

之所以冒万死而不辞,必欲其才能得所用而后已也。"①据说,当康上书受挫拟返粤时,翁予以挽留,"告以上眷至笃,万不可行"。②

当康所上第六书发总署议,总署仅议矿务、商务两条可行时,翁大不以为然,惊讶地质问:"洋洋数千言,条陈千(十)数事,仅此两条可行乎?众不得已,奏请军机处会议。"③说明帝党与维新派的结合已相当紧密。

其四,光绪帝破釜沉舟决心变法。因为变法要依靠皇权自上而下实行,故光绪帝的态度是能否进行变法的决定因素。如前所述,光绪帝早在1895年即已拟行变法,由于慈禧太后为首的后党的反对而流产。三年来,上述三方面的变化,出现了"臣民想望,有不可不变之心;外国逼迫,有不能不变之势"④。在这样的形势下,他在翁同龢、康有为的启迪下,对时局和变法的必要性认识更加深刻,"谓旧法只可治前日之天下,不可治今日之天下"。⑤痛感不变法就没有出路,已到了非变法不可的地步。光绪帝认识到要变法就要学习西方,因而锐意讲求西学,所收集新书"内殿为满","遂决变政"。当他受到守旧大臣阻挠时,曾忿忿地说:"你们嫌我讲西法,我将要改变西法,汝等其奈我何?"⑥

1898年1月16日,光绪帝召见军机大臣时,"颇诘问时事

---

① 张子扬:《关于翁同龢与康梁关系的一件史料》,《光明日报》,1955年7月21日。
② 张元济编:《戊戌六君子遗集》,沈云龙主编:《近代中国史料丛刊》三编第十八辑,台北文海出版社有限公司印行,第602页。
③ 王庆保、曹景郕:《驿舍探幽录》,中国近代史资料丛刊《戊戌变法》第一册,上海人民出版社、上海书店出版社2000年版,第492页。
④ 康有为:《康有为全集》第4集,姜义华、张荣编校,中国人民大学出版社2007年版,第13页。
⑤ 《变法述闻》,《湘报》第二十六号。
⑥ 苏继祖:《清廷戊戌朝变记》,中国近代史资料丛刊《戊戌变法》第一册,上海人民出版社、上海书店出版社2000年版,第350页。

所宜先,并以变法为急"。以恭亲王为首的军机大臣们都沉默不语,表示对变法的漠视和反对,只有翁同龢"颇有敷对,谓从内政根本起"。① 光绪帝不顾守旧大臣的阻挠,在翁同龢的辅佐下,根据臣工的奏议,逐步试行某些改革。

林克光根据光绪二十四年军机处随手登记档所载上谕目录和上谕档统计,是年百日维新前所发有关变法上谕33件,其中将臣工变法建议交有司议复者17件,直接颁谕施行者16件。如2月15日谕令各衙门满汉司员必须一体认真考试,"务使究心实学,勉为有用之才,以备朝廷器使"。3月18日谕令武科一律改试枪炮。4月15日,谕令妥速办理裁减防营事宜。2月5日和5月28日,两次申谕王公大臣及文武百官,"务勤职守",不得无故告假。2月20日,严谕斥责督抚不肯实行裁兵,指出"裁兵节饷等事,为今日万不可缓之图",谕令迅速办理,若"仍有不实不尽,一经查出,朕必治以抗违之罪"。3月7日再发上谕,催促赶紧筹办。② 以上事实说明变法已在局部进行,也说明这样零星的改革不能解决问题,而且阻力很大,困难重重,需要下大决心,全面展开。

在促使光绪帝下大决心、实行大规模变法的问题上,康有为起了重要作用。据档案可知,光绪帝曾于光绪二十一年五月十一日收到都察院代奏的康有为《上清帝第三书》,二十四年二月十九日、三月初三日、二十三日收到总理衙门代奏康有为的三次上书及《日本变政考》等书籍。在戊戌变法期间的保举活动过程中,光绪帝明显表现出对康有为及其党人的"优遇态度"。③

---

① 陈义杰整理:《翁同龢日记》第六册,中华书局1998年版,第3081页。又仲伟行:《〈翁同龢日记〉勘误录》,上海古籍出版社2010年版,第390页。
② 林克光:《革新巨人康有为》,中国人民大学出版社1990年版,第224~225页。
③ 茅海建:《戊戌变法期间的保举》,《历史研究》,2006年第6期,第81~86、102页。

1898年6月16日在召见康有为、张元济的过程中,光绪帝表现出明确的"变法"意向。①

2. 颁布《明定国是诏》

1898年5月29日,反对变法的首席军机大臣恭亲王奕䜣病逝,变法阻力减少,从此"事皆同龢主之"。② 康有为认为这是实行变法的极好机会,便上书翁同龢,"促其亟变法,勿失时"。③ 康有为代杨深秀和徐致靖拟奏折,请特降谕旨明定"维新变法"之"国是",分别于6月1日和8日奏达光绪帝。光绪帝对此二折非常重视,当天即将徐折送颐和园"恭呈慈览"。据说,光绪帝同时通过庆亲王奕劻向慈禧太后要求给予变法之权,"乃谓庆王曰:'太后若仍不给我事权,我愿退让此位,不甘作亡国之君。'庆邸请于太后,始闻甚怒曰:'他不愿坐此位,我早已不愿他坐之。'庆劻劝始允曰:'由他去办,俟办不出模样再说。'庆邸乃以太后不禁皇上办事复命"。④

费行简在《慈禧传信录》中记载:"后尝告德宗,变法乃素志,同治初即纳曾国藩议,派子弟出洋留学,造船制械,凡以图富强也。若师日人之更衣冠、易正朔,则是得罪祖宗,断不可行。时帝颇流览新书,见刘瑞芬《英法政概》(引者按:似指《西轺纪略》)、宋育仁《采风记》,颇举西制,而黄遵宪之《日本国志》,纪日人变制尤详。遂为后言,徒练兵制械,不足以图强,治国之道,宜重根本。乃以冯桂芬《校邠庐抗议》进后览,后亦称其剀切,第戒帝毋操之过蹙而已。帝以告同龢,同龢退告其门弟子曰:今而后法必变矣。"⑤ 从中,我们可以看到,光绪帝有向

---

① 茅海建:《〈我史〉鉴注》,三联书店2009年版,第428~439页。
② 费行简:《慈禧传信录》,中国近代史资料丛刊《戊戌变法》第一册,上海人民出版社、上海书店出版社2000年版,第464页。
③ 楼宇烈整理:《康南海自编年谱(外二种)》,中华书局1992年版,第40页。
④ 苏继祖:《清廷戊戌朝变记》,中国近代史资料丛刊《戊戌变法》第一册,上海人民出版社、上海书店出版社2000年版,第331页。
⑤ 中国近代史资料丛刊《戊戌变法》第一册,上海人民出版社、上海书店出版社2000年版,第464页。

西方学习、进行政治制度改革的思想;慈禧太后也有一定的向西方学习、进行"变法"的思想,甚至称"苟可致富强者,儿自为之,吾不内制也",①但基本没超越"洋务式"的改革范围。

苏继祖在《清廷戊戌朝变记》中记载:"(光绪二十四年)正月,康初上之书,上呈于太后。太后亦为之动。命总署王大臣说询补救之方、变法条理,曾有懿旨焉。否则王大臣未见,未虚心下问也。"②据此说法,如果没有慈禧太后的懿旨,就不会有光绪二十四年正月初三(1898年1月24日)李鸿章等总署五大臣在总署西花厅对康有为"虚心下问"的接见。慈禧太后虽然痛感"时事艰难,外国人欺我太甚",③但还是划定了光绪帝变法的底线:"凡所施行之新政,但不违背祖宗大法,无损满洲权势,即不阻止。"④慈禧太后只在所限定的范围内,给予光绪帝某些变法的权力。

太后答应假以事权让光绪帝变法,表示"吾不内制",为光绪帝发动百日维新提供了可能的空间。光绪帝得到奕劻"不禁皇上办事"的复命,得知太后不禁止他变法,喜出望外。6月9日,他去颐和园向慈禧太后"请安"。6月11日(四月二十三日),"上奉慈谕,以前日御史杨深秀、学士徐致靖言国是未定,良是。今宜专讲西学,明白宣示"。⑤ 当天光绪帝召集军机大臣会议,颁发《明定国是诏》。⑥

---

① 中国近代史资料丛刊《戊戌变法》第一册,上海人民出版社、上海书店出版社2000年版,第464页。
② 中国近代史资料丛刊《戊戌变法》第一册,上海人民出版社、上海书店出版社2000年版,第331页。
③ 1899年10月2日慈禧太后接见盛宣怀时所语,见北京大学历史系近代史教研室整理:《盛宣怀未刊信稿》,中华书局1960年版,第275页。
④ [英]濮兰德、白克浩司:《慈禧外记》,陈冷汰、陈诒先译,张宪春整理,珠海出版社1995年版,第100页。
⑤ 陈义杰整理:《翁同龢日记》第六册,中华书局1998年版,第3132页。
⑥ 《翁同龢日记》称《明定国是诏》在四月二十三日奉"慈谕"后所拟。但是,翁的门生张謇于上一日即已见到上谕底稿。张的日记云:"二十二日,见虞山(翁同龢)所拟变法谕旨。"(张謇研究中心、南通市图书馆编:《张謇全集》第6卷,江苏古籍出版社1994年版,第409页。)

诏云:"数年以来,中外臣工讲求时务,多主变法自强。迩者诏书数下,如开特科,裁冗兵,改武科制度,立大小学堂,皆经再三审定,筹之至熟,甫议施行。惟是风气尚未大开,论说莫衷一是,或托于老成忧国,以为旧章必应墨守,新法必当摈除,众喙哓哓,空言无补。试问今日时局如此,国势如此,若仍以不练之兵,有限之饷,士无实学,工无良师,强弱相形,贫富悬绝,岂真能制梃以挞坚甲利兵乎?朕惟国是不定,则号令不行,极其流弊,必至门户纷争,互相水火,徒蹈宋明积习,于时政毫无裨益,即以中国大经大法而论,五帝三王,不相沿袭,譬之冬裘夏葛,势不两存,用特明白宣示,嗣后中外大小诸臣,自王公以及士庶,各宜努力向上,发愤为雄,以圣贤义理之学,植其根本,又须博采西学之切于时务者,实力讲求,以救空疏迂谬之弊。专心致志,精益求精,毋徒袭其皮毛,毋竞腾其口说,总期化无用为有用,以成通经济变之才。"①并提出应首先举办京师大学堂为各行省之倡。

这个诏书是根据康有为等维新派的迫切要求而颁布的,其立论根据,以及申述必须变法和定国是的理由,是根据上述杨深秀和徐致靖的奏折,及康有为历次上书的内容而草拟的,甚至许多词句都完全一样。如"老成忧国""互相水火"句,与杨折同;"空言无补""莫衷一是"句,源于徐折;"五帝三王,不相沿袭,譬之冬裘夏葛,势不两存"等,更是康有为的口头禅。诏书斥责守旧派,"以为旧章必应墨守,新法必当摈除,众喙哓哓,空言无补"。强调学习西方要"专心致志,精益求精,毋徒袭其皮毛",委婉批评了徒袭皮毛的洋务派。所谓"以圣贤义理之学,植其根本",与康有为的托古改制思想一致。

《明定国是诏》明确规定变法为"国是"。梁启超具体阐述了此诏书的重大历史意义,说它"斥墨守旧章之非,著托于老诚

---

① 清华大学历史系编:《戊戌变法文献资料系日》,上海书店出版社1998年版,第681页。

之谬,定水火门户之争,明夏葛冬裘之尚,以变法为号令之宗旨,以西学为臣民之讲求,著为国是,以求众向,然后变法之事乃决,人心乃一,趋向乃定。自是天下向风,上自朝廷,下至人士,纷纷言变法,盖为四千年拨旧开新之大举,圣谟洋洋,一切维新,基于此诏,新政之行,开于此日"。①

光绪帝颁发《明定国是诏》,揭开了百日维新的序幕。

3. 慈禧太后预布罗网

慈禧太后曾对光绪帝表示:"苟可致富强,儿自为之,吾不内制也。"②然而,慈禧太后允许的只是"造船制械"的洋务式富强,与光绪帝追求的"宜重根本"的"变制图强"③大不相同。故在诏定国是前后,帝后两党、维新守旧两派的明争暗斗顿形激烈。后党大臣上蹿下跳,大肆活动,早已"归政"的慈禧也一反常态,频繁召集心腹大臣密商。据《清廷戊戌朝变记》说:四月二十日后太后召见庆邸、荣相、刚相,询及皇上近日任性乱为,要紧处汝等当阻之。同对曰:皇上天性,无人敢拦。刚伏地痛哭,言奴才婉谏,屡遭斥责。太后又问,难道他自己一人筹划,也不商之你等?荣、刚皆言曰:一切只有翁同龢能承皇上意旨。刚又哭求太后劝阻。太后言,俟到时候,我自有法。④ 这是太后召集的一次筹划反变法的秘密会议,令他们在要紧处阻挠变法。会上荣、刚一致指出翁同龢是大臣中唯一支持皇上变法的人。荣禄又通过李莲英进谗言于太后,"谓同龢专横,且劝帝游

---

① 梁启超:《饮冰室合集》,专集之一,林志钧编,中华书局1989年版,第22页。
② 费行简:《慈禧传信录》,中国近代史资料丛刊《戊戌变法》第一册,上海人民出版社、上海书店出版社2000年版,第464页。
③ 费行简:《慈禧传信录》,中国近代史资料丛刊《戊戌变法》第一册,上海人民出版社、上海书店出版社2000年版,第464页。
④ 苏继祖:《清廷戊戌朝变记》,中国近代史资料丛刊《戊戌变法》第一册,上海人民出版社、上海书店出版社2000年版,第332页。

历外洋,后闻大骇"。① 以后光绪帝虽一再辩白,说明并无其事,但是太后仍然不信,从而为罢免翁同龢埋下伏笔。②

6月10日,诏定国是的前一天,根据慈禧太后的旨意,光绪帝调整了中枢班子:授荣禄为大学士,管理户部,调刚毅为协办大学士,接任兵部尚书,以崇礼为刑部尚书。恭亲王去世后的此次政治格局调整,目的是制约翁同龢。翁当时的职位是协办大学士、军机大臣、总理衙门大臣、户部尚书。荣禄原为协办大学士、督办军务处会办大臣、总理衙门大臣、兵部尚书、步军统领,与翁地位相等;此时以大学士管户部,正好在户部事务上管着翁。刚毅与翁同为军机,此时升协办大学士、调兵部尚书,地位与翁相平。刚毅空出的刑部尚书,给总理衙门大臣崇礼,使之可在总理衙门与翁对敌,更压张荫桓一头。③

据载,荣禄曾一再与慈禧密谋再次垂帘听政,慈禧颇为心动,也有此意。但当时皇上年富力强,又没有什么过失,她怕引起朝臣的反对、清议的讥评,未敢蓦然实行。她对荣禄说:"非图安逸,恐又遭揽权之讥。"荣禄解释说:"揽权者,臣下之谓也,非所论于太后,明事人断无是言,不明事者何足重轻。"话虽这么说,但总不那么理直气壮,为了制造一个群臣敦请训政的假象,慈禧太后示意荣禄广泛发动大臣联衔吁恳训政。荣禄煞费苦心,亲自出马,"遍邀王公大臣,联衔恳请训政;又命贻谷邀致讲读翰詹等官,李盛铎、杨崇伊邀致御史,皆联衔吁恳"。不料

---

① 费行简:《慈禧传信录》,中国近代史资料丛刊《戊戌变法》第一册,上海人民出版社、上海书店出版社2000年版,第464页。
② 关于朝廷中主要大臣的基本立场,费行简在《慈禧传信录》中提法值得参考:"其时廷臣主变法者为翁同龢、张荫桓;主守旧者为徐桐、刚毅;主变法而专师练兵、制械、通商、开矿者为奕䜣、李鸿章、荣禄;余则依违于二者之间。然帝素亲同龢,故意向变法,而奕䜣持祖宗旧制不可尽更,新进之士不可遽用,帝亦听之。"(中国近代史资料丛刊《戊戌变法》第一册,上海人民出版社、上海书店出版社2000年版,第463页。)
③ 茅海建:《〈我史〉鉴注》,三联书店2009年版,第395页。

此事很不得人心,没人愿意响应,"奔驰数日不果",只好作罢。①

训政之谋受挫,太后"连天召见"荣禄密商,"太后意令荣相入值枢廷"。荣禄深知掌握军权之重要,因而,他力辞军机大臣之职,自求担任北洋大臣。他"与太后密商,以皇上任用匪党,难保日久不生变乱,京津咫尺,以北洋陆军可资镇制,太后深谓然"。②于是决定在罢免翁同龢之后,调直隶总督兼北洋大臣王文韶入军机处以取代翁,而以荣禄接任直隶总督兼北洋大臣。这一决策,既可防止帝党、维新派发动武装政变,又可作为慈禧太后发动政变的坚强后盾,以保证权力万无一失,这是他们的深谋远虑,无怪乎康有为感叹:"荣禄老辣,我非其敌也。"③

太后既归政,例不见臣工,也不另向她具折。为了使慈禧太后严密控制从中央到地方官僚的任免大权,提高她在大臣心目中的地位,通过接见大臣,以广耳目;同时防止光绪帝独自任用维新大臣,或安插、调用地方武装,"以制其妄为之心",免得"日久更无忌惮,彼时恐太后收笼不住"。于是荣禄献策,凡升任二品以上大臣必须到太后前谢恩。此计正中太后下怀,"纳禄议"。④

6月15日百日维新开始后的第四天,清朝政坛发生了大震动,根据慈禧太后的旨意,光绪帝再次调整中枢:以"近来办事多未允协""渐露揽权狂悖情状"等理由,罢斥翁同龢;调直隶总督、北洋大臣王文韶入京,(6月23日)任军机大臣、总理衙门大臣、户部尚书;调新任的四川总督裕禄入京,(7月11日)

---

① 苏继祖:《清廷戊戌朝变记》,中国近代史资料丛刊《戊戌变法》第一册,上海人民出版社、上海书店出版社2000年版,第333页。
② 苏继祖:《清廷戊戌朝变记》,中国近代史资料丛刊《戊戌变法》第一册,上海人民出版社、上海书店出版社2000年版,第332页。
③ 苏继祖:《清廷戊戌朝变记》,中国近代史资料丛刊《戊戌变法》第一册,上海人民出版社、上海书店出版社2000年版,第334页。
④ 费行简:《慈禧传信录》,中国近代史资料丛刊《戊戌变法》第一册,上海人民出版社、上海书店出版社2000年版,第465页。

任军机大臣、署理镶蓝旗汉军都统；以荣禄暂署直隶总督,6月23日实授为直隶总督兼充北洋大臣。

该日,光绪帝还发下一道朱谕：

> 嗣后在廷臣工仰蒙慈禧端佑康颐昭豫庄诚寿恭钦献崇熙皇太后赏项,及补授文武一品暨满汉侍郎,均着于具折后恭诣皇太后前谢恩。各省将军、都统、督、抚、提督等官亦着一体具折奏谢。钦此。①

这一道谕旨明确说明：文武一品、满汉侍郎、各省将军、都统、总督、巡抚、提督等官的任命权属于慈禧太后,补授者须向慈禧太后"谢恩"。

翁同龢被开缺的这一天,正好是他69岁诞辰,本可请假在家祝寿,但考虑到变法刚开始,万机待理,他一早便兴冲冲入值房看奏折,"治事如常"。故当决定罢黜他时,他还不以为意,继续"检点官事五匣,交苏拉英海"。② 直到宣读朱谕时,他仍如在梦中。此事对康有为也是一个严重警告,这是太后在光绪帝"未见康时(按：安排在6月16日),先去翁以警之",使康的心情"甚为灰冷"③。翁同龢被开缺等事件在当时的政潮中也掀起了轩然大波,致使"城南士大夫人心皇皇",导致张謇以为"朝局自是将大变,外患亦将日亟矣",④引起"中外哗骇"。⑤ 可以说这是百日维新开始后,帝党与后党、维新派与守旧派斗争的第一个回合,是后党对"诏定国是"的反动,是后党对帝党的致命一击,从此帝党因失去核心人物(其余帝党官僚不是被罢斥,便是

---

① 茅海建：《〈我史〉鉴注》,三联书店2009年版,第418~419页。
② 陈义杰整理：《翁同龢日记》第六册,中华书局1998年版,第3134页。
③ 楼宇烈整理：《康南海自编年谱(外二种)》,中华书局1992年版,第41页。
④ 张謇研究中心、南通市图书馆编：《张謇全集》第6卷,江苏古籍出版社1994年版,第410页。
⑤ 王伯恭：《蜷庐随笔》,中国近代史资料丛刊《戊戌变法》第四册,上海人民出版社、上海书店出版社2000年版,第303页。

官阶太低,无法与光绪帝直接联系),而使帝党近于瘫痪解体。

1898年6月20日,贺壁理致莫理循:"15日的诏书构成了一次政变,它的重要性在于即使不是真正废黜了,也是实际上废黜了皇帝,这样说不算夸大。恭亲王之死,已经使光绪皇帝失去了一位老一辈的庇护者,而慈禧太后又立刻进了一步,胁迫这位可怜的青年皇帝革去了他的最忠诚的支持者翁同龢的官职。同时,慈禧还强迫光绪下令,受任新职的高级官吏必须到慈禧面前谢恩。这就意味着,她将亲自垂询这些高级官吏对当前事件的见解,并亲自向他们颁发怎样处理这些事件的谕旨。据说,慈禧曾说,恭亲王去世了,光绪皇帝的亲政已经使大清国濒于毁灭,再也不能听任光绪去办朝政了,而她必须重新临朝训政。我听说,已经在议论真正的废黜皇帝而不止是实际上的废黜了,但是又惧怕牵涉到外国列强而引起复杂的局面,似乎已经放弃了这种设想。"①

引退中的慈禧的权威依靠着这样几个因素,作为皇太后,她是皇帝的正式的母亲。在以孝治天下的王朝传统中,她以尊亲的地位行使权力,皇帝是很难加以抵制的。和慈禧权力有关的另一个事实是,光绪帝与同治帝不同,同治是从父亲(咸丰帝)那里合法继承皇位的,光绪帝并不是同治帝的法定继承人,他的地位完全是由于慈禧的意愿和权术才取得的。在她的保护下长大成人的光绪,不可避免地有着恐惧心理,即皇太后可能作成他于先,也可能废黜他于后。更重要的是,慈禧的力量还来自这样的事实:朝廷中大多数高级官员因位置都出自慈禧的恩赐而效忠于她。从光绪帝名义上开始亲政的1889年起到他失去政权的1898年为止这段时期,军机处的组成可以作为一个例证。对清朝历史的简短回顾就足以看出,几乎每个新皇

---

① 骆惠敏编:《清末民初政情内幕——〈泰晤士报〉驻北京记者、袁世凯政治顾问乔·厄·莫理循书信集》上卷,刘桂梁等译,知识出版社1986年版,第107页。

帝上台时,军机处都要进行大改组。而光绪帝在 1889 年执政时却没有这样的大改组,这是意味深长的。事实上,在 1889 年以后的 4 年,5 名军机大臣仍是慈禧摄政的最后几年指派的。从 1893 年起,新增了几名军机大臣。从那一年到 1898 年 9 月总共委派了 10 名新军机大臣。有的是在这整个期间始终其事,有的只是暂时的。大多数官员是通过慈禧的恩典而上来的,除作为老师和心腹顾问的翁同龢之外,没有一个人是亲光绪帝的。但即使是翁同龢的显宦地位也主要归功于皇太后,1889 年他说过,如果没有太后,如何能升到如此高的地位?简言之,协助皇帝作出重要决策的高级官员如果不是全部的话,至少大部分是皇太后的人。这就是慈禧在所谓引退时仍然掌握实权的真正原因。

4. 光绪帝的新政谕旨

百日维新期间,光绪帝每天要处理大量有关新政的奏折和上书。光绪帝接受康有为的意见,一再颁诏鼓励士民上书,惩戒阻挠上书的官吏。于是,士民上书与日俱增。据军机处随手登记档的记载,林克光作了初步统计,百日维新期间(6 月 11 日至 9 月 18 日)有关新政的奏折和上书共有 659 件,其中 6 月 11 日至 30 日,20 天中就有 56 件,平均每天 2.7 件;7 月 103 件,平均每天 3.3 件;8 月 128 件,平均每天 4.1 件;9 月 1 日至 18 日 374 件,平均每天猛增至 20.8 件。最多的一天是 9 月 14 日,竟达 61 件之多。从这些数字可以看出维新运动发展的步伐,反映出变法的深入,特别是 9 月 4 日罢免了压制上书的礼部六堂官之后,震动很大,更激发了士民上书的热潮。①

---

① 林克光:《革新巨人康有为》,中国人民大学出版社 1990 年版,第 269 页。因林克光先生认为政变发生于 9 月 18 日,故有关统计以此日为下限。根据茅海建的研究,9 月 18 日所发生的"政治权力异动","只是原来由军机处签拟意见而交光绪帝决定的司员士民的上书,从此移交到慈禧太后手中";从此,"维新政令的数量与要求都明显放缓"。(茅海建:《戊戌变法史事考》,三联书店 2005 年版,第 65~84 页。)

新政谕旨大多根据臣工的条陈而发,故新政谕旨数量的增加与臣工奏折数量的增加基本上是同步的。光绪帝发谕旨很多,有的是明令实行,有的发交有关部门议复。综合军机处上谕档、随手登记档、明发档、寄信档和电寄档等档册,参考《清实录》,林克光先生作了初步统计,在 6 月 11 日到 9 月 17 日的 100 天中共发出有关新政谕旨 286 件,其中明确指示具体办法,谕令实行和批准臣属所请实行的 175 件,交给各衙门、各省议奏、酌核办理、察看查明办理的 111 件。康有为曾一再建议光绪帝乾纲独断,对各项新政直接颁诏实行,尽量不要交有关衙门议奏,以免守旧官吏阻挠。光绪帝基本上接受了康的建议,大部分新政直接降谕令有关部门施行。但他又不能抛开原来的行政机构,由于制度局和新政局未能成立,各项新政不能不通过原有各衙门议行,加上他对有些奏折所提建议能否实行还没有十分把握,还需要进一步听取意见,研究办法,或所反映问题还需进一步调查核实,因此,仍有很大一部分新政建议发交有关部门议奏或酌情办理。

新政谕旨 6 月份 20 天 26 件,7 月份 60 件,8 月份 68 件,9 月份 17 天却猛增至 132 件,平均 6 月份每天 1 件多,7～8 月份每天 2 件多,9 月份则每天将近 8 件,而且愈来愈烈,裁并机构汰冗员,罢免礼部六堂官,将李鸿章、敬信赶出总署,任用军机四卿等上谕都颁发于 8 月底和 9 月份,标志着维新运动的深入和光绪帝的日趋激进。

从新政谕旨的内容来看,有关政治改革的 80 件,经济改革 76 件,文教改革 83 件,军事改革 19 件,其他 28 件。

政治方面,有反复申谕维新变法为"国是",警诫诸臣舍旧图新,洗心革面,力除积习,力行新政,对交议事件必须认真讨论,迅速复奏,不得观望迟延等谕旨 8 件;鼓励官绅士民上书,不得拘牵忌讳,严禁官吏阻格,进而规定原封呈递,随到随递等谕旨 5 件;惩处阻挠新政官员的谕旨 5 件;裁并机构、裁汰冗员及其善后工作等谕旨6件;添设新机构铁路矿务总局、农工商总局、任命参与新政四军机章京,及拟酌置散卿等谕旨6件;谕令举荐通达时务的新政人才,召见和任用人才等谕旨多达33件,表现出重视人才、求才若渴的急迫心情;删改则例,务令简明,勿假手胥吏等谕旨6件;整顿吏治,考察举劾查参官吏等谕旨11件。

经济方面,最主要的是发展农工商业,挖沟渠,修河道,兴水利,垦荒地,办农学会,发展丝茶业,开办工厂,采用机器生产,奖励创新发明,许以专利,推广新工艺,保护商业,禁米进口,增开商埠,设立商务局,成立商会,劝导绅民兴办农工商业等,这类谕旨达36件之多;其次是发展铁路、轮船运输和开矿等16件;开办银行,铸造银元,严禁金银制钱流出外洋,停捐纳,减厘税,严禁官轮、兵轮走私漏税,兴利除弊,开源节流,整顿财政,公布财政收入等谕旨16件,还有查处各地昭信股票办理不善、摊派扰民及停办昭信股票等谕旨8件。

文化教育方面,以改革科举制度、创办学校为中心,改革科举制度的谕旨22件,其中文科废除八股、诗赋、楷法取士,改用策论,精简场次,由乡会试推广至生童岁科试以及其他各项考试等谕旨9件;武科停试,改革新章程的酝酿讨论等谕旨8件;经济特科的章程、保举等谕旨5件;有关创办学校的谕旨最多,达41件,包括成立京师大学堂的章程、校址、经费、人员等;催令各地成立中小学堂,改书院及不在祀典的祠庙为学堂;成立京师武备大学堂,各地铁路、矿务、医学、茶业、农业等专业学堂;选拔绅民管理学堂,奖励捐资办学绅民,令驻外使臣创办华侨学校等。此外派遣王公游学,制定游学日本章程,选派学生游学日本等谕旨5件;改《时务报》为官报,派康有为督办并由他拟订报律,批准在北京办报等谕旨6件;设立译书局,派梁启超办理,批准梁启超所拟译书局章程,拨给经费,书报免税等谕旨9件。

军事方面,主要是令以洋操精练陆军,革除防营积弊,裁勇节饷,令袁世凯专办练兵事务,筹议创办海军等谕旨15件;筹办地方团练的谕旨4件。

除上述四大方面之外,还有催令议复康有为《大誓臣工,开制度新政局折》,颁行《校邠庐抗议》,筹办仓谷,修整京师街道,推广邮政等谕旨。

总之,百日维新期间,光绪帝发布的有关新政谕旨数量多、涉及面广,对臣民的新政建议,可以说是"从谏如流",虚怀采纳,尽可能付诸实施。

表面上看,虽然有些新政如修路、开矿、练海陆军等,与洋务运动似乎没有多大区别,而且有些还是根据洋务派的建议实行的,但从总体和实质来看,百日维新绝非洋务运动的重复,也非一场新的洋务运动,而是与洋务运动有着本质区别的一次近代改革运动。洋务运动的中心是学习西方的船坚炮利和一些先进技术,以巩固君主专制政权为目的;百日维新的新政则着重政治经济及文化教育的改革,走西方资本主义的道路。尤其表现在政治改革上,洋务派一向讳莫如深,从不涉及;而新政谕旨则试图进行政治体制和官制改革,还一再谕令军机大臣和总理衙门议复康有为开制度新政局的建议,并决定开懋勤殿,只因慈禧为首的守旧派的反对才没有实现。在经济上,洋务派主张官办,抑制民办;新政谕旨则提倡民办,令成立商会等民间团体,扶植民族资本主义的发展。在文教方面,洋务运动虽办了一些学校,主要是培养为洋务运动服务的外语人才和少量科技人才,未敢触动八股科举制度;新政谕旨则明令废除以八股、诗赋、楷法取士,创办京师大学堂和广泛设立中小学堂,试图普及教育,大量培养各种人才,而且奖励民间办学。

光绪帝在仅仅百日的维新期间,发布了那么多的新政上谕,表现出对改革的极大热情,对国家富强的执着追求。但他无术从后党手中夺取军政大权,处处受人限制,致使一些根本性的改革无法实行。从主观上也缺乏通盘考虑,统筹全局,没能抓住根本,新政谕旨不断颁布,真像"倾盆大雨",轰轰烈烈,然因抓不到要害,解决不了根本问题,成效甚微。正如康有为所指出:"制度局不开,零星散杂之无神。"① 更令人痛心的是,这些新政谕旨遭到守旧派的抵制,很多未能贯彻实行。②

5. 围绕新政的激烈斗争

戊戌维新运动,是一场根本性的政治改革运动和社会文化改造运动。它将改革旧的思想观念、政治制度以至风俗习惯,必然要遭到与旧事物相依为命的既得利益社会集团和社会习惯势力的顽强抵抗。戊戌维新运动始终存在与旧社会势力的斗争。百日维新是维新运动的鼎盛阶段,全面展开各方面的改革,斗争自然更加激烈。这个时期的斗争,与过去以思想斗争为主不同,其特点主要是围绕新政展开。每项改革都充满着斗争。改革越深入,对旧制度的触动越大,越危及守旧势力的既得利益,因而,斗争也就越激烈。百日维新期间,新旧势力的斗争特别表现在如下几个方面:

(1)围绕开制度局及新政局的斗争

开制度局(在维新派人士所上的各种上书中,制度局又有"议政局""议政处""宪法局""立法院""懋勤殿""散卿"等名目),是康有为在 1898 年 1 月 29 日所上《上清帝第六书》(呈总理衙门请代奏,直至 3 月 11 日才予代递)已经提出的政治纲领中的核心内容。在该上书中,康有为主张,"用南书房、会典馆之例,特置制度局于内廷,妙选天下通才十数人为修撰,派王、大臣为总裁,体制平等,俾易商榷,每日值内,同共讨论,皇上亲临,折衷一是,将旧制新政斟酌其宜,某政宜改,某事宜增,草定章程,考核至当,然后施行";"其新政推行,内外皆立专局,以任其事:一、法律局……二、税计局……三、学校局……四、农商

---

① 楼宇烈整理:《康南海自编年谱(外二种)》,中华书局 1992 年版,第 53 页。
② 本节内容重点参阅了林克光著《革新巨人康有为》,中国人民大学出版社 1990 年版,第 272～276 页。

局……五、工务局……六、矿政局……七、铁路局……八、邮政局……九、造币局……十、游历局……十一、社会局……十二、武备局……十二局立而新制举,凡制度局所议定之新政,皆交十二局施行";"每道设一新政局督办……每县设一民政局,由督办派员会同地方绅士公议新政……"①

康有为向光绪帝提出的政治改革的总体设计,是一篇大胆的全面改革清朝政治制度的宣言。在这一政治改革方案中,尽管依循先立而后破的和平改革思路,采用"但主增新,不主裁旧","选通才以任新政,存冗官以容旧人"②的渐进改革策略,企图最大限度地减小改革的阻力,但是,康有为建议建立一整套从中央到地方筹议和推行新政的政权机构。在中央,有"制度局"和十二个专局;制度局将成为中央的政治决策机构,一切新政的政令将经其讨论决定后,交十二局办理,十二局将成为清朝的实际行政部门;康有为等维新派人士也以"参与"或"参议"等名义进入制度局,成为变法的领导者和决策者。在地方,各道设"新政局督办",并由该"督办"委派各县民政局的官员。按照这一改革方案,原来的军机处、总理衙门、六部九卿,他们的权力将会逐渐萎缩,最后无政务可办;原来的督抚及道府州县,也将在政治权力上逐渐出局。

这势必侵犯从中央到地方各级官吏的权力和利益,如茅海建所说,"内阁、六部及督抚藩臬司道的权力将有根本性的变化,虽未被'尽废',但也大体闲置"。③ 他们认为康的"阴谋","意在夺枢府之权归制度局;夺六部之权归十二分局;夺督抚将军之权,归各道民政局",故"朝论哗然,谓此局一开,百官皆坐

---

① 清华大学历史系编:《戊戌变法文献资料系日》,上海书店出版社1998年版,第555~556页。"妙选天下通才十数人为修撰"在《康有为全集》第4集(第14页)中为"妙选天下通才数人为修撰"。
② 楼宇烈整理:《康南海自编年谱(外二种)》,中华书局1992年版,第55页。
③ 茅海建:《〈我史〉鉴注》,三联书店2009年版,第590页。

废矣"。① 1898年7月22日发表于《国闻报》上的《制度局传闻》一文中说:"京朝议论汹汹,皆谈制度局一事,谓将去各衙门及于台官词馆。"梁启超在《戊戌政变记》中说:"举京师谣言纷纭不可听闻,皆谓康有为欲废京师六部九卿衙门。彼盈廷数千醉生梦死之人,几皆欲得康之肉而食之。"②

在戊戌变法过程中,康有为的许多建议经过总理衙门等机构议复后推行,唯独"制度局"及其相应机构的设立,整个政治高层不顾光绪帝的旨意,决计阻挠,成为戊戌变法中政治斗争的核心。③

1月29日康有为所上关于开制度局的奏折,被总理衙门拖了40天才予呈递。光绪帝览奏,即令总理衙门大臣"妥议具奏"。7月2日(五月十四日),即过了105天后,总理衙门才上奏"遵旨议复康有为条陈折",对康有为《上清帝第六书》进行了全面驳斥。该折强调祖宗所定官制,"法制大备",已有内阁和军机处等机构,"似不必另开制度局";已有六部九卿和总理衙门,除设立铁路、矿务机构外不必另设十二新政局;关于各道设新政局、各县设民政局,"应请毋庸置议"。该折的最后又以教训的口吻说:"总之,为政之道,不在多言。墨守成轨④,固无以协经权;轻改旧章,亦易以滋纷扰。"⑤光绪帝收到此折后,下旨"暂存",即没有立即表示其态度。两天后,即7月4日,光绪帝发下交片谕旨:

> 交总理各国事务衙门。本月十四日贵衙门议复工部主事康有为条陈一折,军机大臣面奉谕旨:"着该衙门另行妥议具奏。"⑥

---

① 胡思敬:《戊戌履霜录》,中国近代史资料丛刊《戊戌变法》第一册,上海人民出版社、上海书店出版社2000年版,第385、363页。
② 梁启超:《饮冰室合集》,专集之一,林志钧编,中华书局1989年版,第71页。
③ 茅海建:《〈我史〉鉴注》,三联书店2009年版,第299页。
④ 原文为"　"。
⑤ 《戊戌变法档案史料》,中华书局1958年版,第7~8页。
⑥ 茅海建:《〈我史〉鉴注》,三联书店2009年版,第587~588页。

这是一道严厉的谕旨，明确表示对总理衙门议复的不满。茅海建说："在我所见的谕旨中，对议复之奏折推倒重来，下旨'另行妥议具奏'，也是唯一的一次。"①总理衙门在收到该谕旨9天后，7月13日（五月二十五日），再次上奏"请特派王、大臣会同议复康有为条陈折"，说康有为条陈所称"均系变易内政，非仅条陈外交可比，事关重要，相应请旨，特派王、大臣会同臣衙门议奏"。对此，光绪帝当日朱批：

> 着军机大臣会同总理各国事务衙门王、大臣，切实筹议具奏，毋得空言搪塞。②

光绪帝的这一朱批，言辞已是相当严厉，且明显表示出其倾向性。

有一份当写于戊戌六月初的呈给张之洞的京中密报称：

> 康有为条陈各衙门改为十二局，先设制度局，议论一切改革之事……交总署议驳。再下枢、译两府议。上意在必行，大约不日即须奏上。都下大为哗扰云。③

"上意在必行"，说明了光绪帝的态度；"都下大为哗扰"，又说明了京师官场的舆情。1898年7月31日，张荫桓日记："军机处、总署会议康长素条陈变法。屡奉谕旨严催。"④

据康有为称："军机大臣曰：'开制度局是废我军机也，我宁忤旨而已，必不可开。'王文韶曰：'上意已定，必从康言，我全驳之，则明发上谕，我等无权矣，不如略敷衍而行之。'王大臣皆悟，咸从王言，遂定议。"⑤军机大臣采纳王文韶的建议，采用偷

---

① 茅海建：《〈我史〉鉴注》，三联书店2009年版，第588页。
② 《戊戌变法档案史料》，中华书局1958年版，第8～9页。
③ 孔祥吉：《戊戌维新运动新探》，湖南人民出版社1988年版，第79页。
④ 任青、马忠文整理：《张荫桓日记》，上海书店出版社2004年版，第547页。
⑤ 楼宇烈整理：《康南海自编年谱（外二种）》，中华书局1992年版，第51页。茅海建称，王文韶提议"不如略敷衍而行之"一事，似有间接证据。见茅海建：《〈我史〉鉴注》，三联书店2009年版，第596～597页。

梁换柱敷衍应付的办法,改公开对抗为暗中抗拒,既可无对抗之名,又可达抗拒之实,这个办法的确更"高明",得到全体军机大臣的赞同,共同精心炮制"敷衍"皇上的奏折。于是在1898年8月2日,军机处会同总理衙门上奏《遵旨会议康有为条陈具奏折》,对《上清帝第六书》进行了迂回式的驳斥。

康有为揭露军机大臣的奏折是如何以"高明"的手段否定康的条陈,"敷衍"了皇帝。"所云誓群臣定国是一条,以为诏书两下,国是已定,此条无庸议。所请选天下通才二十人置左右议制度一条,乃改为选翰詹科道十二人,轮日召见,备顾问,于是制度局一条了矣。我所请令臣民咸得上书一条,改为职官递本衙门,士民递都察院……于是所议,我折似无一语驳者,似无一条不行者,上亦无以难之,虽奉旨允行,而此折又皆成为虚文矣。大官了事,所谓才者如此……'轻舟已过万重山'……"①1898年8月2日,清帝国的最高官员们在《遵旨会议康有为条陈具奏折》中写道:"唯是近年以来,吏治日敝,地方有司专承奉长官为事,而于闾阎疾苦、民生利弊,视同秦越,诚有如该主事所谓习气极坏者。应请明降谕旨,令各直省认真考察属员贤否,核实举劾。如有舞弊营私及旷废职事之员,或经人参奏,或别经发觉,定唯该督抚是问。整饬吏治,即所以固结民心,为治之本,不外是矣。"②世铎等人把现实政治的弊端归因于"习气",而非"制度",实际上完全否定了政治基本制度改革的必要性。当日,由内阁明发谕旨一道,强调"整饬吏治"和各省督抚对属员"详加考察"的重要性。

1898年8月16日,李鸿章在给儿子李经方的书信中写道:"近来诏书皆康党条陈,借以敷衍耳目,究之无一事能实做

---

① 楼宇烈整理:《康南海自编年谱(外二种)》,中华书局1992年版,第51页。
② 《戊戌变法档案史料》,中华书局1958年版,第11页。

者。"①显然,"敷衍耳目"的人不应该是"康党条陈",而是为维护既得利益而能够巧妙应对"康党条陈"的清帝国最高官员们。或者说,在当时的清帝国的政治生态环境中,任何有关根本性政治改革的建议,都必将"无一事能实做者"。

围绕开制度新政局的斗争,守旧派取得了最后胜利。

(2) 围绕废八股的斗争

以八股文体取士的科举制度,为害极深,它束缚人们的思想,毒害人们的灵魂,消磨人们的意志,严重阻碍人才的培养和选拔。

康有为在上书中屡次请废八股。6月1日上奏康代杨深秀所拟之折——《请正定四书文体以励实学而取真才折》,请科举禁用八股文,次日由内阁明发上谕交礼部议奏。然礼部议奏一事,却拖了不少时间,一直未见回复。这是"康党"废八股政治攻势之第一波。6月17日上奏康代宋伯鲁拟折——《请变通科举改八股为策论折》,请废八股。该折上后,奉旨"暂存",并于当日呈送慈禧太后。这是"康党"废八股政治攻势之第二波。6月22日,总理衙门代奏康有为《请商定教案法律厘正科举文体并呈〈孔子改制考〉折》,其中第二项内容即是废除八股,并要求光绪帝直接下诏"停八股"。同日,徐致靖上奏《请废八股以育人才折》,其核心意思是请光绪帝不交礼部议复,而直接下旨废除八股。该折当日奉旨"存",并呈送慈禧太后。这是"康党"废八股政治攻势之第三波。6月23日,光绪帝与慈禧太后共同接见军机大臣。当日,光绪帝明发上谕:"着自下科为始,乡、会试及生童岁科各试,向用四书文者,一律改试策论。"显然,该谕旨曾得到慈禧太后的批准。②

6月23日上谕还特别说明,此次之所以特降谕旨宣布废

---

① 顾廷龙、戴逸主编:《李鸿章全集》第36册,安徽教育出版社2008年版,第188页。
② 茅海建:《〈我史〉鉴注》,三联书店2009年版,第399~400、442~443、455~457页。

八股改策论,主要是因为时文积弊太深,不得不改弦更张,以破拘墟之习;至士子为学,自当以四书六经为根柢,策论与制艺殊流同源,均不外通经史以达时务,总期体用兼备,人人勉为通儒。这种说法顾及存废两方的面子,争议似乎至此可以结束。然而,斗争并没有就此止息。"诏书既下,而守旧之徒相顾失色,有窃窃然议阻此举者"。① 如御史文悌、黄桂鋆之流到处奔走,策划联名请复八股。大僚中旧习更深,也多乐为之助力。康有为生怕有反复,抢先于6月28日代杨深秀拟折,请"饬刑部定律,凡有复言更易国是、规复八股者,科以莠言乱政之罪"。② 6月30日代宋伯鲁拟折,请明降谕旨,令各省生童岁科试立即改试策论。附片揭露守旧之徒议阻新政,要皇上"持以毅力,勿为所摇",申谕如有奏请复用八股者,轻则严旨申饬,重则斥革降调。光绪帝虽无明谕申禁,但明发谕旨,令各省生童岁科试立即一律改试策论,使得守旧派不敢公然联名请复八股。但仍有守旧派抗旨不遵,如两广总督谭钟麟考书院时,仍故意出八股题。

废八股改策论的决策,是百日维新中最值得称道的事件之一,无疑有利于时务人才的培养。但是,八股取士"行之且千年,深入迂儒骨髓";③许多读书人把八股当作自己入仕升官的敲门砖,"皆与八股性命相依"。千百万生童举子"骤失所业,恨康有为特甚",要"聚而殴之",④直隶士人甚至要对康行刺,足见斗争之尖锐。

(3)围绕许士民上书和罢斥礼部六堂官问题的斗争

清代自雍正帝开始奏折制度后,拥有上奏权的官员人数相

---

① 《戊戌变法档案史料》,中华书局1958年版,第217页。
② 康有为:《康有为全集》第4集,姜义华、张荣编校,中国人民大学出版社2007年版,第305页。
③ 胡思敬:《戊戌履霜录》,中国近代史资料丛刊《戊戌变法》第一册,上海人民出版社、上海书店出版社2000年版,第360页。
④ 梁启超:《饮冰室合集》,专集之一,林志钧编,中华书局1989年版,第26页。

当固定。在中央,是各衙门的堂官、各军事单位的长官、谏台的言官和皇帝身边的词臣等;在地方,为各省总督、巡抚、学政、提督、各八旗驻防长官等。这些拥有上奏权的官员,有数百人之多。但是,他们对于上奏权的使用都极为慎重。

严格控制有上奏权的官员数量与有上奏权的官员慎于上奏,与清代高度专制、以皇帝为中心的政治体制有关。祖制规定的奏折处理原则:第一,皇帝亲自处理;第二,除对于例行报告可批为"依议""知道了""该部知道"外,对于任何请示都有明确的答复;第三,除极个别情况外,奏折须当日批复。根据这些处理原则,皇帝每天看奏折的时间是早朝以后到见军机大臣等人之前。如果在见军机大臣等人之前未将奏折看完,那么,军机处散值后就没有人来处理这些奏折,政务便自动中止。在这种情况下,朝廷限制上奏人数及上奏人慎于上奏,也不失为一种合理的方法。

就一些研究学者所见档案,一般情况下,光绪帝每天收到的京内各衙门奏折为20~40件,各地奏折也有20~40件。光绪帝每天要看40~80件奏折,当然不可能看得很仔细。好在绝大多数奏折不过是例行公事,光绪帝批起来也很快。对于一些复杂的奏折,光绪帝分别交给总理衙门、六部等衙门"议复"。各衙门收到交议奏折后,数日或数十日后逢轮值时再次上奏,报告其处理意见,光绪帝一般批为"依议"。

尽管上奏人数是限定的,为了使其他官员与民人的报告能够上达"天听",清朝还有代奏制度。代奏是指有上奏权的机构和官员为无上奏权的中下层官员及民人上奏。其基本途径有二:第一,凡是受冤狱的民人、陈述政见的士子、被革或候选候补京内外的官员,都可以到都察院要求代奏;第二,京内各衙门的中下层官员可以通过本衙门要求代奏。这两种情况中,都察院和各衙门堂官对要求代奏的"条陈",均需"公同阅看",检查有无"违悖字样","取同乡官印结"(由同乡京官为上书人作身份担保。对身份可以确认的官员,则无须同乡京官的印结担保)。都察院和各衙门堂官有权决定是否为其代奏。①

根据茅海建先生的统计,在 1898 年 2 月 28 日至 8 月 2 日的 5 个多月时间里,京内各衙门共代奏了 30 人次 40 件条陈,其中 35 件依据制度进行了处理,36 件上呈慈禧太后。只有极少数上书未处理,那是因为这些上书并不需要处理。这是戊戌变法期间司员士民上书浪潮的萌动期。8 月 2 日后,上书的浪潮渐起。②

在由总理衙门于 1898 年 3 月 11 日代递的《上清帝第六书》中,康有为提出"大誓群臣""开制度局""设待诏所"三项为"变法之纲领,下手之条理"。他说:"其午门设待诏所,派御史为监收,许天下人上书,皆与传达,发下制度局解之,以通天下之情,尽天下之才……"③1898 年 8 月 2 日,军机处会同总理衙门上奏《遵旨会议康有为条陈具奏折》,其中称:"我朝言路宏开,各部院司员条陈事件,准由各堂官代奏,士民上书言事,准赴都察院呈递……应请饬令各衙门堂官,遇有属吏具疏呈请,应即随时代奏,毋得拘牵忌讳,稍有阻格。其言事见诸施行,确有实效者,请旨奖励,量才录用。其待诏所之变通办法也。"当日由内阁明发谕旨一道,其中说:"其部院司员有条陈事件者,着由各堂官代奏。士民有上书言事者,着赴都察院呈递。毋得拘牵忌讳,稍有阻格。"④此虽是旧制度的重申,但强调了不许各衙门阻格。

---

① 上述关于上奏制度和代奏制度的叙述,参见茅海建:《戊戌变法史事考》,三联书店 2005 年版,第 222~226 页。
② 茅海建:《戊戌变法史事考》,三联书店 2005 年版,第 229 页。据茅海建界定,"司员"指中央各衙门的中下级官员;"士"指取得各级功名的人,也包括候选候补官员;"民"指一般民众。(《戊戌变法史事考》,三联书店 2005 年版,第 219 页。)
③ 康有为:《康有为全集》第 4 集,姜义华、张荣编校,中国人民大学出版社 2007 年版,第 14 页。
④ 茅海建:《〈我史〉鉴注》,三联书店 2009 年版,第 597~598 页。

虽有光绪帝明发谕旨,但各衙门仍然故意刁难,借口条陈不合要求拒绝代奏。礼部的王照事件就是一个例证。王照是礼部主事,响应上书的号召,上折指责变法两月以来,"诸臣迁就弥缝,阴怙旧习……若不早令憬悟,恐皇上力愈奋而势益孤";并"请皇上奉皇太后圣驾巡幸中外以益光荣而定趋向……应自日本始"。① 王照称,该折于8月21日呈礼部代奏。礼部代奏其上书为9月1日,从中阻挠王照上书的时间长达11天。期间,王照极为气愤,又具折弹劾二人抗旨,压制上书。礼部堂官仍不肯收。王照面斥堂官显违谕旨,扬言要交都察院上奏。堂官不得已才答应代奏,在代奏时攻击王照"咆哮署堂,借端挟制",说日本多刺客,王照请皇上游历日本是要置皇上于险地,居心叵测,请加惩治。光绪帝对守旧大臣压制上书、阻挠变法早已十分恼火,见此奏折勃然大怒。当日(9月1日)下旨,将怀塔布等人交吏部议处;同时,为了避免堂官借口阻挠,令"此后各衙门司员等有条陈事件呈请堂官代递,即由各该堂官原封呈进,毋庸拆看"。② 由此,各衙门堂官对司员上书的审查权被取消。9月1日谕旨只针对由京内各衙门代奏的所属司员,光绪帝于9月2日又下旨:

　　　　嗣后都察院凡接有条陈事件,如系封口呈请代奏,即着将原封进呈,毋庸拆阅。其具呈到院者,即将原呈封进,不必另行抄录。均着随到随递,不准稽压。倘有阻格,即以违旨惩处。③

　　由此,外省官员及士民可不受限制地要求都察院代奏上书。

　　9月4日吏部复奏,称怀塔布等礼部六堂官按律以应奏而

---

① 王照:《礼部代递奏稿》,中国近代史资料丛刊《戊戌变法》第二册,上海人民出版社、上海书店出版社2000年版,第352~353页。
② 茅海建:《〈我史〉鉴注》,三联书店2009年版,第660页。
③ 茅海建:《戊戌变法史事考》,三联书店2005年版,第232页。

不奏者,私罪降三级调用,有意保六堂官过关。此事若按以往的做法,因"降三级调用"而京中无此品级的官位,一般改为"革职留任",过了一段时间后,加恩开复,以示小有惩戒。但光绪帝一改以往的做事风格,下达一道亲笔所写朱谕,严责怀塔布等对王照条陈"故为抑格,岂以朕之谕旨为不足遵耶?若不予以严惩,无以警戒将来",将礼部六堂官尽行革职;并表彰王照"不畏强御,勇猛可嘉,着赏给三品顶戴,以四品京堂候补,用昭激励"。① 平心而论,当时堂官阻挠属员上书的事,本是司空见惯,按律可以不给革职这么重的处分,更不应不分主次轻重,将六堂官通通革职。光绪帝所以采取如此严厉的措施,既由于一时的激怒,又由于对守旧大臣肆意阻挠新政,不把他的"圣旨"放在眼里,早已深恶痛绝,正想"借事黜一二守旧大臣,以厉威而风众",②故借此事发作。朱谕一公布,引起了强烈的反响,守旧官僚"初而震恐,继而切齿",纷纷跪请西太后出面制止变法;而维新派和赞同维新的人士则大受鼓舞,"举朝知上意所在,望风而靡",并且似乎开出了一道登进之门。从此,"言路大开",上书剧增。

9月9日谕令:"近日各衙门呈递封奏有一日多至数十件者。嗣后凡有呈请代递之件,随到随即分日进呈,不必拘定值日之期。"9月12日又明发谕旨,令各省藩臬道府上书、州县官条陈由督抚原封代递;再次令各衙门收有条陈,次日即当进呈,承办司员稍有抑格,堂官应立即严参惩办;并将所有关于鼓励臣民上书的谕旨和惩办礼部堂官的朱谕,连同此道谕旨一并抄录悬挂各衙门大堂,"俾得触目警心,不至复萌故态,以示朕力除壅蔽之至意"。③ 为了将该谕旨以最快速度传到各地,军机处

---

① 茅海建:《〈我史〉鉴注》,三联书店2009年版,第661页。
② 恽毓鼎:《崇陵传信录》,中国近代史资料丛刊《戊戌变法》第一册,上海人民出版社、上海书店出版社2000年版,第475页。
③ 茅海建:《〈我史〉鉴注》,三联书店2009年版,第604页。

于9月13日又给各省发出经光绪帝"御笔遵缮"的电旨：

> 昨已明降谕旨，令各省藩臬道府均得上书言事，其州县条陈事件，应由该督抚将原书代递。即着各省督抚传知藩臬道府，凡有条陈，均令其自行专折具奏，毋庸代递。其州县等官言事者，仍由督抚将原封呈递。至士民有上书言事者，即经由本省道府随时代奏。均不准稍有抑格。如敢抗违，或别经发觉，定将该省地方官严行惩处。仍将遵办情形迅速电奏。①

由此，布政使、按察使、道员、知府获得直接上奏权，州、县官可经督抚等地方官代奏，而各地士民均可经省、道、府代奏其上书。由于政变很快发生，京外士民的上书，实际未达。以此而论，康有为《我史》中所称的"七月令人人上书……乃至道府专折，州县递奏"，都是光绪帝8月2日谕旨的连带结果，也是康有为《上清帝第六书》的间接结果。②

光绪帝如此大刀阔斧、三令五申，并严厉惩办、警戒阻挠上书官吏的举动，是前所未有的，也收到一定成效。此后各衙门不敢公然阻挠上书。

从8月2日至9月4日罢免礼部六堂官，共有38人次44件上书，且不是每天都有，最多的一天也就是9月4日，共11人次上书13件。礼部六堂官罢免后，谁也不敢公开阻挠上书了。从9月5日后几乎每天都有代奏的上书，而且数量剧增，最多的一天为9月14日，达到37人次53件。从9月5日到9月21日政变发生前，在此15天的日子里，上书301人次共373件，成为清朝历史上的空前奇观。③

据时任日本驻北京公使馆书记官的中岛雄观察，"因王照

---

① 茅海建：《〈我史〉鉴注》，三联书店2009年版，第604~605页。
② 茅海建：《〈我史〉鉴注》，三联书店2009年版，第605页。
③ 茅海建：《〈我史〉鉴注》，三联书店2009年版，第662~663页。

一事罢免六部堂官……把改革事业放在各种怨恨的漩涡之中"。① 光绪帝未经慈禧太后同意而"擅自"罢免礼部六堂官,是对慈禧太后权力的否定,是戊戌变法中光绪帝乾纲独断的第一着,是光绪帝在百日维新中最为激烈的政治举动,也是后来爆发政变的诱因之一。②

允许臣民上书言事,似乎并不触动任何人的利益。其实不然。因为臣民的条陈是新政的源泉,是变法的动力,光绪帝正是根据臣民源源不断的条陈而发出各种维新谕旨,条陈愈多,新政愈多,变法愈烈。一纸裁并机构、裁汰冗员的条陈,一下子就敲掉万名官吏的饭碗。原来全国只有百余名大官僚有上奏特权,现在全国臣民都有权上书,打破了少数人的上书特权,打乱了等级森严的传统政治秩序。过去无人上书,各衙门都很清闲,何等逍遥自在。现在,每天要代奏十几件甚至几十件条陈。更糟的是,皇上还不断把条陈交大臣们议奏,忙得不可开交,而且议驳新政往往遭皇上斥责,这是最头痛的事。所以,守旧大臣害怕和痛恨臣民上书,将之视为"第一切肤之痛",③极力加以阻挠,暗中阻挠、限制之事仍大量存在。

(4)围绕任用军机四卿问题的斗争

1898年9月4日,即罢免礼部六堂官、擢用王照的当日,司员士民的上书已达11人次13件。④ 此一数量已使光绪帝与军机处忙不过来,增加人手以处理此类上书已成必然之事。9月5日,即罢免礼部六堂官的次日,光绪帝命军机处递《保举业经召见人员名单》。当时受保举、经召见、未任用的官员仅有5

---

① 日本外务省外交史料馆藏:中岛雄《随使述作存稿》第9册,杨洋翻译,第85~86页。转引自孔祥吉、村田雄二郎:《一个日本书记官见到的康有为与戊戌维新——读中岛雄〈随使述作存稿〉与〈往复文信目录〉》,《广东社会科学》,2009年第1期。
② 茅海建:《〈我史〉鉴注》,三联书店2009年版,第661页。
③ 苏继祖:《清廷戊戌朝变记》,中国近代史资料丛刊《戊戌变法》第一册,上海人民出版社、上海书店出版社2000年版,第342页。
④ 茅海建:《戊戌变法史事考》,三联书店2005年版,第75页注[1]。

名,光绪帝从中选择 4 名,即杨锐、刘光第、林旭、谭嗣同。当日奉明发谕旨:

> 内阁候补侍读杨锐、刑部候补主事刘光第、内阁候补中书林旭、江苏候补知府谭嗣同,均着赏加四品卿衔,在军机章京上行走,参预新政事宜。①

光绪帝的这一谕旨,未经慈禧太后的批准。这是光绪帝继罢免礼部六堂官之后在戊戌变法中乾纲独断之第二着。②

按照清朝制度,军机章京的选拔过程为,先由各部院衙门保送司官,送军机处考选,选中者开单候补,待军机章京出缺时,由军机处报皇帝批准后补用。后来总理衙门选用章京,也是参照此例。由皇帝直接任命军机章京,如同先前光绪帝任命康有为为总理衙门章京,实为第一次。且谕旨中还有两点值得注意:一是"四品卿衔",将来升迁会很快。二是"参预新政事宜",此处所言"新政事宜",即是专门处理司员士民上书。杨锐于 9 月 13 日致其弟的书信中称:"每日发下条陈,恭加签语,分别是否可行,进呈御览。"③

新任军机四章京并不与军机处的原班人马混合办公,而是专门处理司员士民的上书,至于其他奏折,仍由原先的军机处班底来处理。也就是说,他们的工作不涉及原先有上奏权的官员们的奏折,而只是当时认为不重要的下级官员与士民的条陈,就像张之洞在得知杨锐被捕后所说的,"入值仅十余日,要事概未与闻"。④

自雍正帝设立军机处后,所有的奏折都是由皇帝亲拆亲批,然后发下军机处,由军机大臣根据皇帝的旨意,交由军机章

---

① 茅海建:《〈我史〉鉴注》,三联书店 2009 年版,第 669~670 页。
② 茅海建:《〈我史〉鉴注》,三联书店 2009 年版,第 670 页。
③ 中国近代史资料丛刊《戊戌变法》第二册,上海人民出版社、上海书店出版社 2000 年版,第 572 页。
④ 中国近代史资料丛刊《戊戌变法》第二册,上海人民出版社、上海书店出版社 2000 年版,第 615 页。

京拟旨,经皇帝批准后,再发出。此一程序即先有"旨意",后有"拟旨"。而新任军机四章京的工作方法,有如明代内阁的"票拟",他们是代皇帝阅读,"恭加签语",然后送光绪参考和批准。此一程序是先有"拟旨",后有"旨意"。尽管他们处理的文件在帝国的政治中不算最为重要,但他们的权力着实大大增加了。

9月6日,杨锐、刘光第、林旭、谭嗣同在军机处入值,杨锐与林旭为一班,刘光第与谭嗣同一班。光绪帝颁下一道朱谕:

> 昨已命尔等在军机章京上行走,并令参与新政事宜。尔等当思现在时事艰危,凡有所见及应行开办等事,即行据实条列,由军机大臣呈递,俟朕裁夺。万不准稍有顾忌欺饰。特谕。①

这一道朱谕给予新任军机四章京特殊的权力,即可"据实条列,由军机大臣呈递"。原有的军机章京并无与皇帝交流的权力。这一道朱谕又表明,新任军机四章京平时见不到光绪帝;新任军机四章京向光绪帝进呈"据实条列",须经过军机大臣之手,但不知道是否可以封口。

康有为在《我史》(《自编年谱》)中称,新任军机四章京"名为章京,特加'参预新政'四字,实宰相也……于是军机大臣同于内阁,实伴食而已"。梁启超在《戊戌政变记》中称,"以国政系于四卿,名为章京,实则宰相也。此后新政,皆四人行之"。②这些都是不符合事实的夸张之词。然而,以慈禧太后为首的守旧派官员对新任军机四章京的仇恨,则明显可见。刘光第在书信中说:"因有'参预新政'四字,遂为嫉妒者诟病,势如水火,将来恐成党祸。"③果然不出所料,他们任军机章京只短短十几天,便爆发政变。9月28日,军机四卿不经审讯而被慈禧太后直

---

① 茅海建:《〈我史〉鉴注》,三联书店2009年版,第672页。
② 梁启超:《饮冰室合集》,专集之一,林志钧编,中华书局1989年版,第47页。
③ 中国近代史资料丛刊《戊戌变法》第二册,上海人民出版社、上海书店出版社2000年版,第570页。

接下令"均着即行处斩"。

(5)围绕裁撤闲散衙门、裁汰冗员问题的斗争

1898年8月23日,前太仆寺少卿岑春煊上奏《敬陈管见折》,请裁京内外众多衙门和官职。该折引起光绪帝的兴趣,当日发下交片谕旨给军机处与总理衙门:

> 本日前太仆寺少卿岑春煊奏敬陈管见一折,着军机大臣会同总理各国事务王、大臣妥议具奏。钦此。①

以军机处与总理衙门联合议复,已属当时议复的最高规格。然仅7天之后,8月30日,未等到军机处、总理衙门的议复,光绪帝直接下令裁撤詹事府、通政司、光禄寺、鸿胪寺、太仆寺、大理寺等衙门,湖北、广东、云南督抚同城的三省巡抚、东河总督、漕运总督,及各省不办运务之粮道、向无盐场仅管疏销之盐道等机构和官职。光绪帝还严令大学士、六部及各省督抚将应裁文武各缺,及各局中冗员,"一律裁撤净尽";"不得借口体制攸关,多言阻格,并不得以无可再裁,敷衍了事",不准瞻徇情面,阳奉阴违;警告若"推诿因循,空言搪塞,定当予以重惩治,决不宽贷"。②

光绪帝这种不等议复即刻下旨的举动,应该经过了慈禧太后的批准,也可能与8月29日康有为进呈《为厘定官制请分别官差以行新政以高秩优耆旧以差使任才能折》有关系。③

顺天府尹陈夔龙说:"戊戌变政,首在裁官。京师闲散衙门被裁者,不下十余处。连带关系因之失职失业者将及万人,朝野震骇,颇有民不聊生之戚。"据陈夔龙现场所见,当太仆寺接到朝廷裁撤命令后,群僚如鸟兽散,衙门中空无一人,非特有关印信、文件一无所有,即便是门窗等也被拆毁无存。④ 英国驻华

---

① 茅海建:《〈我史〉鉴注》,三联书店2009年版,第594页。
② 茅海建:《〈我史〉鉴注》,三联书店2009年版,第689~690页。
③ 茅海建:《〈我史〉鉴注》,三联书店2009年版,第691页。
④ 中国近代史资料丛刊《戊戌变法》第一册,上海人民出版社、上海书店出版社2000年版,第485页。

公使窦纳乐甚至说它"比在中国政界起个革命差不多"。① 已被宣布裁撤的衙门中的官员自然焦虑不安，而尚未被宣布裁撤的衙门实际上也陷入一片混乱。不但被裁者不甘心，即使未被裁者也兔死狐悲，将作负隅顽抗。梁启超指出："此诏一下，于是前者尸位素禄阘冗无能妄自尊大之人，多失其所恃，人心皇皇，更有与维新诸臣不两立之势。"② 这对后来恳请慈禧太后回宫重新主持朝廷日常事务，即后来所说的"政变"有着直接影响。

在相关衙门裁撤冗员方面，各部都观望吏、户二部，而吏部大臣徐桐、户部尚书敬信都坚决反对。徐桐扬言："先革去老夫，徐议未晚。"敬信也说："予不为怨府。"③ 他们不动，其余各部也都不动。光绪帝鉴于各衙门毫无动静，又于9月10日谕令大学士、六部尚书侍郎及各省督抚等，"懔遵前旨"，将在京各衙门闲冗员缺、各省道员及通同佐贰等官，认真裁并，严行沙汰，各局所冗员，一律裁撤净尽。④ 然而直到政变为止，未见有哪个衙门和省份裁过冗员。

大学士李鸿章及各部堂官于9月5日联合奏请："所有裁汰之应升应转各员，应由吏部查明，照例题奏，听候录用，其各项属员，亦由吏部酌量分别录用，以免向隅。"⑤ 他们要把被裁官员转调到其他衙门，甚至要给予升迁。康有为事先并不同意大肆裁员，但既裁之后，更反对被裁守旧官僚重新掌权，于9月14日代杨深秀拟折，指出"若声名狼藉之辈，朝奉革带，暮庆弹冠，是莠去而复植之"，"违背裁撤之初意"。指名粤抚许振祎、河道总督任道镕、鄂抚谭继洵等，应任其归去，以免阻挠新政，"再铸

---

① 《窦纳乐致沙侯信》，中国近代史资料丛刊《戊戌变法》第三册，上海人民出版社、上海书店出版社2000年版，第548页。
② 梁启超：《饮冰室合集》，专集之一，林志钧编，中华书局1989年版，第72页。
③ 中国近代史资料丛刊《戊戌变法》第一册，上海人民出版社、上海书店出版社2000年版，第368页。
④ 清华大学历史系编：《戊戌变法文献资料系日》，上海书店出版社1998年版，第956页。
⑤ 《戊戌变法档案史料》，中华书局1958年版，第175页。

铁错"。① 这是对李鸿章等上述建议的反击。围绕裁官的斗争仍在继续。

此外,如创办学校,也受到守旧派抵制。京师大学堂历经几年的努力,才勉强办成。各省兴办学堂,虽经三令五申,以至降旨指名申饬两广总督谭钟麟等人,令其立即开办,仍然无济于事。关于经济改革,也是困难重重。

总之,维新与守旧的斗争贯穿于整个维新运动的始终,渗透在每件新政的议行之中,即使像各衙门官吏每日必须到衙署办公、不得无故告假这样天经地义的事,也是不难做到的小事,竟要皇帝颁发三道谕旨反复重申,仍有令不行。其他重大改革的艰难可想而知。

守旧派反对改革的手法很多,主要有:通过上奏折公开反对改革,议驳新政;采用拖延战术,交议事件拖延不议复,对谕令实行的新政拖延不实行;阳奉阴违,抽象肯定,具体否定;造谣诽谤,混淆是非,动摇人心,等等。他们还极力攻击排挤康有为,"忌之、恨之、畏之","人人欲得康有为而甘心之……而诋诸比之洪水猛兽,必杀之而后快"。② 许应骙、文悌公然上折请将康逐回故里,未能得逞,守旧大臣又与孙家鼐密谋,请派去上海督办官报,将他逐出京师。湖南举人曾廉,在9月12日由都察院代奏的《应诏陈言折》中写道:"臣谓皇上当斩康有为、梁启超以塞邪慝之门,而后天下人心自靖,国家自安。否则,恐天下之祸不在夷狄,而在奸党。"③

二、戊戌政变

茅海建在《戊戌政变的时间、过程与原委——先前研究各说的认知、补证、修正》一文中写道:

---

① 《戊戌变法档案史料》,中华书局1958年版,第181页。
② 《杨锐致张之洞亲笔信》,《大陆杂志》卷19,第5期。
③ 中国近代史资料丛刊《戊戌变法》第二册,上海人民出版社、上海书店出版社2000年版,第493页。

1898年即光绪二十四年的戊戌政变,是近代史研究中的常青树之一,常议常新,有关论著连绵相继……戊戌政变是密谋下的宫廷政变,处处可见其蛛丝,又到处让历史学家难觅确据。这使得历史学家们的研究同时存在着多种结论,相互抵牾。①

基于目前学术界的研究成果,笔者将对戊戌政变的背景及过程作一基本介绍。

1.政变前光绪帝与慈禧太后的政治权力关系

几乎所有的研究者都认为,戊戌政变之前的光绪帝虽然已经亲政,但其权力有限,真正的大权掌握在慈禧手中,光绪帝只是傀儡。这种说法,在基本的方向上似乎正确,但好像未对两者之间的权力关系作一具体界定,并未说明政变前光绪帝与慈禧太后各自具有的权力。如果所有权力都掌握在慈禧太后手中,主宰一切的慈禧太后也就没有必要发动政变了。所以,有必要考察政变之前光绪帝与慈禧太后两人的政治权力分割界限,认清哪些权力在政变后由光绪帝手中转入慈禧太后手中。

清朝的皇帝,自雍正帝之后,已不再进行御门听政制度,主要是臣子用文字的方法上呈奏折,皇帝用文字的方式下达谕旨,而以谕旨来管理整个庞大的帝国。谕旨由军机大臣根据皇帝在奏折上的朱批和早朝时的口谕来承写,其间也常常有军机大臣退下,交代其意而由军机章京起草,军机大臣修改后呈上。军机处所拟的谕旨经皇帝批准后,或明发、或字寄、或交片。皇帝的朱批和早朝时的口谕,是谕旨产生的关键。慈禧太后对此进行了监控。

据茅海建先生考察,自光绪帝亲政后,《随手档》中差不多每天都有这样的记录:"缮递某某日朱批折件事由单";"缮递某某日早事传旨事由单";"缮递某某日电旨某道"。此中的"缮",

---

① 茅海建:《戊戌变法史事考》,三联书店2005年版,第1页。

是军机章京抄写的意思;此中的"递",是上呈的意思。而这些由军机章京每天抄写的"朱批折件事由单"、"早事传旨事由单"、"电旨"是递给慈禧太后的。从《随手档》中可以看出,军机章京每日"缮递"的"朱批折件事由单"、"早事传旨事由单"及"电旨",都是在第二天进行的,无一例外。由此可见,这是一种事后报告制度。由此又可以确认,在政变之前,光绪帝单独出席"早朝",有单独的朱批权、口谕权,并对谕旨的形成有相当大的处置权。但在事后,准确说来,就是在第二天,必须向慈禧太后报告。慈禧太后从这些简要的报告中,可以大体明了各地的政事政情及光绪帝的态度,大体了解京内各衙门的政事政情及光绪帝的态度。

除"缮递"的"电旨"是具体的政令外,"朱批折件事由单"、"早事传旨事由单"都十分简略。慈禧太后虽可借此知道政务的大概,但还不能了解政务之具体。根据《上谕档》、《洋务档》等有关记载,每天最重要的奏折及相关谕旨,军机大臣须在当天上呈慈禧太后。然而,哪些折片被列为重要而须上呈慈禧太后,其决定权应当属于光绪帝。根据茅海建先生对相关档案的考察,光绪帝确实将百日维新时期的重要奏折,包括军机处都无法看到的"留中"的折件,基本上送到慈禧太后手中。但也有证据表明,一些重要奏折,如康有为的一些密折,以及湖南举人曾廉请求诛杀康有为、梁启超的条陈(1898年9月12日由都察院代奏),光绪帝未向慈禧太后上送。

上述为光绪帝处理政务的事后报告制度。然而,更为重要的应是事前请示制度。就像事后报告制度一样,事前请示制度也在光绪帝亲政前便已确立。光绪十四年(1888)十一月初十日,军机大臣世续等上奏慈禧太后,对光绪帝亲政后的政务处理方式提出方案。其中有两条规定:

一、简放各缺,拟请于召见时请旨后,由臣等照例缮写谕旨呈进。其简放大员及各项要差,拟请查照醇亲王条奏，由臣等请旨裁定后，皇上奏明皇太后，次日再降谕旨。

二、满汉尚书、侍郎缺出，应升、应署，及各省藩、臬缺出，拟请暂照现章，由臣等开单进呈，恭候简用。①

此中明确规定，"简放大员及各项要差"，由"皇上奏明皇太后"。至于尚书、侍郎、布政使、按察使的任用"照现章"办理。此时光绪帝尚未亲政，"现章"当由慈禧太后做主。

据茅海建先生考察，可以说明光绪帝向慈禧太后事前请示的文字材料，在现有档案中的确存在，但不是很多。在实际政治生活的运行中，最为重要且次数最多的不是此类文字形式的请示，而是光绪帝在面见慈禧太后时的当面请示。此类在重大政务上"请懿旨"的情形，翁同龢在其日记中留下不少记载。

自光绪二十年起，慈禧太后常住颐和园，而光绪帝常住宫中。然而，光绪帝经常去颐和园，慈禧太后也时常回西苑。② 据《清代起居注册》光绪朝的资料，从光绪二十四年正月初一日（1898年1月22日）到七月二十八日（9月13日），共计235天，光绪帝和慈禧太后交往情况如下：同住160天，请安150天，侍早膳65天，侍晚膳40天，侍看戏31天，同阅操3天。③ 从中我们可以看到，在此段时间中，光绪帝与慈禧太后同住或同处的日子占了三分之二，在请安、侍膳、看戏、阅操等场合，慈禧太后可以向光绪帝施加影响或直接下令，按照光绪帝自己的说法是"朕仰承慈训"。根据当时的礼仪，光绪帝见慈禧太后要下跪，慈禧太后每次来宫中或去西苑，光绪帝都得跪接或跪送。慈禧太后可以向光绪帝下旨，在清朝官文书中称"朕钦奉慈禧

---

① 军机处《上谕档》光绪十四年十一月初十日，引自茅海建《戊戌变法史事考》，三联书店2005年版，第29页。
② 西苑，又称三海，即今日北海和中南海，位于皇宫的西侧，是一处皇家园林。慈禧太后撤帘后，由宫中储秀宫搬到西苑的仪鸾殿，一般不住在宫中。
③ 茅海建：《戊戌变法史事考》，三联书店2005年版，第32页。

端佑康颐昭豫庄诚寿恭钦献崇熙皇太后懿旨",表现为政治权力上的上下级关系。根据相关材料,百日维新期间的重大决策及高级官吏的人事任免,基本上是在光绪帝住颐和园期间决定的,由此可以看到慈禧太后的身影。从制度上看,此应视为事前请示,亦即在重大事件上,光绪帝须向慈禧太后请示,须得到慈禧太后的同意。唯一的例外是9月4日和5日的两天(3日慈禧太后离开西苑,6日光绪帝赴颐和园,此两天恰是光绪帝一人住在宫中)。4日,光绪帝罢免了礼部六堂官,以主事王照为三品顶戴以四品京堂候补;5日,决定礼部各堂官的署任,并授杨锐、刘光第、林旭、谭嗣同为四品卿衔,"在军机章京上行走,参预新政事宜"。而这两天发生的光绪帝无视慈禧太后的政治权威自行作出的重大人事决定,被一些研究者敏锐地认定是戊戌政变的导火索。

从上述分析可以看出,从光绪帝亲政到戊戌政变前,清朝的整个国家机器须对光绪帝负责,光绪帝以谕旨来管理整个庞大的帝国;而通过事后报告制度和事前请示制度,光绪帝又受到慈禧太后的监督和控制。①

2.戊戌政变的爆发

戊戌政变是维新与守旧、改革与反改革、帝党与后党斗争激化的必然产物,光绪帝与康有为为首的维新派决心把改革进行至底,慈禧太后和守旧派则坚决反对改革。两大政治势力不可调和,双方斗争的激化,最终必然要通过政变解决。不是帝党维新派发动政变,打垮后党守旧派,为改革扫清道路,便是后党守旧派发动政变,镇压帝党维新派,结束维新运动。

上文已经谈到,慈禧太后暂时允许变法是以"无违祖制"为前提的。百日维新开始后,改革潮流汹涌澎湃,如开了闸的洪

---

① 本节内容主要参阅茅海建:《戊戌变法史事考》,三联书店2005年版,第11~38页。

水,奔腾向前,不可阻遏。尤其是8月底和9月上半月,"变法神速,几有一日千里之势"。① 不但条陈新政的奏折和颁发新政的谕旨与日俱增,更重要的是光绪帝"办理新政益振厉",进行激烈的政治改革,与前一阶段以文教、经济改革为主明显不同。从8月30日至9月7日,不到10天时间连续发生裁撤机构裁汰冗员,罢斥礼部六堂官,任用军机四卿及将李鸿章、敬信逐出总署等四件大事,都是围绕着官制改革,对旧政权实行改造,从军机处、总署等要害部门开刀。罢斥慈禧太后所安插和信用的反改革守旧官僚,任用主张改革的官员,从而缩小后党守旧派在政权中的地盘,扩大帝党、维新派在政权中的实力,这是一场争夺政权的斗争,而不仅仅是撤掉几个后党官员的问题。更严重的是,光绪帝发布罢礼部全堂朱谕时,事先未"请示"太后,便自作主张,匆忙谕令李端棻等署礼部堂官,侵犯了慈禧太后的用人大权,是对她神圣不可侵犯的权威和权力的亵渎和挑战,大大超出了她所能允许的改革范围,是她绝对不能忍受的。故康有为说革礼部六堂官职是危险的第一个信号。

当光绪帝9月6日到颐和园"问安"时,"西太后恨光绪企图掌握政权",②当即指责他说:"九列重臣,非有大故,不可弃;今以远间亲,新间旧,徇一人而乱家法,祖宗其谓我何?"光绪帝沉痛辩解说:"祖宗而在今日,其法必不若是;儿宁忍坏祖宗之法,不忍弃祖宗之民,失祖宗之地,为天下后世笑也。"③他们虽置酒玉澜堂,终因话不投合"不乐而罢"。慈禧太后见光绪帝不肯放弃变法,便下决心发动政变。

许多守旧官员被裁汰和罢免之后,又谣传要尽撤六部九

---

① 黄鹤寿:《清史纪事本末》,中国近代史资料丛刊《戊戌变法》第四册,上海人民出版社、上海书店出版社2000年版,第260页。
② 《戊戌政变旁记》,中国近代史资料丛刊《戊戌变法》第三册,上海人民出版社、上海书店出版社2000年版,第536页。
③ 胡思敬:《戊戌履霜录》,中国近代史资料丛刊《戊戌变法》第一册,上海人民出版社、上海书店出版社2000年版,第376页。

卿、督抚司道,使各级官吏人人自危,"寝不安,食不饱"。还有"尽除满人"、剪除发辫以及裁撤内监等谣言,使满人、阉党大为恐惧。他们与守旧官僚一起,轮番进谗言,"以潜诬我皇上于素有嫌隙之皇太后前。以结党密谋,将不利颐和园,激太后之怒;以变乱成法,众心不服,惊太后之听;以联外夷,惑邪说,动太后之疑惧"。①

杨崇伊特别活跃,上蹿下跳,来往京津,沟通权贵,穿针引线,"荣禄嗾杨崇伊,请太后复出听政"。② 杨"揣知太后意,潜谋之庆亲王奕劻,密疏告变,请太后再临朝,袖疏付奕劻转达",③ 成为戊戌政变带头发难的马前卒。

历来史家认为袁世凯告密点燃了政变的导火线,几乎已成定案,然而深入分析大量档案史料,证明此说不合史实(参见后文),其实导火线比较复杂,是多元的。9月14日这一天同时发生了三件事,即光绪帝前往颐和园向慈禧太后请开懋勤殿,袁世凯奉召进京陛见和伊藤博文抵京访问。这三件事都至关重大,是慈禧太后最惧且恨的,它们便成了政变爆发的导火线。

(1)关于开懋勤殿问题

康有为要建立由其掌握的"议政"机构"制度局"。围绕此,又有与康有为关系密切的官员纷纷上折,有宋伯鲁的"议政处""立法院"、李端棻的"懋勤殿"、徐致靖的"散卿"、张元济的"议政局"等,先后被否决或搁置。康有为"以制度局不开,琐碎拾遗,终无当也,故议请开懋勤殿以议制度"。④

懋勤殿是宫中殿阁,明嘉靖十四年建于乾清宫西庑,共三

---

① 苏继祖:《清廷戊戌朝变记》,中国近代史资料丛刊《戊戌变法》第一册,上海人民出版社、上海书店出版社2000年版,第329页。
② 李希圣:《庚子国变记》,民国十二年抱冰堂刻本,第1页。
③ 恽毓鼎:《崇陵传信录》,中国近代史资料丛刊《戊戌变法》第一册,上海人民出版社、上海书店出版社2000年版,第476页。
④ 楼宇烈整理:《康南海自编年谱(外二种)》,中华书局1992年版,第56页。

间,被称为"列圣燕居念典处"。① 明代夏言拟额为"懋勤",取"懋学勤政"之意。用于藏图史文书。清沿明制,凡图书翰墨皆贮于此,并为懋勤殿翰林侍值处。悬有乾隆帝御笔"基命宥密"匾。康熙帝冲龄时曾在此读书。每岁秋谳,凡有死罪重犯,刑部复奏本进上,皇帝御殿亲阅档册,亲自勾决。内阁大学士、学士及刑部堂官皆面承谕旨于此。

"懋勤殿"一事,始见于原先与康有为相交甚密的文悌1898年3月22日所上《敬见管见折》。文悌在折中写道:"请我皇上可否效法顺治、康熙年间成案,召见大小臣工,随时讨论实政,或在南书房、懋勤殿立一召对处,选儒臣备顾问,其群臣如蒙召见,亦均于此赐对。倘更能仿照国初时坐朝旧制,君臣上下,从容坐论政治,尤为详实切要。"②李端棻7月24日《敬见管见折》再提出。李折现尚未从档案中检出。但据康有为《我史》中称,李折第二条是"开懋勤殿议制度"。据7月28日奕劻"议复李端棻所奏说片"中称,"第二条请皇上选择人才在南书房、懋勤殿行走";据同日孙家鼐"议复李端棻所奏说片"中称,"第二条请皇上选博通时务之人以备顾问"。当然,奕劻、孙家鼐对此请求予以完全否定。③

到了1898年9月中旬,康有为及其党人再次发动请开"懋勤殿"的政治攻势。9月13日宋伯鲁上奏当由康有为代拟的《选通才以备顾问折》。光绪帝命"暂存",同日送慈禧太后。9月14日,徐致靖上奏《遵保康有为等折》,王照上奏《遵保康广仁等折》,光绪帝皆命"存记",同日送慈禧太后。这三件对历史影响重大的奏折,虽相关研究学者未能从档案中检出,但其内容大体可知。王照逃亡日本后,在与犬养毅的笔谈中称:

---

① 恽毓鼎:《崇陵传信录》,中国近代史资料丛刊《戊戌变法》第一册,上海人民出版社、上海书店出版社2000年版,第477页。
② 茅海建:《〈我史〉鉴注》,三联书店2009年版,第325~326页。
③ 茅海建:《〈我史〉鉴注》,三联书店2009年版,第581~583页。

> 二十九日（引按：七月二十九日即 9 月 14 日）午后，照方与徐致靖参酌折稿，而康来，面有喜色，告徐与照曰：谭复生请皇上开懋勤殿用顾问官十人，业已商定，须由外廷推荐，请汝二人分荐此十人……乃与徐分缮荐折，照荐六人，首梁启超；徐荐四人，首康有为。①

王照的记忆，在时间上稍有误。他于 9 月 14 日上奏，当于 13 日夜递到奏事处。又称"首梁启超"，而军机章京录题由时称"遵保康广仁等"。这里所请开的"懋勤殿"，实际上是一个议政和变法的领导机关，其性质、职权与制度局基本相同，是制度局的翻版，仅仅换了一个名称而已。其人数比"制度局"少，组织更精干，更有利于集中意见，贯彻维新派的主张。

康有为在《我史》中称，"复生（谭嗣同）、芝栋（宋伯鲁）召对，亦面奏请开懋勤殿"。据相关档案记载，光绪帝确曾于 8 月 24 日召见宋伯鲁，于 9 月 5 日召见谭嗣同。但宋、谭两人于召见时是否向光绪帝提议"开懋勤殿"，尚未得到史料验证。康有为在《我史》中又称："上……令复生拟旨，并云康熙、乾隆、咸丰三朝有故事，饬内监捧三朝《圣训》出，令复生检查，盖上欲有所据以请于西后也。"梁启超在《戊戌政变记》中也有类似说法。这一说法目前尚未得到史料验证。②

新任军机章京、内阁候补侍读杨锐七月二十八日在其私信中写道："现在新进喜事之徒，日言议政院，上意颇动，而康、梁二人，又未见安置，不久朝局恐有更动。"③杨锐是极具政治敏锐性的，道破了京城政治变动的底因：康党极力推动建立"议政院"，以确立康、梁等人的政治地位；京城高官们对此进行全力阻击，如果不能奏效，"朝局"必有"更动"。

---

① 中国近代史资料丛刊《戊戌变法》第四册，上海人民出版社、上海书店出版社 2000 年版，第 332 页。
② 茅海建：《〈我史〉鉴注》，三联书店 2009 年版，第 710~711 页。
③ 中国近代史资料丛刊《戊戌变法》第二册，上海人民出版社、上海书店出版社 2000 年版，第 572 页。

9月13日,光绪帝召见张之洞的主要幕僚、湖北补用知府钱恂。钱恂于第二天电告张之洞:"昨召见三刻……议政局必设。"9月14日,光绪帝召见北洋候选道严复。严复于9月16日告诉总理衙门章京郑孝胥:"将开懋勤殿,选才行兼著者十人入殿行走,专预新政。"钱恂、严复的说法,证明光绪帝已接受宋伯鲁等人的建议,决意要开懋勤殿。按照事先安排,光绪帝将于9月14日前往颐和园,9月18日返回宫中。王照称康有为命徐致靖、王照当日急拟保折。看来康有为确有其消息来源。①

9月14日,光绪帝处理完公务,召见了严复、张英麟后,随即赴颐和园,向慈禧太后当面请示开懋勤殿,立即引发了一场大冲突。

当光绪帝将开懋勤殿一事直接向慈禧太后提出时,对权力十分敏感且权术十二分精深的慈禧太后当然知道此事会导致什么结果。以康有为及其党人为主体的"懋勤殿",表面上是政治咨询机构,实际上将是政治决策机构。一旦"开懋勤殿",原有的具有咨询和议政功能的军机处、总理衙门等机构,将沦为单纯的执行机构。这是对现行政治体制的根本性挑战,也将导致慈禧太后与光绪帝之间权力关系的实质性调整。如果说,十天前光绪帝"擅自"罢免礼部六堂官,是对慈禧太后权力的否定,那么,此时光绪帝提出开懋勤殿,将动摇慈禧太后的权力基础。从慈禧太后的角度看,光绪帝不按"游戏规则"做事,已是两次发动"政变"。尽管9月14日赴颐和园后光绪帝与慈禧太后间发生的权力大争论,并未见诸文字档案,但争论的最终结果,却从光绪帝给杨锐的密诏中清晰地流露出来。②

9月15日,即光绪帝到达颐和园的次日,光绪帝破例召见了新任军机章京杨锐,交给他如下密诏:

---

① 茅海建:《〈我史〉鉴注》,三联书店2009年版,第712页。
② 茅海建:《戊戌变法史事考》,三联书店2005年版,第41~42页。

近来朕仰窥太后圣意，不愿将法尽变，并不欲将此辈老谬昏庸之大臣罢黜，而用通达英勇之人，令其议政，以为恐失人心。虽经朕屡次降旨整饬，而并且有随时几谏之事。但圣意坚定，终恐无济于事。即如十九日之朱谕，皇太后已以为过重，故不得不徐图之，此近来之实在为难之情形也。朕亦岂不知中国积弱不振，至于岌危，皆由此辈所误；但必欲朕一旦痛切降旨，将旧法尽变，而尽黜此辈昏庸之人，则朕之权力实有未足。果使如此，则朕位且不能保，何况其他？今朕问汝，可有何良策，俾旧法可以全变，将老谬昏庸之大臣尽行罢黜，而登进通达英勇之人，令其议政，使中国转危为安，化弱为强，而又不致有拂圣意。尔其与林旭、刘光第、谭嗣同及诸同志等妥速筹商，密缮封奏，由军机大臣代递。候朕熟思，再行办理。朕实不胜十分焦急翘盼之至。特谕。①

给一个军机章京下达密诏，十分不寻常。仔细分析此密诏，我们似可以清晰地看到光绪帝与慈禧太后之间的冲突及其原因。在密诏中，光绪帝三次提到"将旧法尽变"，表明其推行全面变法以"使中国转危为安，化弱为强"的强烈意愿；两次提到"议政"，即设立懋勤殿，两次提到"通达英勇之人"，即重用康有为及其党人；三次提到"老谬昏庸之大臣"，认为"中国积弱不振，至于岌危，皆由此辈所误"，意欲"尽行罢黜"；还提到慈禧太后"坚定"反对"将法尽变"、"登进通达英勇之人"和"将老谬昏庸之大臣尽行罢黜"，"以为恐失人心"。在密诏中，提到"十九日之朱谕"，即9月4日（七月十九日）罢免礼部六堂官，慈禧太后反对此一决定，"以为过重"；提到"朕之权力实有未足"，即光

---

① 赵炳麟：《光绪大事汇鉴·戊戌之变》，黄南津等点校：《赵柏岩集》，广西人民出版社2001年版，第239~240页。

绪帝在人事任免、推行变法等权力受到限制,如强力推行己意,就会导致"朕位且不能保"。根据密诏,我们可以得出结论:第一,光绪帝向慈禧太后提出设立"懋勤殿"议政机构的意见,也可能提出由康有为及其党人参加或主持此议政机构的意见;慈禧太后对光绪帝的意见予以"坚定"的反对,并指责罢免礼部六堂官的"十九日之朱谕"。第二,光绪帝的政治权力相当有限,对设立议政机构、重用康有为及其党人、罢免守旧大臣、全面推行变法,表示"朕之权力实有未足";面对慈禧太后的"坚定"反对,光绪帝无法强力贯彻自己的变法意志;如光绪帝要强力贯彻自己的变法意志,就会面临皇位都保不住的前景。所以,光绪帝密命杨锐等人出谋划策,想出在不违反慈禧太后意志的前提下全面推行变法的办法。

9月17日,由内阁发下了一道明发上谕:

> 工部主事康有为前命其督办官报局,此时闻尚未出京,实堪诧异!朕深念时艰,思得通达时务之人,与商治法,闻康有为素日讲求,是以召见一次。令其督办官报,诚以报馆为开民智之本,职任不为不重,现在筹有的款,著康有为迅速前往上海开办,毋得迁延观望。①

9月17日这一天,还有两个情况值得注意:9月13日宋伯鲁上奏的《选通才以备顾问折》,于此日由慈禧太后发下;此日吏部主事关榕祚又上折力荐康有为,请"畀以事权,待以不次之位,俾康有为布展其素志,而责以变法之效"。② 9月17日的明发上谕,是光绪帝与慈禧太后之间更加紧张的征兆。该谕旨的字里行间,透露出光绪帝与慈禧太后之间围绕"懋勤殿"之类议政机构的设立发生过争锋,结局是光绪帝向慈禧太后让步。通

---

① 茅海建:《〈我史〉鉴注》,三联书店2009年版,第738页。
② 《戊戌变法档案史料》,中华书局1958年版,第167页。

过明发谕旨的方式,光绪帝向世人(特别是慈禧太后)表明:他不知道康有为还在北京(此处光绪帝并不诚实);他召见康有为只有一次;严令康有为立即离开北京。有学者认为,"这道奇怪的谕旨,与其说是发给康有为的,不如说是写给慈禧太后看的"。① 光绪帝借此向慈禧太后表白,虽然他欣赏康有为的"通达时务",但今后不会再与康有为保持联系。

9月17日,光绪帝召见了新任军机章京林旭。这是一件不寻常的事件。据康有为称,光绪帝在此次召见中"令其执密诏交出"。上海《新闻报》于10月19日刊出康有为公布的所谓"第二道密诏"(后有"衣带诏"之名):

> 朕今命汝办官报,实有不得已之苦衷,非楮墨所能罄也。汝可速出外,不可迟延。汝一片忠爱热肠,朕所深悉。其爱惜身体,善自调摄,将来更效驰驱,朕有厚望焉。特谕。

10月25日《台湾日日新报》所刊第二道密诏,在"将来更效驰驱"一语后,添加了"共建大业"一语。此后这一道密诏有数个版本。

光绪帝是否通过林旭颁给康有为密诏,至今仍是一个谜。王照逃亡日本后,与犬养毅笔谈中称:

> 另谕康有为,只令其速往上海,以待他日再用,无令其举动之文也……今康刊刻露布之密诏,非皇上之真密诏,乃康所伪作者也。②

在此处,王照揭露康有为在刊布的第二道密诏中作伪,却肯定了光绪帝确有第二道密诏颁给康有为。茅海建先生判断说:"光绪帝于初二日(9月17日)明发上谕,令康有为'迅速前

---

① 茅海建:《〈我史〉鉴注》,三联书店2009年版,第738页。
② 中国近代史资料丛刊《戊戌变法》第四册,上海人民出版社、上海书店出版社2000年版,第332~333页。

往上海',当日再召见林旭,很可能会对此作出相应的解释,此即为'口诏',可能无第二道密诏……退一步说,若光绪帝真有第二道密诏,只能认可王照所称'以待他日再用'之语;至于'共建大业'一语,黄彰健已指出,与光绪帝的身份不合,不是君主对臣子的口气。"①

(2)关于袁世凯奉旨进京陛见问题

随着改革的逐步深入,维新派与守旧派的斗争日趋剧烈,康有为开始感到自己和光绪帝的处境都是不安全的。

1898年6月15日,光绪帝明发上谕:"本年秋间朕奉……皇太后銮舆,由火车路巡幸天津阅操。"8月5日,又明发谕旨,定于9月至天津阅操。②

维新派普遍担心秋天在天津阅兵时,慈禧太后会乘机发动政变,废掉光绪帝。康有为"以天津阅兵期迫……日夜忧危","虑九月天津阅兵即行废立,夙夜虑此"。③ 他认为,光绪帝毫无兵权,要保护皇帝必须在京津一带掌握一部分军队。当时京津一带驻军,有直隶提督聂士成的武毅军万余人,甘肃提督董福祥的甘军万余人,直隶按察使袁世凯的新建陆军约7000人,都归荣禄节制。他们环顾北洋三军,认为"将帅之中,袁世凯夙驻高丽,知外国事,讲变法,昔与同办强学会,知其与董、聂一武夫迥异,拥兵权、可救上者,只此一人"。④ 但又担心他和荣禄关系密切,不能为我所用。7~8月,康便派他的学生、徐致靖的侄子徐仁录去小站,利用其堂兄徐仁铸是袁世凯未正式换帖的口盟兄弟的关系,以看操为名,观察袁世凯的虚实,试探其志向。

---

① 茅海建:《〈我史〉鉴注》,三联书店2009年版,第742页。
② 茅海建:《〈我史〉鉴注》,三联书店2009年版,第716页。
③ 楼宇烈整理:《康南海自编年谱(外二种)》,中华书局1992年版,第57页。茅海建说:"康有为认为天津阅兵为废立之举,似为其个人之臆测,并没有事实的根据。"见茅海建:《〈我史〉鉴注》,三联书店2009年版,第716页。
④ 楼宇烈整理:《康南海自编年谱(外二种)》,中华书局1992年版,第57页。

袁世凯是一个非常世故圆滑、善于见风使舵的人,对徐仁录盛宴招待,看操时让他坐在自己身边。据康有为《我史》中称,当徐试探他对康有为和荣禄的态度时,袁称赞康"为悲天悯人之心,经天纬地之才",表示对荣禄不肯给他增兵的不满。徐仁录被袁世凯的花言巧语所迷惑,回京后盛称袁的治军才能,及能为维新派所用,使康以为"袁倾向我甚至","知袁为我所动,决策荐之",决心依靠袁世凯。① 康有为的这一决定,说明他对袁之真实政治态度及机智不够了解,也反映了其政治经验的不足。

但袁一军毕竟兵力单薄,9月初康有为曾想利用王照与聂士成是换帖兄弟的关系,去劝说聂保护光绪帝,答应事成后让他当直隶总督。王照坚决拒绝,他以"内政何须召外兵,从来打草致蛇惊"②的诗句,说不应当诉诸武力,拉皇上去冒险。

与此同时,谭嗣同开始秘密调集人马,一方面,通过大刀王五联络京师武林豪杰。王五,原名王正谊,直隶沧州人,早年流落江湖,后在京城珠市口西半壁街开设源顺镖局,武艺超群,是赫赫有名的京师大侠,又是谭嗣同的武术教师和亲密朋友,敬佩谭的为人,支持维新事业。谭想利用他们在紧急时以资策应。另一方面,谭急电湖南招集"好将多人",他的挚友毕永年已于9月12日先行抵京,另一挚友唐才常行抵上海,但是时政变已爆发。

9月上半月,局势已非常紧张,京师到处流传"将有宫闱之变",以至"人几尽知"。③ 此时"维新党都同意要终止反动派的阻力,惟一的办法,就是把慈禧关禁起来。因为,她是主要的阻

---

① 楼宇烈整理:《康南海自编年谱(外二种)》,中华书局1992年版,第57~58页。
② 王照:《方家园杂咏》,中国近代史资料丛刊《戊戌变法》第四册,上海人民出版社、上海书店出版社2000年版,第359页。
③ 《记天津初六初七初八三日皇慈情形》,中国近代史资料丛刊《戊戌变法》第三册,上海人民出版社、上海书店出版社2000年版,第413页。

碍者"。只有"把她监禁在颐和园,这样才可以制止反对派对于维新的一切障碍"。① 虽然维新派很难确定后党是否立刻行动,但感到不能不采取行动了。于 9 月 11 日代徐致靖拟《边患日亟,宜练重兵,密保统兵大员折》,保荐督办新建陆军、直隶按察使袁世凯,请特予召对,"及时破格特简,隆其权位,厚其兵力","似不宜加以铃束,置诸人下"。② 实际上是要重用袁世凯,令袁举兵勤王,杀荣禄,包围颐和园,发动政变。

光绪帝主持改革,至此时已成骑虎难下之势。他接受维新派的建议,似乎把挽救维新事业和自己命运的希望,寄托在袁世凯身上。见到徐致靖荐折,当即电谕袁世凯,即行来京陛见。袁世凯奉旨于 9 月 14 日抵京,住在王府井大街报房胡同的古刹法华寺内海棠院。光绪帝 9 月 16 日于颐和园玉澜堂召见袁,"垂询军事甚详"。当天即颁谕予以破格提拔,命以侍郎候补,责成专办练兵事务,令其将应办事宜随时专折具奏。次日,袁来谢恩,光绪帝又当面嘱咐:"人人都说你练的兵、办的学堂甚好,此后可与荣禄各办各事。"③ 显然是告诉他可以不再受荣禄的节制,独立行事,直接向皇帝负责,目的在夺除荣禄的兵权,将北洋陆军的指挥权转移到袁世凯手中。

康有为于 9 月 14 日即袁抵京当晚 9 时,召毕永年谈发动政变的设想。他说:现在局势危急,"吾欲效唐朝张柬之废武后之举,然天子手无寸兵,殊难举事。吾已奏请皇上,召袁世凯入京,欲令其为李多祚也"。张柬之在武则天称帝后期任宰相,武则天病重,他发动武装政变,恢复唐中宗帝位。李多祚是唐代将领,助张柬之使政变成功。康以唐代故事为喻,说明要利用

---

① 《中国的维新运动》,中国近代史资料丛刊《戊戌变法》第三册,上海人民出版社、上海书店出版社 2000 年版,第 563~564 页。
② 徐致靖:《边患日亟,宜练重兵,密保统兵大员折》,《戊戌变法档案史料》,中华书局 1958 年版,第 164~165 页。
③ 袁世凯:《戊戌日记》,中国近代史资料丛刊《戊戌变法》第一册,上海人民出版社、上海书店出版社 2000 年版,第 549 页。

袁世凯发动武装政变,推翻慈禧太后的统治,由光绪帝掌权。9月16日晚上,康有为得知上谕令袁以侍郎候补的消息,当即拍案叫绝:"天子真圣明,较我等所献之计尤觉隆重,袁必更喜而图报矣。"康在兴奋之余,又与毕永年进一步研究政变的具体办法,要毕去袁幕中当参谋,在袁统兵围颐和园时,率百人径直"往执西后而废之"。两天后又对毕说:"执而杀之可也。"①

慈禧太后对康有为等政变密谋的详情虽不得而知,但光绪帝在这样的关键时刻召袁进京,又是迫不及待地破格晋升,又是连续接见,便引起太后及荣禄等后党官僚的疑惧。慈禧太后本人就是利用军队捕杀肃顺、发动武装政变起家的,对这类问题尤为敏感。这是慈禧太后加速发动政变的另一个诱因。康有为说它是"酿成事机的主因",②有一定道理。

(3)关于伊藤博文来京访问问题

伊藤博文是日本参与明治维新的名臣,对制定日本宪法、建立内阁制度、设立枢密院等作过杰出贡献。曾四任内阁总理、三任枢密院议长及首届贵族院议长,是一个很有影响的人物。

1898年6月,伊藤内阁倒台。赋闲的伊藤博文很快萌发到中国游历的想法,至少在7月中旬这种传闻已在日本国内公开。③ 其实,伊藤博文并不否认中国之行抱有政治目的,诸如影响中国正在进行的维新运动,探讨日本与中国联盟的可能。④

---

① 毕永年:《诡谋直记》,转引自汤志钧:《乘桴新获——从戊戌到辛亥》,江苏古籍出版社1990年版,第26~28页。
② 《戊戌政变旁记》,中国近代史资料丛刊《戊戌变法》第三册,上海人民出版社、上海书店出版社2000年版,第537页。
③ 1898年7月20日,时在日本的王仁乾在致汪康年的书信中,已提到"伊藤博文不日须往中国游历"。见《汪康年师友书札》(一),上海古籍出版社1986年版,第35页。
④ 骆惠敏编:《清末民初政情内幕——〈泰晤士报〉驻北京记者、袁世凯政治顾问乔·厄·莫理循书信集》上卷,刘桂梁等译,知识出版社1986年版,第111~113页。

康有为等维新派人士希望借伊藤博文来京之际,"借箸代筹",拟聘为"客卿"。一时间许多官员纷纷奏请留伊藤在京,用为顾问官。

刑部主事洪汝冲于1898年8月11日由刑部代奏的奏折中,请求光绪帝对来访的伊藤博文"縻以好爵,使近在耳目,博访周咨",达到"借才"以行"新政"的目的。前军机章京、新任江苏松江知府濮子潼于9月18日的奏折中,请求光绪帝对伊藤博文"优以礼貌,饬总理王、大臣密问彼国维新诸政……然后参以中国情形,拟定办法。上取进止,明诏中外,遵照奉行。"候选郎中陈时政于9月20日由都察院代递的奏折中,请求将伊藤博文"留之京师,著其参与新政"。兵部员外郎祁师曾于9月21日的奏折中,请求伊藤博文"立予清职,使有议事之权"。① 李鸿章于9月12日写给李经方的信中称:"内意竟欲留伊藤为参政,可笑也。"②

伊藤博文到北京后,康有为曾于9月18日下午拜访过伊藤博文,两人有较长时间的交谈。康有为向伊藤博文说明光绪帝"决意改革"而"实权"掌握在"不欲改革"的慈禧太后手中的情形,希望伊藤博文在觐见慈禧太后时能进行劝告——"要与皇帝共讲求变法条理"。③ 9月20日,御史杨深秀奏称:"闻英国牧师李提摩太新从上海来京,为吾华遍筹胜算,亦云今日危局非联合英、美、日本别无图存之策……况值日本伊藤博文游历在都,其人曾为东瀛名相,必深愿联结吾华,共求自保者也。未为借才之举,先为借箸之筹,臣尤伏愿我皇上早定大计,固结英、美、日本三国,勿嫌合邦之名为不美,诚天下苍生之福矣。"④

---

① 茅海建:《戊戌变法史事考》,三联书店2005年版,第96~98页。
② 顾廷龙、戴逸主编:《李鸿章全集》第36册,安徽教育出版社2008年版,第193页。
③ 《游清纪语》,1898年11月13、15日《台湾日日新报》。转引自汤志钧:《乘桴新获——从戊戌到辛亥》,江苏古籍出版社1990年版,第19~22页。
④ 《戊戌变法档案史料》,中华书局1958年版,第15页。

9月21日，御史宋伯鲁奏称："今拟请皇上速简通达外务、名震地球之重臣，如大学士李鸿章者，往见该教士李提摩太及日相伊藤博文，与之商酌办法。以工部主事康有为为参赞，必能转祸为福。"①从上述连贯性的行为中，我们似乎可以推测，康有为及其党人对于伊藤博文的访华，似乎精心准备了一个完整的行动计划。杨深秀、宋伯鲁的奏折，应该是由康有为起草的。

康有为还邀请李提摩太也来京当皇帝的顾问。李提摩太是英国传教士，1891年开始任广学会总干事，出版大量传播西学的《万国公报》等书刊，对维新派有相当影响。1895年秋，他来到北京，一住4个多月，一方面向清朝政府提出教会方面的要求，另一方面是向翁同龢等高官兜售"新政策"，即由英、美人士来掌管中国的政治、外交、财政、教育、铁路等事务。1895年10月与康有为初次晤面于北京，并参加强学会。李提摩太1898年9月中旬来京的目的，是继"新政策"之后更进一步，要建立英—中同盟（或联邦），或英—美—日—中的四国同盟（或联邦）。李提摩太被认为是一个思维想象力超过政治判断力的人，而且不是一个可以影响英国外交决策的人。但是，他对中国维新运动的"热心"和"支持"，博得了维新派的信任。1898年9月19日上午，康有为曾与李提摩太会面，讨论"朝政"。②

康有为等拟请伊藤博文和李提摩太当皇帝的顾问，主要有两个目的：一是贯彻其联英日以抗俄的外交路线，企图借助英日的力量与后党作斗争，以巩固帝党维新派的地位；二是直接学习日本明治维新的经验，在伊藤博文的帮助下将维新运动进行到底。伊藤博文表面上标榜以个人身份来华游历，实际上其政治目的是显然的。他和李提摩太都想插手中国的改革，把维新运动纳入他们各自的轨道，以便加强对中国的控制。他们二人于9月中旬先后抵京，立即与维新派频繁接触。光绪帝决定

---

① 《戊戌变法档案史料》，中华书局1958年版，第170页。
② 茅海建：《〈我史〉鉴注》，三联书店2009年版，第767~771页。

9月20日接见伊藤，23日接见李提摩太，听取他们对变法的意见，聘请他们为顾问。

不速之客伊藤的到来，令守旧派惶恐不安。9月11日伊藤到达天津，盘桓数日。① 14日伊藤进京。同日，荣禄密派候补道张翼进京谒庆亲王，"呈密信并禀要事"。信长达四五十页，当是忠告太后提防伊藤。京师到处流传伊藤将入军机处，"王公卿相士庶皆言之凿凿"。② 9月18日杨崇伊吁请慈禧训政的密折，也将"引用东人"列为一大罪状，尖锐指出：伊藤到京"将专政柄……依（伊）藤果用，则祖宗所传之天下，不啻拱手让人"，③庆亲王奕劻、端郡王载漪也痛切对太后说："伊藤已定初五日觐见，俟见，中国事机一泄，恐不复为太后有矣"。④ 一语道破太后的心病。她赶紧令军机处为光绪帝接见伊藤起草一份《伊藤问答节略》，于9月16日呈她亲自审查，令光绪帝接见时"照本宣科"，不得超越《节略》的范围。同时决定抢先在接见以前发动政变，故苏继祖在《清廷戊戌朝变记》中说："八月之变，幽禁皇上，株连新党，翻改新政，蓄此心故非一日，而借口发难，实由于伊藤之来也。"⑤

以上三件大事，使双方本已十分尖锐的明争暗斗骤然白热化，剑拔弩张，都在加紧策划政变，力争先发制人。结果掌握军政实权、经验丰富、老练的慈禧太后，抢先发动了政变。

据康有为称，9月18日晨，林旭将光绪帝的两道密诏，一同交给康有为。康"跪诵痛哭激昂"，马上找来谭嗣同、梁启超、

---

① 马勇：《1898年中国故事》，中华书局2008年版，第210～214页。
② 苏继祖：《清廷戊戌朝变记》，中国近代史资料丛刊《戊戌变法》第一册，上海人民出版社、上海书店出版社2000年版，第342～343页。
③ 《戊戌变法档案史料》，中华书局1958年版，第461页。
④ 苏继祖：《清廷戊戌朝变记》，中国近代史资料丛刊《戊戌变法》第一册，上海人民出版社、上海书店出版社2000年版，第344页。
⑤ 苏继祖：《清廷戊戌朝变记》，中国近代史资料丛刊《戊戌变法》第一册，上海人民出版社、上海书店出版社2000年版，第342页。

徐仁镜、徐仁录及康广仁等，共同"经划救上之策"，"大众痛哭不成声"，①誓死要救皇上。最后决定由谭嗣同当夜密访袁世凯，游说袁出兵勤王，将筹划杀荣禄、围颐和园的政变计划提前实行。

9月18日晚上，病急乱投医的谭嗣同，到北京东城胡同的法华寺，面见袁世凯，请袁杀荣禄，并派兵入京，一部围颐和园，一部守宫。对此，狡黠世故、自有打算的袁世凯只是虚词应对，并没有给予直接、肯定的回答。②

20日请训时，袁世凯力保张之洞，而诋毁康有为等维新派。③然后，袁匆匆赶往车站，"乘坐十一点四十分钟火车，至下午三点钟到津。圣安棚茶座在火车站，同城文武各官咸往迎迓，一时颇为热闹"。④回到官邸，又有亲近官员跟往座谈，直至傍晚才急忙去拜见荣禄告密。

然而，太后21日宣布训政时，确实尚未接到天津荣禄告密，尚不知维新派有谋围颐和园之事。否则当天捕康谕旨不可能不提康有此密谋，更不可能仅下令捕康氏兄弟二人，必然要同时逮捕夜访袁世凯策动杀荣围园的谭嗣同。

9月21日的早朝，慈禧太后与光绪帝共同会见军机大臣。光绪帝颁下的朱谕称：

> 现在国事艰难，庶务待理。朕勤劳宵旰，日综万几。兢业之余，时虞丛脞。恭溯同治年间以来，慈禧端佑康颐昭豫庄诚寿恭钦献崇熙皇太后两次垂帘听政，办理朝政，宏济时艰，无不尽美尽善。因念宗社为重，再三吁恳慈恩训政，仰蒙俯如所请，此乃天下臣民之福。今日始

---

① 楼宇烈整理：《康南海自编年谱（外二种）》，中华书局1992年版，第59页。
② 参阅茅海建：《〈我史〉鉴注》，三联书店2009年版，第753～762页。
③ 就思想主张而言，袁世凯只有"洋务式"变法思想，即变法范围限定在军事、经济等方面，反对政治改革。可参阅张华腾：《康、袁交往与戊戌维新政治格局》，《史学月刊》，1999年第5期。
④ 《练兵大臣抵津》，《国闻报》，光绪二十四年八月六日。

在便殿办事。本月初八日,朕率诸王、大臣在勤政殿行礼。一切应行礼仪,著各该衙门敬谨预备。①

"今日始在便殿办事",说明了权力的变化,慈禧太后开始第三次训政。

慈禧太后为什么于光绪二十四年八月初六日(1898年9月21日)宣示"训政"?在具体的因果链条上,仍存在一些未解的谜团。

盛宣怀档案中有一抄件,题名为《虎坊撷闻》,录有极为简练的各条消息,似为盛宣怀所收电报的集录。其中有一条很值得注意:

> (八月)十一日荣中堂入都,以袁世凯护理直督。或言袁入觐时,康有为诣之,使以兵胁颐和园,袁许之,于是有开缺以侍郎候补之命。袁谢恩后,使密告礼王而行。故再得护理直督之命。或曰其议发于谭嗣同,奏保之者,徐致靖也。②

该消息提到"其议发于谭嗣同"、"以兵胁颐和园"等内容,相当准确。"礼王"指首席军机大臣礼亲王世铎。茅海建说:"查《虎坊撷闻》的各条消息,大多有所根据;然这一条消息的可靠性,我还不能确定。如果真有此事,那么,袁告密的对象是世铎,此即是慈禧太后走向前台的原因,也可以解释政变后慈禧太后未对袁猜疑的原因。"③在9月20日请训后离开北京前,袁世凯极有可能向世铎(或其他人)透露了"康有为将有不利之事"之类的消息,成为慈禧太后先下手为强的依据。但是,袁可能未透露康有为等人"围园劫后"阴谋的细节,所以,9月21

---

① 军机处《上谕档》,光绪二十四年八月初六日。引自茅海建:《〈我史〉鉴注》,三联书店2009年版,第778页。
② 上海图书馆编:《上海图书馆藏盛宣怀档案萃编》上册,上海古籍出版社2008年版,第177页。
③ 茅海建:《〈我史〉鉴注》,三联书店2009年版,第779页。

日、22日的朝廷政令表明,"慈禧太后虽开始对光绪帝、康有为进行清算,但仍在权力层面,尚未进入政策层面"。① 然而,9月20日袁世凯回到天津后向荣禄全面告密。袁世凯告密的消息传回北京,大大加剧了政变的激烈程度。除9月23日起逮捕谭嗣同等人外,慈禧太后下达一系列指令,不仅进行权力清算,而且在政策上进行了反攻,甚至动了废除光绪帝的念头。②

1898年9月23日午时,慈禧太后在勤政殿举行训政的正式典礼,光绪帝率领诸王大臣等行三跪九叩礼。

9月28日,因担心各国公使干预,未经审讯,慈禧太后下令处决康广仁、杨深秀、谭嗣同、林旭、杨锐、刘光第六君子。

三、戊戌变法失败原因探析

作为中国历史上第一次以追求全面现代化为目标的政治改革和社会文化改造运动,戊戌变法运动虽曾一时轰轰烈烈,但最终还是以失败告终。那么,这么一场以追求民族富强和人民幸福为己任的政治改革运动失败和社会文化改造运动受挫的原因何在?

笔者以为,戊戌变法运动失败的最根本原因,在于当时社会力量的基本结构。

戊戌维新派未找到一支支持变法运动的基本社会力量;当时积极参加或支持变法运动的只是一小部分开明官员和一部分接受西学影响的知识分子。

虽然梁启超认为必须以"士"为社会本位,鼓吹"士立学会"③、"士群曰学会",并认为"学会"是"议院"("国群")、"公司"("商群")两者之母,④但是,以传统小农经济、"名教"伦理、专制政

---

① 茅海建:《戊戌变法史事考》,三联书店2005年版,第125页。
② 茅海建:《戊戌变法史事考》,三联书店2005年版,第130页。
③ 梁启超:《饮冰室合集》,文集之一,林志钧编,中华书局1989年版,第102页。
④ 梁启超:《饮冰室合集》,文集之一,林志钧编,中华书局1989年版,第31页。

治制度(科举制为其一端)为其基本生存条件的传统士大夫阶层显然无法胜任在近代世界潮流中实现中国现代化这一历史重任。

统治阶级或官僚阶层,更是处于一种胡作非为而又无所作为的生存状态。康有为曾在《自编年谱》光绪十四年(1888)栏中指斥道:"上兴土木,下通贿赂……士夫掩口,言语结舌。群僚皆以贿进,大臣退朝,即拥娼优,酣饮为乐……不独不能变法,即旧政风纪,亦败坏扫地。"①据载,光绪皇帝曾斥责在朝大臣:"你们竟知在无味虚面上用心,到了大节割地赔款事,即一筹莫展。"②面对百日维新期间光绪帝渴求新知、锐意改革的状态,"乃在廷诸臣不惟不喜,而且忧之"。③ 1898 年 7 月 16 日,李鸿章在给李经方的信中写道:"朝廷锐意振兴,讲求变法,近日明诏多由康有为、梁启超等怂恿而出。但法非人不行,因循衰惫者岂有任事之才,不过敷衍门面而已。"④

陶模在光绪二十一年五月十一日(1895 年 6 月 3 日)上疏进言:"今我政事因循,上下粉饰,吏治营务,久为邻国所窃笑,明明不如人,而论事者动发大言,自谓出于义愤,不知适以长庸臣之怠傲,蔽志士之聪明。一二有识者,畏受訾謷,或曲为附和,或甘于缄默,绝无古名臣交相警戒之风,平日视危为安,视弱为强,文武骄惰,莫由觉悟。一旦有事,不肯平心体察,谬托正论,务虚名而贾实祸,诚可为痛哭流泪者也。事前既莫知不如人,事后众论仍莫肯直认不如人,甘心自画,又安望有自强之一日?"⑤甲午战后,李鸿章复新疆巡抚陶模书曰:"今之论者,皆知变法;但有治法,尤须有治人……详察当路诸公仍是从前拱

---

① 《康有为自编年谱》,第 18 页。
② 中国近代史资料丛刊《戊戌变法》第一册,上海人民出版社、上海书店出版社 2000 年版,第 350 页。
③ 1898 年 8 月 5 日,张元济致沈曾植信中语。见张树年、张人凤编:《张元济书札》增订本,上册,商务印书馆 1997 年版,第 675~677 页。
④ 顾廷龙、戴逸主编:《李鸿章全集》第 36 册,安徽教育出版社 2008 年版,第 184 页。
⑤ 中国近代史资料丛刊《戊戌变法》第二册,上海人民出版社、上海书店出版社 2000 年版,第 276 页。

让委蛇之习,万不亟改,恐一蹶不能复振也。"①刘坤一也在书信中认为,甲午战后"内外诸臣无一振作之人"。②

当然,严格意义上讲,"内外诸臣无一振作之人"的说法并不完全符合事实。如梁启超在回顾湖南新政时曾说:"巡抚陈宝箴、按察使黄遵宪皆务分权于绅士,如慈母之煦覆其赤子焉。各国民政之起,大率由民与官争权。民出死力以争之,官出死力以压之。若湖南之事势,则全与此相反。陈黄两本自有无限之权,而务欲让之于民。民不知其当有权,而官乃费尽心力以导之。此其盛德殆并世所希矣。"③然而,陈宝箴等人之作为,在19世纪末的中国官场乃属"异数",而非"常数",是违背统治阶级或官僚阶层的整体意志或主体意志的。所以,湖南维新运动受到了上至朝廷、下至地方守旧绅士的激烈反对,结果使谭嗣同在戊戌五月认为湖南的新党已面临绝路。游离于传统政治权力基础的光绪皇帝之倾向变法,曾使维新人士欣感"绝处逢生",④激起无限希望,"初时极欲大办",但残酷的政治现实很快使他们感到"无望",如梁启超刚被召见后即表示"日间必出都"。⑤ 就连意志力极强、曾表示"人主有雷霆万钧之力,所施无不披靡"⑥的康有为也因枢臣"浮词搪塞"、阻挠变法与"各督抚皆藐上无权,抗不遵办",而感到"心力稍倦""决意出京"。⑦

至于归入"商人"范畴的民族资产阶级,虽然对戊戌变法运动有一定的参与,但力量极其微弱,还不能作为基本的社会依靠力量。戊戌维新派人士与农工大众的联系基本上不存在。

---

① 转引自陈恭禄:《甲午战后庚子乱前中国变法运动之研究(1895~1898)》,《中国近代现代史论集》第十二编,台湾商务印书馆1985年版,第213页。
② 中国近代史资料丛刊《戊戌变法》第二册,上海人民出版社、上海书店出版社2000年版,第635页。
③ 梁启超:《饮冰室合集》,专集之一,林志钧编,中华书局1989年版,第138页。
④ 蔡尚思、方行编:《谭嗣同全集》,中华书局1981年版,第530页。
⑤ 丁文江、赵丰田编:《梁启超年谱长编》,上海人民出版社1983年版,第122页。
⑥ 中国近代史资料丛刊《戊戌变法》第二册,上海人民出版社、上海书店出版社2000年版,第216页。
⑦ 《康有为自编年谱》,第52页。

广大农夫基本在传统生活方式中生活,对变法维新持冷漠甚至反对的态度。① 工人则还未成为一个政治上自觉有为的阶级。

因此,具有社会文化、政治制度上"革命"意义的戊戌变法运动,尽管因其适应近代世界大潮的冲击而具有基本的历史合理性,但因社会内部缺乏适当的受力点、推动力或社会基础,基本不具备成功的可能性。合理的事物必然走向毁灭。这就是近代中国在19世纪末现代化全面发动阶段必然面临的悲剧命运。

1898年9月14日光绪帝在乾清宫召见严复。谈论之间,光绪帝微叹道:"中国就是守旧人多,怎好?"②一声叹息,反映了社会守旧力量的强大,表达了改革者的无奈。

在戊戌政变后逃亡日本的途中,梁启超赋诗说:"潇潇风雨满天地,飘然一身如转蓬。"③

笔者以为,戊戌变法运动失败的第二个基本原因,是光绪帝缺乏至高权力。

所谓变法,是统治集团对不适应形势发展的现有制度、法制政策等所进行的改革。这种改革虽然有来自下面的推动,但总是自上而下进行的。戊戌变法与中外古今历次变法相比较,其最显著的特点是变法的领导者、主持者不掌握至高权力。考中外古今历次变法改革运动,其领导者和主持者都掌握着全国的最高权力,凭借所掌握的军政大权发号施令,实行自上而下的改革,排除改革过程中的阻力,镇压反改革势力的反抗,才使变法得以贯彻。不论战国时代的秦国商鞅变法,还是宋代的王

---

① "吴敬恒曰:'忆戊戌(一八九八年)变法之际,朝旨欲即寺观为学校,与当时之舆论不相入。曾见一卖菜男子攘臂怒目抗言于市人曰,寺观为从古所有,乌可议废者?'……卖菜男子颇能代表民众心理。"见陈恭禄:《甲午战后庚子乱前中国变法运动之研究(1895~1898)》,《中国近代现代史论集》第十二编,台湾商务印书馆1985年版,第246页。
② 《微文恭记》,《国闻报》,1898年9月19日(光绪二十四年八月初四日)。
③ 丁文江、赵丰田编:《梁启超年谱长编》,上海人民出版社1983年版,第159页。

安石变法,以至近代日本的明治维新,无不如此。唯独戊戌变法与此相反,维新变法运动的精神领袖康有为既无高官,更无权力,仅仅是一个小小的六品工部主事,只受光绪帝召见过一次。他领导变法只能通过进呈书稿和奏折提出改革建议,进行"遥控",连与主持变法的光绪帝直接商讨变法事宜的权力都没有。

从光绪帝亲政(1889)到戊戌政变前,清朝的整个国家机器须对光绪帝负责,光绪帝以谕旨来管理整个庞大的帝国;通过事后报告制度和事前请示制度("请懿旨"),光绪帝又受到慈禧太后的监督和控制。根据当时政治生活运行的情况,"光绪帝并不掌握最高权力,上有慈禧太后的注视,下有太后钦定的军机班底的辅助,不能遂其心愿来做事,更没有任命高官的权力"。①

当时的光绪帝和慈禧太后,在治国理念和施政方针上,存在巨大差距。李鸿章于1898年9月12日写给李经方的信中称:"两宫意见甚深。"②

作为维新派后台和变法主持者的光绪皇帝不掌握最高权力,更不掌握军权。他信任康有为,基本上实行康的变法路线和主张,却无权任用康到中央政府来主持变法,甚至不敢召见他共商变法大计。手下没有一个支持他变法、和他同心同德的大官员,身边没有一个得力的助手,唯一一个支持他的军机大臣翁同龢,变法一开始即被慈禧赶走,只能自己出面主持变法。军政大权掌握在慈禧太后为首的后党守旧派手里,他要看慈禧的脸色行事,须经过慈禧的允许才能实行变法,一切改革措施都要向慈禧请示汇报,允许改革到什么程度,就只能到什么程度,一旦慈禧翻脸,不允许变法,便束手无策。可见他不是一个掌握充分权力的皇帝,他自己的生死也都捏在慈禧太后的手心。

房德邻说:"甲午战争以后,朝野上下一片变法声浪……这

---

① 茅海建:《戊戌变法期间的保举》,《历史研究》,2006年第6期。
② 顾廷龙、戴逸主编:《李鸿章全集》第36册,安徽教育出版社2008年版,第193页。

就表明,统治阶级内部对于洋务运动已经不满,要求有进一步的改革。但是,这'进一步的改革'内涵是什么,各人的主张是并不相同的。应该说,正是这种差异直接导致了戊戌变法的失败……慈禧也不反对变法,光绪皇帝宣布开始变法的《明定国是诏》就是奉慈禧的懿旨而颁发的……百日维新中皇帝的变法诏令,大多是得到慈禧认可的。所以百日维新不是光绪皇帝一个人的主张。慈禧虽然同意变法,但对光绪的变法主张又不是都同意。她最不能同意的就是设制度局、开议政院这一类变革制度的建议。正是在慈禧的阻挠下,维新派这一类的建议都未被采纳。所谓维新和守旧的斗争也就集中在这上面,双方的矛盾也是因此而激化的。"①

无权的维新派依靠缺乏至高权力的皇帝,实行自上而下的改革,这就是戊戌变法不同于中外古今一切变法的最大特点,也是戊戌变法致命的弱点,是戊戌变法失败的基本原因。这一点当时的维新派和中外人士都曾强调指出。早在百日维新高潮中,康有为胞弟康广仁就冷静地指出:"伯兄(康有为)规模太广,志气太锐,包揽太多,同志太孤,举行太大,当此排者、忌者、挤者、谤者盈衢塞巷,而上又无权,安能有成?弟私窃深忧之……弟旦夕力言新旧水火,大权在后,决无成功,何必冒祸?伯兄亦非不深知,以为死生有命,非所能避,因举华德里落砖为证,弟无如何。"②

政变发生后,《知新报》发表文章,总结变法失败原因说:"皇上之见困,困于无兵;新党之见败,败于无权。"故守旧派"芟除之如薙枯草耳"。③ 变法失败是由于没有掌握兵权和政权。梁启超

---

① 危兆盖:《回顾戊戌 重温历史——在戊戌变法 110 周年之际》,《光明日报》,2008 年 12 月 7 日第 7 版。
② 张元济编:《戊戌六君子遗集》,沈云龙主编:《近代中国史料丛刊》三编第十八辑,台湾文海出版社有限公司印行,第 601~603 页。
③ 《论政变后可疑之事》,《知新报》第 83 册。

也作了深刻的反省说:反对改革的守旧派"握持政柄","而改革党人乃欲奋螳臂而与之争,譬犹孤身入重围之中,四面楚歌,所遇皆敌,而欲其无败衄也得乎?"①这些论断都十分精辟。

在强大的守旧势力面前,光绪帝和维新派显得十分孤立和虚弱,在统治集团内处于绝对劣势,二者的社会力量对比也很悬殊。可见,变法失败的根本原因是守旧势力过于强大,维新势力过于弱小。

第三个原因,在操作层面上,变法缺乏全盘考虑,未能有计划有步骤循序渐进。

新政颁行过多,有些改革过激,超越当时社会的承受力,激化新旧党的矛盾,增加改革的阻力,加速政变的爆发。当时已有人指出它"败于操切",认为"改革当以渐,民自顺教而风靡,久则服而习之矣"。②李提摩太说:这次变法"败于激烈,过于急速"。③赫德也说:维新派"不顾中国的吸收力量,三个月内所想改革的政事,足够中国九年消化"。④这些评论是有道理的。

美国学者亨廷顿曾认为,改革者所面临的问题,比革命者更为困难:第一,两线作战,须具备更高超的政治技巧;第二,要更善于操纵各种社会力量,更老练地控制社会变革;第三,要更能处理各种形式改革的轻重缓急。⑤即使1903年的章太炎,也曾经表达过"革命犹易,立宪犹难"⑥的见解。

戊戌变法运动的困境恰恰在于"理想"(价值目标)与"实践"(战略战术)的脱节,诚如时人所谓,"环顾诸臣,其老成者既

---

① 梁启超:《饮冰室合集》,专集之一,林志钧编,中华书局1989年版,第70页。
② 尹彦铢:《剂变篇》,中国近代史资料丛刊《戊戌变法》第四册,上海人民出版社、上海书店出版社2000年版,第304页。
③ 《李提摩太传》,中国近代史资料丛刊《戊戌变法》第四册,上海人民出版社、上海书店出版社2000年版,第234页。
④ 王树槐:《外国人与戊戌变法》,上海书店出版社1998年版,第245页。
⑤ [美]塞缪尔·P.亨廷顿:《变化社会中的政治秩序》,王冠华等译,沈宗美校,三联书店1989年版,第316～332页。
⑥ 汤志钧编:《章太炎政论选集》上册,中华书局1977年版,第202页。

苦于素无学术,其新进者又苦于未经历练"。① 传统官场历练出来的掌权官僚,"世故熟而气骨融",②不具改革思想,③而满怀改革抱负的"草莽书生"缺乏政治阅历,④诸如"参预新政"的军机四章京"毫无经验可谈",⑤"于事变尚须阅历"。⑥ 尽管以康有为为首的维新派人士企图通过设立"制度局"或"懋勤殿"等机构,建立起"思想"与"实践"之间的联系,"将内政、外交一切法度尽行斟酌改定,使本末、精粗、大小、内外,皆令规模毕定,图样写就。然后分先后、缓急之序,次第举行",⑦但由于掌握实权、"以法祖敬宗为重"⑧的以慈禧太后为首的守旧派的极力反对,此一设想未能实现。所以,整个变法实践,在时人眼里,在后人看来,就难免"失于纷扰"⑨。

---

① 《戊戌变法档案史料》,中华书局1958年版,第11~12页。
② 《报纪考验司员一则书后》(论说),《申报》,光绪廿四年三月初五日(1898年3月26日)。
③ 1898年10月13日,赵柏岩记:"两江总督刘坤一累电请保全皇上。仓卒政变,海内皇然,有谓皇上已大行者,志士聚海上而泣。坤一闻之,流涕曰:'上一片热心,惜无老成者主持之,故致蹶败,此大臣之过也。'因三电政府请保全上,以免天下寒心。"(清华大学历史系编:《戊戌变法文献资料系日》,上海书店出版社1998年版,第1168页。)不管刘坤一是否赞成光绪帝的改革,变法事业"无老成者主持"的状况是真实的。
④ 在李鸿章等人的眼里,倡导改革的年轻志士还是"小孩子"。据《张元济年谱》载:1898年9月21日,张元济(生于1867年)"由日本使馆出,始闻太后回宫,光绪被囚。旋赴贤良寺谒见李鸿章,谓:'强邻使人觇国……设将变法之事遽行停罢,甚或对皇上别有举动,恐非社稷之福。中堂一身系天下之重,如能剀切敷陈,或有转移之望。'李叹之曰,小孩子懂得什么。遂退出。"(张树年主编:《张元济年谱》,商务印书馆1991年版,第28页。)
⑤ 茅海建:《戊戌变法史事考》,三联书店2005年版,第242页。
⑥ 陈宝箴:《特荐张之洞入都赞助新政各事务致总署请代奏电》(光绪二十四年八月七日),《陈宝箴集》上册,中华书局2005年版,第835页。
⑦ 康有为:《康有为全集》第4集,姜义华、张荣编校,中国人民大学出版社2007年版,第88页。
⑧ 《津友述国事要闻》(消息),《申报》,光绪廿四年八月十三日(1898年9月28日)。
⑨ 《戊戌变法档案史料》,中华书局1958年版,第12页。

1898年8月16日，李鸿章在给儿子李经方的书信中写道："学堂之事，上意甚为注重，闻每日与枢廷讨论者多学堂、工商等事，惜瘦驽庸懦辈不足赞襄，致康有为辈窃东西洋皮毛，言听计从。"①"康有为辈"是否仅仅"窃东西洋皮毛"，当代学界尚有争议。但是，在理论、实践上，康有为等维新派人士确实存在许多不足及错误。不过，对康有为等维新派人士在理论及实践上不足及错误的过分责怪，显然脱离了历史环境，不合情理，有失公道。

就19世纪末的整个中国社会而言，我们可以发现，当时中国进行改革和现代化建设的知识储备和人才储备都极其不足。

19世纪末的中国社会危机，空前严重深刻，是"中国四千年来之变局"，②又刻不容缓，瓜分亡国的危险迫在眉睫，中国先民、古代志士仁人，无法预见这种变局，无法及时提供现成的、充足的答案，可供利用的传统资源毕竟有限；而19世纪末中国社会政治生活的"现代性"尚未充分发展，对近代西方文明的认知总体上是零星的、有限的，近代教育体系尚未建立，对近代社会政治生活的"公众"意义上的讨论、具有"簸扬效应"（winnowing effect）的公共辩论还相当缺乏，远没有形成充足的具有现代性的公共思想资源。所以，在19世纪末的中国，"学术思想界虽有心转变，而凭借不丰，转变的路线仍无法脱离二千年来经典中心的宗派"。③

在通读了戊戌变法时期的275件司员士民上书之后，茅海建先生指出："这些上书中虽然大讲泰西政史，多论彼得、明治，常引西例为佐证，但却没有从思想学术上推崇西学的言论，恰

---

① 顾廷龙、戴逸主编：《李鸿章全集》第36册，安徽教育出版社2008年版，第188页。
② 康有为：《康有为全集》第4集，姜义华、张荣编校，中国人民大学出版社2007年版，第12页。
③ 周予同：《五十年来中国之新史学》，朱维铮编：《周予同经学史论著集》，上海人民出版社1996年版，第517页。

恰相反,更多的是保护中学不受西学冲击的言论。"又指出:"上书者对西方的思想学术毫无认识,所谈的泰西事例,多来自于时务书籍与报纸。他们不推崇'西学',在于不了解'西学'。"最后,茅海建说:"戊戌上书的司员士民,虽主张各不相同,但绝大多数赞成变法,可以说是变法所能依赖的基础;但这些人多言泰西而缺乏西学基础,尤其是多不同意西学中的'平权'、'自主'之说,而在君臣父子、纲常伦教的基本框架下追求维新;那么,即使没有慈禧太后的政变,变法的道路又会通向何方呢?"①这反映了当时一般的社会政治背景。

---

① 茅海建:《戊戌变法史事考》,三联书店2005年版,第292～300页。

结束语　戊戌变法的意义

发生于19世纪末中国的戊戌变法运动,是具有全球视野、近代知识①、苍生情怀的知识分子(维新派人士)和具有世变忧患意识、"历验世务欲借镜西国以变神州旧法"②的统治阶级中开明分子(开明官员),面对世界性的现代化潮流和民族生存危机,面对传统文化价值、社会组织和政治制度的系统性危机,而采取的自觉的、全面的现代化变革的大胆实践尝试。

从政治史的角度看,戊戌变法运动,是近代中国第一场社会性的爱国救亡运动,是中国新兴知识分子领导的第一次近代政治制度改造运动。从政治改革的直接目标来说,"戊戌变法"因顽固守旧势力的反扑镇压而失败。但是,清政府的颟顸、顽

---

① "近代知识",既包括近代西学,也包括对中国传统学术、历史文化的新体验、新认识。关于戊戌维新派的主要代表人物如何接受近代西方科学,近代西方科学如何影响到他们的世界观、方法论,他们如何以近代西方科学为指导改造中国社会等问题,可参阅董贵成:《近代科学与戊戌维新》,北京师范大学2001年博士学位论文。
② 陈寅恪:《读吴其昌撰〈梁启超传〉书后》,《寒柳堂集》,上海古籍出版社1980年版,第149页。

固及"苟延残喘"①（即使有了与百日新政内容极为相似的20世纪最初十年间"新政"，终因其被迫敷衍、根本不清而无法"收拾人心"），导致其统治的合法性危机，使热血青年纷纷投身革命阵营，最终造就了"辛亥革命"。无疑，需要付出"流血"代价的"革命"，应是社会政治改革方式的最后选择（记住：只是在向李鸿章提出改革建议未被采纳之后，孙中山才立志"革命"的），而维新变法运动的被镇压（戊戌变法前的基本社会政治问题，一个也没有解决），说明了这一最后选择之不可避免。显然，革命是对无效政府的回应。

从文化史的意义看，戊戌变法运动，是中国历史上第一次具有近代意义的思想启蒙运动，是中国学术现代转型之发端，②是中国历史上具有系统规划的近代教育体制改革运动之开始，③是"中国近代改造国民性思想的先声"，④是中国历史上第一次具有近代意义的文化转型、移风易俗运动（包括"戊戌时期维新派改革社会风俗诸种努力中最有影响的一场运动"的不缠足运动⑤）。

对生活在近代中国的人们来说，尽管维新变法运动暂时失败了，但康有为、严复、梁启超、谭嗣同等人经过长期紧张的学

---

① "苟延残喘"为李鸿章在1898年10月19日写给李经方的书信中对当时朝政走向的预估。见顾廷龙、戴逸主编：《李鸿章全集》第36册，安徽教育出版社2008年版，第196页。
② 陈平原教授认为，中国学术的现代转型是"戊戌与五四两代学人的共谋"之果，是"戊戌生根，五四开花"，他将转型的上限确定在戊戌时期，下限锁定在1927年左右。（陈平原：《中国现代学术之建立——以章太炎、胡适之为中心》，北京大学出版社1998年版，第8页。）又可参阅黄兴涛、胡文生：《论戊戌维新时期中国学术现代转型的整体萌发——兼谈清末民初学术转型的内涵和动力问题》，《清史研究》，2005年第4期。
③ 李华兴：《戊戌维新与中国教育近代化》，《学术季刊》，1998年第3期。
④ 崔志海：《中国近代改造国民性思想的先声——论戊戌维新派对传统民族文化心理的反思》，《史学月刊》，1994年第4期。
⑤ 闵杰：《戊戌维新时期不缠足运动的区域、组织和措施》，《贵州社会科学》，1993年第6期。

习思索之后所获得的创见、思想成果,化作文明种子,深深地撒入中国的土地里,必将抽芽成长、开花结果。1898年2月21日,《湘学报》第28册刊载了下面一段文字:

> 自甲午一役,城下行成,割地偿金。数万万人正如酣睡至四鼓以后,蜀鸡一鸣,沉寝方觉。四肢疲软,双目朦胧,环顾室中,悍盗蜂拥,从容计议,攫其所有而去。临去之时,且徐言曰:"姑俟异日,瓜分若产。"一二家人之有心计者,始敢昌言筹所以御盗之策。此京师广设学堂,创兴书局,力开风气之先。各行省则学会如林,若圣学会、苏学会、质学会、农学会、陕西学会,我湘省之南学会、实学会,类皆一时名贤杰士,讲求西学,掇西史之精华,以求实用;报馆如鲫,若《时务报》《知新报》《经世报》《实学报》《农学报》《蒙学报》《萃报》《时报》,罔不广译西政,建议变法,哀哀长鸣,血泪盈简,而要皆不失为洞微烛远之士。①

康有为、梁启超等人显然是属于"力开风气之先"的"一二家人之有心计者"、"洞微烛远之士"。有人在《湘报》上大声称赞道:"南海康先生、新会梁先生,是诚天下第一流而维新党中之魁杰也。"②直至戊戌政变之后,还有人在《国闻报》上津津有味地回顾维新运动的盛况:"近时风气大开,见闻益广,学会、报馆风驰飙举,京师、直省又遍设学堂,此皆天下将转之机,吾党期治之幸也。"③百日维新期间的京城,"时务""西学"已变成最流行的名词。④ 在戊戌维新时期,即使僻处西南的四川,人们也

---

① 中国近代史资料丛刊《戊戌变法》第三册,上海人民出版社、上海书店出版社2000年版,第317～318页。
② 《湘报》第四十一号。
③ 陈明:《论黄人不宜视变法为无裨因循自误》,《国闻报》,1899年1月10日(光绪二十四年十一月二十九日)。
④ 茅海建:《戊戌变法期间的保举》,《历史研究》,2006年第6期。

开始"大讲其'新学'","大卖新书"了。①

陈独秀曾说:"南海康有为先生,为吾国近代先觉之士,天下所同认……吾辈今日得稍有世界知识,其源泉乃康、梁二先生之赐。是二先生维新觉世之功,吾国近代文明史所应大书特书者矣。"②严复后来回顾道:"吾国自甲午、戊戌以来,变故为不少矣。而海内所奉为导师,以为趋向标准者,首屈康、梁师弟。"③当代学者茅海建先生写道:

> 使我体会最为深切的却是甲午战后的清朝政情萎靡……绝大多数官员关心的并不是"励精图治",而是个人仕途的畅达……若不是康有为及其党人的借势生事,似无可能产生如此激烈的政治振作与波动。尽管今天的人们对康有为的举动可以有多种指责,也可以对戊戌政变后的中国政治走向表示不满,我个人也以为康氏在政治上不乏幼稚之处;但是,若没有康有为及其党人,就不可能有戊戌变法。他们是造就形势的人,尽管他们最后也不可能左右形势。④

有人称戊戌六君子的鲜血是"新中国的种子"。⑤ 手无寸铁的"白面书生",在钢铁枪炮面前,似乎显得"手无缚鸡之力";然而,他们千辛万苦所得到的救国济民、富国乐民的真理,他们不畏艰险、排除万难的社会政治实践活动,却奠定了近代中国社会文化重构和政治制度改革不可或缺的思想基础和实践基础。

1983年,龚书铎先生曾撰文,专门讨论"几乎涉及文化的各个领域"的"戊戌新文化运动"——一场"不论在广度和深度

---

① 吴玉章:《辛亥革命》,人民出版社1961年版,第38~39页。
② 陈独秀:《驳康有为致总统总理书》,任建树、张统模、吴信忠编:《陈独秀著作选》第一卷,上海人民出版社1993年版,第214页。
③ 严复:《与熊纯如书》三十,《严复集》第三册,中华书局1986年版,第631页。
④ 茅海建:《戊戌变法期间的保举》,《历史研究》,2006年第6期。
⑤ 中国近代史资料丛刊《戊戌变法》第三册,上海人民出版社、上海书店出版社2000年版,第519页。

上都是前所未有的""资产阶级文化运动"。① 在 1998 年发表的一篇学术论文中,虞和平先生写道:

> 从戊戌维新的实际成效来说,它作为一次政治制度变革运动是不成功的,它在中国早期现代化进程中的地位,主要是进行了第一次较为全面的资本主义现代化的社会动员。在思想文化上,它开始了科学与民主的启蒙;在国民素质上,它启动了人的现代化工程;在社会建构上,它引发了现代团体活动和意识;在经济秩序上,它初步建立了资本主义经济伦理……戊戌维新时期虽然生产(产生?——作者注)了上述比较全面的现代化趋向,但是由于变法并未成功,使之大多未能推广实行,主要停留在思想理论鼓动和政策制度构想上。因此,它在中国早期现代化进程中的作用,主要不是取得了多少实际成果,而是为此后的资本主义现代化作了思想理论上的准备和初步的实践尝试,也就是进行了一次比较全面的社会动员。②

戊戌变法运动,无疑为中国近代的资本主义发展创造了有利条件,推进了中国早期现代化(近代化),但其意义绝不局限于"近代化"或"资本主义现代化"。

戊戌变法运动,奠定了中国现代化的基本价值追求:既为了适应近现代世界潮流,追求民族生存和国家富强,又为了追求人类的终极价值,建设人类生活的自由家园;明确了中国政治制度创新的基本目标:立宪,民主;指明了打造现代中国"社会"基础的努力方向:在"广开民智"的基础上,充分动员、组织社会力量,发挥其自主性、创造性,以弥补政府力量在抵御外部

---

① 龚书铎:《戊戌新文化运动述略》,龚书铎:《中国近代文化探索》,北京师范大学出版社 1997 年版,第 188~195 页。
② 虞和平:《论戊戌维新在中国早期现代化进程中的地位》,《清史研究》,1998 年第 4 期。

侵略、管理社会事务等方面的不足。

　　19世纪末中国先进分子的思想和实践，其中体现的爱国性、世界性和进步性，其中抒发的苍生情怀、仁爱价值和民主渴望，其中蕴含的人文温馨、通变智慧和改革勇气……必将成为中华文明史和人类文明史的宝贵财富。19世纪末近代中国建设者们所创造的文化成果，必将融入中华民族、人类社会的血脉，生生不息。

后 记

博士研究生毕业后,于 1999 年下半年,我开设了专业选修课《戊戌变法史》。本书就是在该课讲稿基础上修改而成。

原以为有现成的讲稿,撰写书稿工作可以一蹴而就。但是,此稿还是经过了一年半痛苦的修改撰写过程。最终的结果,似乎仍不如人意。

本书中包含了一些自己长期研究的心得,更多的是采用了其他学人的研究成果。请允许我感谢学界同仁的艰辛劳动。

感谢硕士研究生王亮同学,帮我校对了部分资料。

郑武良、王金婷、张楚三位同学,经过硕士研究生阶段三年的艰苦努力,已顺利毕业,正在不同的工作岗位上追求着他们的幸福美好生活。硕士研究生章光伟、陈海峰、任娟娟、王亮诸位同学,还有我担任班主任的浙江师大人文学院历史专业 091 班 55 位同学,正在艰苦学习、研究,为他们的幸福美好生活创造条件。我预祝他们一切顺利。

已退休三十年的八十岁母亲金珠钗,吃穿不愁,依然每天在义乌的街头巷尾摆着地摊,斗智斗勇、快乐地赚取每一枚铜板,在日常生活中挥洒着一个普通劳动者的汗水和满足,洋溢着一个普通生活者的慷慨和笑声。牵手相伴二十六个春秋的贤妻池萍，依然愉快胜任几乎所有家务，但似乎已不像过去那样不知"疲倦"为何物了。儿子龚沛霖（小名"龙龙"），大学毕业后已在杭州的公司上班三年，正过着每天几乎都要加班的生活，在每晚都要打给"老爸"、"老妈"的电话中，常常倾诉谋生的艰辛和不易，也时时陶醉都市的铺张和快乐。

一不小心，自己已在大学从教三十年了。我觉得，自己所做的一切，微不足道，但都是为了让自己，也为了让他人、后人过上更幸福美好的生活。

我希望，自己能永远保持一颗"童心"——毫不留恋生活中的既得和既有，不断追求生活中的理想和创造，欣然享受生活中的活泼和新鲜。

我们的头发会变白，眼角会起皱纹，但愿我们的心灵永远保持新鲜和感动，眼神永远透着清澈与精彩。

祝天下苍生吉祥如意。

龚郭清

2012 年 10 月 16 日 0 点 30 分于丽泽花园